新譯後漢書(九)志(一)

魏連科等 注譯

三民書局 印行

國家圖書館出版品預行編目資料

新譯後漢書(九)志㈠／魏連科等注譯.——初版一刷.——臺北市: 三民, 2013
面；　公分.——(古籍今注新譯叢書)

ISBN 978-957-14-5789-5　(平裝)

1.後漢書 2.注釋

622.201　　102005835

© 新譯後漢書(九)志㈠

注譯者　魏連科等
責任編輯　張加旺
美術設計　陳宛琳

發行人　劉振強
著作財產權人　三民書局股份有限公司
發行所　三民書局股份有限公司
地址　臺北市復興北路386號
電話　(02)25006600
郵撥帳號　0009998-5
門市部　(復北店) 臺北市復興北路386號
(重南店) 臺北市重慶南路一段61號

出版日期　初版一刷　2013年6月
編號　S 033810
行政院新聞局登記證局版臺業字第〇二〇〇號

ISBN 978-957-14-5789-5　(平裝)

http://www.sanmin.com.tw　三民網路書店

新譯後漢書 目次

第九冊

志第一

律曆上

律準　候氣❶

【題解】范曄撰《後漢書》「紀」、「傳」之後，因被捕入獄而未能完成「志」書部分。范曄的《後漢書》面世以後，深得史學界的好評。唐以後，史界將其與《史記》、《漢書》並稱三史而廣為流傳。但畢竟因缺志書終成缺憾。

為了彌補這一缺憾，南朝梁劉昭首先將晉司馬彪撰寫的《續漢書》志書抽出來，補入本書之中，並加以注釋。起到了說明和增補史實的作用。但在此之後一段很長時間內，劉昭注《後漢書志》仍然在社會上單獨流行，直至宋真宗乾興元年（西元一〇二二年），始將二者合為一體出版。司馬彪的志共有八篇，劉昭將其析為三十卷，加上范書紀十卷、傳八十卷，計一百二十卷，這就是今本《後漢書》。

司馬彪，《晉書》卷八十二有傳。字紹統，晉高陽王司馬睦長子。「少篤學不倦」，「不交人事，而專精學習，故得博覽群籍，終其綴集之務」。他擅長古史考據，曾撰《續漢書》，其中八志，被劉昭採入范書。故有人仍將補於范書的志稱為《續漢志》。

《律曆上》，記載律準、候氣二部分。其基本思想與《漢書・律曆志》相一致。認為物體的長短、多少、輕重，與聲音的清濁，三光的運行，相互之間均應有協調的關係。但是，司馬彪對這種思想更有發展，不僅依據《禮記‧禮運篇》所說「五聲、六律、十二管還相為宮」的說法，同時還將五聲十二律擴大成六十律，以黃鍾自冬至始，經六十律，回至冬至為一周，即將六十律配為一歲，每律為六日。他指出：「五音生于陰陽，分為十二律，轉生六十，皆所以紀斗氣，效物類也。天效以景，地效以響，即律也。陰陽和則景至，律氣應則灰除。」六十律的思想，是司馬彪對音律的進一步發展。

《律曆中》，記載了東漢一九五年中曆法改革的過程，以及曆法改革中的爭議實況。還記載了有關的奏章、詔書和關鍵人物的廷議等。其中主要包括「賈逵論曆」、「熹平論曆」和「論月蝕」。

光武帝劉秀建立東漢政權以後，仍沿用西漢的《三統曆》。儘管建武年間（西元二五—五六年）太僕朱浮等，數次上書修曆，至永平初（西元五八年）又有待詔楊岑上書，言《三統曆》推晦朔弦望和月蝕皆不中，經過檢測，證明楊岑曆合，便令楊岑署弦望月食官。永平十二年（西元六九年），待詔張盛、景防等，上書言《四分法》比楊岑法更密，於是試行《四分法》。由於沒有推定曆元，暫用其推算弦望月蝕等。

元和二年（西元八五年），《太初曆》差誤日甚，曆官雖知不合，但不能改。章帝便召曆法家編訢、李梵等修曆。並於元和二年頒行。編訢等編撰的《四分曆》，曾根據漢以前的曆法傳統觀念，以為曆元之月當先大。但朔望月只有二九‧五天，為了使曆面第一個月為大月，就必須先借半日。《漢書‧律曆志》就有借半日法的記載，編訢可能就是根據鄧平等的意見，安排元首十一月為大月。但是，漢章帝對這種不符合自然規律的人為決定產生懷疑，命左中郎將賈逵等人加以研究，賈逵提出元首十一月當先小，於是便以此推算以後曆譜。還有一個重要問題是以九道法推算月行。這是中國天文學家最早推算月亮不均勻運動所創立的方法。據本志記載，自永元（西元八九—一〇五年）中，史官就以九道法推算弦望時刻。頒行《九道法》時，是經過史官實測驗證的。結果表明，以《九道法》所推弦望，均與實際相合。

《律曆下》，記載了李梵、編訢於元和二年造《四分曆》三卷的內容。其元法、紀法、蔀法、章法，均與古六曆相同。《四分曆》以庚辰為上元。而東漢人均說以庚申為元，這是因為《四分曆》第一紀為庚辰，第二紀為庚子，第三紀為庚申。《四分曆》的曆元起西漢文帝後元三年庚辰（西元前一六一年）。《四分曆》推月蝕法與《三統曆》相同。其推步五星始於合伏，為後世所宗。自《四分曆》開始，不用歲星紀年和超辰之法，專以干支紀年，甚為方便，這是一大進步。其所載昏旦中星，晝夜漏刻，二至晷影長短之數，黃赤宿度進退之率，皆為其首創。由此可見，東漢時期，也是中國天文學發展的重要階段。

古之人論數❷也，曰：「物生而後有象，象而後有滋，滋而後有數❸。」然則天地初形，人物既著，則筭數之事生矣。記稱大橈作甲子❹，隸首作數❺。二者既立，以比日表❻，以管萬事。夫一、十、百、千、萬，所同用也❼；律、度、量、衡、曆，其別用也❽。故體有長短，檢以度❾；物有多少，受以量❿；量有輕重，平以權衡⓫；聲有清濁，協以律呂⓬；三光運行，紀以曆數⓭。然後幽隱之情，精微之變，可得而綜也。⓮

【章旨】以上論曆起於天象，曆與律具有共同的對應關係。

【注釋】❶律準候氣　是本志上卷所涉及的兩個主要內容。律準，是律呂定音的標準器，它實際上是指一種裝有十三根絃的定音器。候氣，是指測候一年四季節氣即氣溫的變化。❷古之人論數　指論曆數。❸物生而後有象三句　這段話的含義為，物體產生以後就有形象，有了形象之後就會繁衍，繁衍之後就有數量的變化。這段話源自《左傳・僖公十五年》。❹大橈作甲子　大橈相傳為黃帝大臣，他發明了天干地支的計日方法。《呂氏春秋》曰「黃帝師大橈」。然而干支起源於何時，全無可靠文獻記載。很難說天干地支起源於一時、一地、一人之手。《外紀》曰：「伏羲氏作甲曆，定歲時。」甲曆是指天干十日之數，不包括地支在內。可見古人對於何人發明干支亦有不同的說法。❺隸首作數　隸首相傳亦為黃帝大臣，是算數的發明者。❻二

者既立二句　有了干支和算數之後，就可以利用日表來測量天體的運行以制定曆法。日表，是指用於測量太陽影長變化的圭表。❼一十百千萬二句　對於算數個、十、百、千、萬運算的使用，在不同的場所都是相同的。❽律度量衡曆二句　言律、度、量、衡、曆，各有不同的用途。律，是指確定樂音高低標準的音名。古代曾用管製成十二個為一套的定音器，稱為律管。度，是指長度的單位，古以十黍為一分，十分為一寸，十寸為一尺，十尺為一丈。量，是指容量，作量體積之用，古以一千二百粒黍為一籥，十籥為一合，十合為一升，十升為一斗，十斗為一斛。衡，是指重量，古以十顆黍重為一圭，十圭為一銖，二十四銖為一兩，十六兩為一斤，三十斤為一鈞，四鈞為一石。曆，是指曆法，為人為計算時間的方法。❾體有長短二句　物體有長短，以長度的單位來度量。❿物有多少二句　物體有多少不等，需以容量體積之器來區分。⓫量有輕重二句　物體有輕重不同，需以權衡來秤之。前後兩個量字詞性不同，前者為動詞，後者為名詞。⓬聲有清濁二句　聲音有高低，以律呂來區分。⓭三光運行二句　天體的行度，以曆法來推算。三光運行，指日、月、星各種不同的運行速度。⓮幽隱之情三句　隱含的情況，細微的變化，都可以得到綜合觀察。

【語　譯】古代人在論述曆數的時候說：「萬物生成以後就有形象，有了形象以後就會繁衍，繁衍以後就會有數量的變化。」因此，當天和地形成之後，在地球上有了人類繁衍，為了交流思想，記載時日，曆數的概念也就產生了。據古史記載稱，大橈發明了甲子，用以記載時日，隸首發明了曆數，用以推定曆法。此二者既然已經創立，它們可以與用日圭測量太陽以定季節的方法相比，有了曆法，有利於萬事的進行。就曆數而言，一、十、百、千、萬，在各種場合的計算中都是相同的，正因為相同，人們交流時才有共同的語言和認識；樂律、長度、體積、重量、曆法，它們的功用則各不相同。物體有長短，用尺、寸來度量它；東西有多少，用斗、升來量它；物體有輕重，以權、衡來秤量它；聲音有高低，用律呂來檢別它；日、月、星三光運行的快慢，由曆數來推導它。有了這些區分和分工以後，幽隱難測的事情，細微的變化，就可以很清楚地綜合觀察。

1 漢興，北平侯張蒼首治律曆。孝武正樂，置協律之官❶。至元始❷中，博徵通知鍾律者❸，考其意義，羲和劉歆典領條奏，前史班固取以為志❹。而元帝時，郎中京房❺知五聲❻之音，六十律之數❼。上使太子太傅玄成、諫議大夫章，雜試問房於樂府❽。房對：「受學故小黃令焦延壽❾。六十律相生之法：以上生下，皆三生二，以下生上，皆三生四，陽下生陰，陰上生陽，終於中呂❿，而十二律⓫畢矣。中呂上生執始，執始下生去滅，上下相生，終於南事，六十律畢矣。

2 「夫十二律之變至於六十，猶八卦⓬之變至於六十四也。宓羲作易，紀陽氣之初，以為律法。建日冬至之聲，以黃鍾為宮，太蔟為商，姑洗為角，林鍾為徵，南呂為羽，應鍾為變宮⓭，蕤賓為變徵⓮。此聲氣之元，五音之正也。故各統一日，其餘以次運行，當日者各自為宮，而商徵以類從焉。禮運篇⓯曰：『五聲、六律、十二管⓰還相為宮。』此之謂也。

3 「以六十律分朞之日，黃鍾自冬至始，及冬至而復，陰陽寒燠⓱風雨之占生焉。於以檢攝群音，考其高下，苟非革木之聲，則無不有所合。虞書曰：『律和聲。』⓲此之謂也。」

4 房又曰：「竹聲不可以度調，故作準以定數。準之狀如瑟⓳，長丈而十三弦，隱⓴間九尺，以應黃鍾之律九寸；中央一弦，下有畫分寸，以為六十律清濁之節。」

房言律詳於歆㉑所奏，其術施行於史官，候部用之㉒。文多不悉載，故總其本要，以續前志㉓。

【章　旨】以上交代五聲、六律、十二律和六十律的來源。

【注　釋】❶孝武正樂二句　孝武正樂，即漢武帝統一樂理。孝武，即漢武帝劉徹。協律，為漢武帝設立的樂官名。❷元始　漢平帝年號，西元一—五年。❸博徵通知鍾律者　廣泛徵召通曉鍾律的人。❹羲和劉歆典領條奏二句　劉歆（？—西元二三年），西漢末官吏，羲和為劉歆任天文官的官名。典領條奏，應命逐條奏答。被《漢書》引作志書。❺京房　字君明，東郡頓丘（今河南浚縣）人。西漢經學家。少事梁人焦延壽，研治《易經》，其說長於災變，房學之尤精，後遂著《易傳》。元帝初元四年（西元前四五年），以孝廉為郎。永光、建昭間，數上書言事，所言屢中，為帝賞識，數次召見。是時中書令石顯專權，深疾房，遂設法中傷，死於獄中。❻五聲　指古代傳統的五聲音階。具體名稱為宮、商、角、徵、羽。分別相當於西樂唱名的1(do)、2(re)、3(mi)、5(sol)、6(la)。❼六十律之數　《通典》作「五音六十律之數」，有人考為此為譌文。有人說此處泛用作律呂解亦可通，故亦可不改。注者以為此處說京房知五聲、六十律，正合京房實情，故以改為宜。❽雜試問房於樂府　試著問京房關於樂府之事。❾小黃令焦延壽　小黃，漢代縣名。在開封東北。焦延壽，名贛，字延壽，梁國（今河南商丘）人。西漢學者。專研《易經》，受東郡人京房，遂成京氏學。❿中呂　十二律名之一。⓫十二律　傳統音律的總稱，即六律、六呂。按古代律制，用三分損益法，將一個八度，分為十二個不完全相等的半音的一種律制。各律從低到高依次為：黃鍾、大呂、太蔟、夾鍾、姑洗、中呂、蕤賓、林鍾、夷則、南呂、無射、應鍾。其中奇數各律稱律，偶數各律稱呂。⓬八卦　《周易》中的八種基本圖形。又可進一步變為六十四卦。⓭變宮　比宮音低半個音的音級。⓮變徵　比徵音低半個音的音級。⓯禮運篇　為《禮記》中的一篇。⓰十二管　即用以定音律高低的十二律管。⓱寒燠　冷熱。⓲虞書曰律和聲　虞書，《尚書》開頭兩卷記虞舜事，故稱〈虞書〉。律和聲，樂律用以和協樂聲。⓳準之狀如瑟　律準的形狀似瑟。瑟，古代彈撥樂器。狀如古琴，但絃數比古琴多。絃下各有一柱，可上下移動，以定音的高低。⓴隱　固定在琴瑟樂器表面用來架絃的部件，左右各一。京房的準也設有隱。㉑歆　即西漢天文學家劉歆。㉒候部用之　天象觀測部門用之。㉓前志　即《漢書・律曆志》。

【語　譯】漢朝興起，北平侯張蒼首先負責治理曆法和音律。漢武帝在位的時候，又統一音樂的觀念，設置了管理音樂的協律的官。到了漢平帝元始年間，又廣泛地徵集通曉鍾律的人才，研究鍾律的意義，這時天文官義和劉歆負責管理律曆事務，他逐條上奏律曆理論，撰寫《漢書》的作者班固將他提出的理論採納進來，作為〈律曆志〉的內容。又當元帝時代，郎中京房對五聲的音樂有研究，創立了六十律的數理依據。皇帝命令太子太傅韋玄成和諫議大夫章，向京房詢問有關樂府的事情。京房對答說：「我曾拜小黃縣的焦延壽為師學習《周易》。創立六十律相生的方法，以上生下，都用三生二，以下生上，都是三生四，陽律的下面生陰律，陰律的上面生陽律，終止於中呂，十二律便形成了。以下中呂上生執始，執始下生去滅，以下上下相生，終止於南事，六十律就形成了。

2 「將十二律變化發展成六十律，就像八卦變化成六十四卦。伏羲發明《易》，記載從陽氣開始，作為音律的方法。建立從冬至日開始的聲音，以黃鍾為宮聲，太蔟為商聲，姑洗為角聲，林鍾為徵聲，南呂為羽聲，應鍾為變宮之聲，蕤賓為變徵之聲。這是聲氣的開頭，五音的正道。所以，它們各統一日，其餘依次運行，當日的就各自為宮，其餘商徵以類跟從。所以，《禮記・禮運篇》說：『五聲、六律、十二律管，還相為宮。』說的就是這個道理。

3 「關於六十律分期的日期，黃鍾從冬至日開始，回到冬至再重複。由此春夏秋冬、陰陽、寒熱、風雨之占就產生了。至於統率群音，考察它們的高下，只要不是草木之聲，就沒有不與它們相合的。所以《尚書・虞書》曰：『樂律是用以和協樂聲的。』說的就是這個道理。」

4 京房又說：「竹器之聲不可以度調，所以作絃準用以定數。絃準的形狀就像瑟，它的長度為一丈，有十三根絃。隱間的表面為九尺，對應於黃鍾的律為九寸；中央的一根絃，下面畫有分寸，作為區分六十律清濁的關節。」京房的言論，比劉歆所奏更詳細，他的法術在史官中施行，候部正在使用。他的文章多無法全部載記，所以擇其要旨，記載於此，以補充《漢書・律曆志》。

律術❶曰：陽以圓為形，其性動。陰以方為節，其性靜。動者數三，靜者數二。以陽生陰，倍之，以陰生陽，四之，皆三而一。陽生陰曰下生，陰生陽曰上生。上生不得過黃鍾之濁，下生不得及黃鍾之清。皆參天兩地❷，圓蓋方覆❸，六耦承奇之道❹也。黃鍾，律呂之首，而生十一律者也。其相生也，皆三分而損益之❺，是故十二律之❻，得十七萬七千一百四十七，是為黃鍾之實。又以二乘而三約之，是為下生林鍾之實❼。又以四乘而三約之，是為上生太蔟之實。推此上下，以定六十律之實❽。以九三之❾，得萬九千六百八十三為法❿。於律為寸，於準為尺。不盈者十之，所得為分。又不盈十之，所得為小分。以其餘正其強弱⓫。

【章旨】以上論述六十律順此推算的方法。

【注釋】❶律術　曆書名。即《京氏律曆》。❷參天兩地　參為三，陽數，兩為地，陰數。❸圓蓋方覆　古代有天圓地方之說，故曰天蓋曰圓，下地曰方。❹六耦承奇之道　耦即偶數，屬陰，奇即奇數，屬陽。故曰六耦六奇之道。❺皆三分而損益之　傳統生率法的規則，是從某一樂律律管（或準絃）的總長度中，減損或者增益三分之一，即可產生另一樂律，因此說「三分而損益之」。用損法者為「下生」，用益法者為「上生」。上下猶先後。指樂律由低音到高音的排列先後。因此，由低音律生高音律為「下生」，由高音律生低音律為「上生」。❻十二律之　此文字有誤。據《漢書‧律曆志》：「三統合于一元，故因元一而九三之以為法，十一三之以為實。」知此當作「十一三之」。指從一出發，乘以三者十一次，即三的十一次方。❼實　中國傳統數學中，分數的演算方法以分數的分子部分（含假分數）稱為實。❽六十律之實　按下文所載六十律實數，除原有的十二律實數，確為整數之外，其餘新增四十八律實數，均為取整數位之近似值。而且其中部分數值，有較大誤差。今全部據王文耀按三分損益法複合，所得實數個位以下之餘數均按四捨五入法處理。律、準長度之數值也作了改正。❾九三之　指從一出發，乘以三者九次，即三的九次方。❿法　指分數中的分母。京房的六十律，首先表示為六十個假分數。其實數（分子）互不相同，而法（分母）是共同的。因此，下文只記實數，而略去法數。⓫以其餘正其強弱　以小分的餘數分判小分後的強弱數。

【語　譯】《律術》曰：陽以圓為形，它的性狀是動的，陰以方為節，它的性狀是靜的。動的數為三，靜的數為二。以陽生陰則加倍，以陰生陽則四倍，都除以三。陽生陰稱為下生，陰生陽稱為上生。上生不能過黃鍾的濁數，下生不能及黃鍾的清數。都是三為天陽數，二為地陰數，圓為天蓋，方為覆地，為六偶六奇的道理。黃鍾為律呂的首位，由它產生十一律。它們的相生，都用三分損益之法，十一三之，得到177147，稱為黃鍾的實數，即分數的分子。再以2乘它，以3除它，得到下生林鍾的實數。再以4乘它，以3除它，得到上生太蔟的實數。據此上下推算，便得到六十律的實數。以3的9次方，得到19683。作為分母，除以實數，對律的實，便得到整數為寸，對於準數的實，便得到尺。不足之數，再乘以10，除之得到寸，除後的餘數為分數。分數的剩餘部分，再乘以10，得到的為小分。小分的餘數，以強弱來區分大小。

黃鍾❶，十七萬七千一百四十七。

下生林鍾。　黃鍾為宮，太蔟商，林鍾徵。

一日。　律，九寸。　準，九尺❷。

色育，十七萬六千七百七十七。

下生謙待。　色育為宮，未知商，謙待徵。

六日。律，八寸九分小分八微強❸。準，八尺九寸萬五千九百八十三❹。

執始，十七萬四千七百六十三。

下生去滅。執始為宮，時息商，去滅徵。

六日。律，八寸八分小分八弱。準，八尺八寸萬五千五百二十六。

丙盛，十七萬二千四百一十。

下生安度。丙盛為宮，屈齊商，安度徵。

六日。律，八寸七分小分六微弱。準，八尺七寸萬一千六百七十九。

分動，十七萬九十。

下生歸嘉。分動為宮，隨期商，歸嘉徵。

六日。律，八寸六分小分四強。準，八尺六寸八千一百六十二。

質末，十六萬七千八百。

下生否與。質末為宮，形晉商，否與徵。

六日。律，八寸五分小分二半強。準，八尺五寸四千九百四十五。

大呂，十六萬五千八百八十八。

下生夷則。大呂為宮，夾鍾商，夷則徵。

八日。　律，八寸四分小分三弱。　準，八尺四寸五千五百八。

分否，十六萬三千六百五十五。

下生解形。　分否為宮，開時商，解形徵。

八日。　律，八寸三分小分一強。　準，八尺三寸二千八百六十一。

凌陰，十六萬一千四百五十二。

下生去南。　凌陰為宮，族嘉商，去南徵。

八日。　律，八寸二分。　準，八尺二寸五百一十四。

少出，十五萬九千二百八十。

下生分積。　少出為宮，爭南商，分積徵。

六日。　律，八寸小分九強。　準，八尺萬八千一百五十。

太蔟，十五萬七千四百六十四。

下生南呂。　太蔟為宮，姑洗商，南呂徵。

一日。　律，八寸。　準，八尺。

未知，十五萬七千一百三十六。

下生白呂。　未知為宮，南授商，白呂徵。

六日。律，七寸九分小分八強。準，七尺九寸萬六千四百三。

時息，十五萬五千三百四十五。

下生結躬。時息為宮，變虞商，結躬徵。

六日。律，七寸八分小分九弱。準，七尺八寸萬八千一百七十六。

屈齊，十五萬三千二百五十四。

下生歸期。屈齊為宮，路時商，歸期徵。

六日。律，七寸七分小分九弱。準，七尺七寸萬六千九百四十九。

隨期，十五萬一千一百九十一。

下生未卯。隨期為宮，形始商，未卯徵。

六日。律，七寸六分小分八強。準，七尺六寸萬六千二。

形晉，十四萬九千一百五十六。

下生夷汗。形晉為宮，依行商，夷汗徵。

六日。律，七寸五分小分八弱。準，七尺五寸萬五千三百三十五。

夾鍾，十四萬七千四百五十六。

下生無射。夾鍾為宮，中呂商，無射徵。

六日。　律，七寸四分小分九強。　準，七尺四寸萬八千一十八。

開時，十四萬五千四百七十一。

下生閉掩。　開時為宮，南中商，閉掩徵。

八日。　律，七寸三分小分九微強。　準，七尺三寸萬七千八百五十一。

族嘉，十四萬三千五百一十三。

下生鄰齊。　族嘉為宮，內負商，鄰齊徵。

八日。　律，七寸二分小分九微強。　準，七尺二寸萬七千九百五十四。

爭南，十四萬一千五百八十二。

下生期保。　爭南為宮，物應商，期保徵。

八日。　律，七寸一分小分九強。　準，七尺一寸萬八千三百二十七。

姑洗，十三萬九千九百六十八。

下生應鍾。　姑洗為宮，蕤賓商，應鍾徵。

一日。　律，七寸一分小分一微強。　準，七尺一寸二千一百八十七。

南授，十三萬九千六百七十六。

下生分烏。　南授為宮，南事商，分烏徵。

六日。律，七寸小分九大弱。準，七尺萬八千九百五十。

變虞，十三萬八千八十四。

下生遲內。變虞為宮，盛變商，遲內徵。

六日。律，七寸小分一半強。準，七尺三千三十。

路時，十三萬六千二百二十六。

下生未育。路時為宮，離宮商，未育徵。

六日。律，六寸九分小分二微強。準，六尺九寸四千一百三十三。

形始，十三萬四千三百九十二。

下生遲時。形始為宮，制時商，遲時徵。

五日。律，六寸八分小分三弱。準，六尺八寸五千四百七十六。

依行，十三萬二千五百八十三。

上生色育。依行為宮，謙待商，色育徵。

七日。律，六寸七分小分三半強。準，六尺七寸七千六十九。

中呂，十三萬一千七十二。

上生執始。中呂為宮，去滅商，執始徵。

八日。律，六寸六分小分六弱。準，六尺六寸萬一千六百四十二。

南中，十二萬九千三百八。

上生丙盛。南中為宮，安度商，丙盛徵。

七日。律，六寸五分小分七微弱。準，六尺五寸萬三千六百八十五。

內負，十二萬七千五百六十七。

上生分動。內負為宮，歸嘉商，分動徵。

八日。律，六寸四分小分八微強。準，六尺四寸萬五千九百五十八。

物應，十二萬五千八百五十。

上生質末。物應為宮，否與商，質末徵。

七日。律，六寸三分小分九強。準，六尺三寸萬八千四百七十一。

蕤賓，十二萬四千四百一十六。

上生大呂。蕤賓為宮，夷則商，大呂徵。

一日。律，六寸三分小分二微強。準，六尺三寸四千一百三十一。

南事，十二萬四千一百五十六。

不生。南事窮，無商、徵，不為宮。

七日。律，六寸三分小分一弱。準，六尺三寸一千五百三十一。

盛變，十二萬二千七百四十一。

上生分否。盛變為宮，解形商，分否徵。

七日。律，六寸二分小分三半強。準，六尺二寸七千六十四。

離宮，十二萬一千八十九。

上生凌陰。離宮為宮，去南商，凌陰徵。

七日。律，六寸一分小分五強。準，六尺一寸萬二百二十七。

制時，十一萬九千四百六十。

上生少出。制時為宮，分積商，少出徵。

八日。律，六寸小分七弱。準，六尺萬三千六百二十。

林鍾，十一萬八千九十八。

上生太蔟。林鍾為宮，南呂商，太蔟徵。

一日。律，六寸。準，六尺。

謙待，十一萬七千八百五十二。

上生未知。謙待為宮，白呂商，未知徵。

五日。　律，五寸九分小分九弱。　準，五尺九寸萬七千二百二十三。

去滅，十一萬六千五百八。

上生時息。　去滅為宮，結躬商，時息徵。

七日。　律，五寸九分小分二弱。　準，五尺九寸三千七百八十三。

安度，十一萬四千九百四十。

上生屈齊。　安度為宮，歸期商，屈齊徵。

六日。　律，五寸八分小分四微弱。　準，五尺八寸七千七百八十六。

歸嘉，十一萬三千三百九十三。

上生隨期。　歸嘉為宮，未卯商，隨期徵。

六日。　律，五寸七分小分六微強。　準，五尺七寸萬一千九百九十九。

否與，十一萬一千八百六十七。

上生形晉。　否與為宮，夷汗商，形晉徵。

五日。　律，五寸六分小分八強。　準，五尺六寸萬六千四百二十二。

夷則，十一萬五百九十二。

上生夾鍾。　夷則為宮，無射商，夾鍾徵。

八日。律，五寸六分小分二弱。準，五尺六寸三千六百七十二。

解形，十萬九千一百三。

上生開時。解形為宮，閉掩商，開時徵。

八日。律，五寸五分小分四強。準，五尺五寸八千四百六十五。

去南，十萬七千六百三十五。

上生族嘉。去南為宮，鄰齊商，族嘉徵。

八日。律，五寸四分小分六大強。準，五尺四寸萬三千四百六十八。

分積，十萬六千一百八十六。

上生爭南。分積為宮，期保商，爭南徵。

七日。律，五寸三分小分九半弱。準，五尺三寸萬八千六百六十一。

南呂，十萬四千九百七十六。

上生姑洗。南呂為宮，應鍾商，姑洗徵。

一日。律，五寸三分小分三強。準，五尺三寸六千五百六十一。

白呂，十萬四千七百五十七。

上生南授。白呂為宮，分烏商，南授徵。

五日。　律，五寸三分小分二強。　準，五尺三寸四千三百六十一。

結躬，十萬三千五百六十三。

上生變虞。　結躬為宮，遲內商，變虞徵。

六日。　律，五寸二分小分六強。　準，五尺二寸萬二千一百一十四。

歸期，十萬二千一百六十九。

上生路時。　歸期為宮，未育商，路時徵。

六日。　律，五寸一分小分九微強。　準，五尺一寸萬七千八百五十七。

未卯，十萬七百九十四。

上生形始。　未卯為宮，遲時商，形始徵。

六日。　律，五寸一分小分二微強。　準，五尺一寸四千一百七。

夷汗，九萬九千四百三十七。

上生依行。　夷汗為宮，色育商，依行徵。

七日。　律，五寸小分五強。　準，五尺萬二百二十。

無射，九萬八千三百四。

上生中呂。　無射為宮，執始商，中呂徵。

八日。律，四寸九分小分九強。準，四尺九寸萬八千五百七十三。

閉掩，九萬六千九百八十一。

上生南中。閉掩為宮，丙盛商，南中徵。

八日。律，四寸九分小分三弱。準，四尺九寸五千三百四十三。

鄰齊，九萬五千六百七十六。

上生內負。鄰齊為宮，分動商，內負徵。

七日。律，四寸八分小分六強。準，四尺八寸萬一千九百七十六。

期保，九萬四千三百八十八。

上生物應。期保為宮，質末商，物應徵。

八日。律，四寸七分小分九半強。準，四尺七寸萬八千七百七十九。

應鍾，九萬三千三百一十二。

上生蕤賓。應鍾為宮，大呂商，蕤賓徵。

一日。律，四寸七分小分四強。準，四尺七寸八千十九。

分烏，九萬三千一百一十六。

上生南事。分烏窮次，無徵❺，不為宮。

七日。　律，四寸七分小分三微強。　準，四尺七寸六千六十九。

遲內，九萬二千五十六。

上生盛變。　遲內為宮，分否商，盛變徵。

八日。　律，四寸六分小分八弱。　準，四尺六寸萬五千一百四十二。

未育，九萬八百一十七。

上生離宮。　未育為宮，凌陰商，離宮徵。

八日。　律，四寸六分小分一強。　準，四尺六寸二千七百五十二。

遲時，八萬九千五百九十五。

上生制時。　遲時為宮，少出商，制時徵。

六日。　律，四寸五分小分五強。　準，四尺五寸萬二百一十五❻。

【章　旨】以上錄載六十律各律所占日數、律長、準長。

【注　釋】❶黃鍾　本段起為六十律的概況，現將六十律的律名、律數、準數順次引載於下。❷準九尺　自此以下，即京房六十律之數，其內容，首載各律律名，次載律名之實，次載下生或上生之律名，次載管長，次載絃長。由於六十律之法為19683，除以黃鍾之實得九寸，與律之實一致。黃鍾之律九寸，黃鍾之絃九尺。《宋書‧律曆志上》載下生、上生之算法曰：「律曆之數，天地之道也。下生者倍，以三除之；上生者四，以三除之。」這就是說，凡求下生律之實和絃數，乘以三分之二，求上生之數，乘以四分之三。由黃鍾之數以次上下相求，便可得六十律之數。❸小分八微強　小分後面之數，均小於十，分明是以十為分母的小數。小分後的餘數，各以微弱、微強、少、半、太、少強、半強、太強等表示。在實下小分後面的強弱數單位各有大小不等。在唐代以前，為了記數更為精準，往往附有更小的單位。這種分單位，是將一個基本單位分成四分，以少半太表示。有時還嫌這一分法不夠細，再將四分之一分為三分，以強、弱加以區別。這樣，實際是將一個基本單位分成十二分，相互關係如下：

十二分單位關係表

$\frac{1}{12}$	強
$\frac{2}{12}$	少弱
$\frac{3}{12}$	少
$\frac{4}{12}$	少強
$\frac{5}{12}$	半弱
$\frac{6}{12}$	半
$\frac{7}{12}$	半強
$\frac{8}{12}$	太弱
$\frac{9}{12}$	太
$\frac{10}{12}$	太強
$\frac{11}{12}$	弱
$\frac{12}{12}$	一辰

故六十律中的微強、微弱的名稱，各相當於表中的 $\frac{1}{12}$ 和 $\frac{11}{12}$。❹八尺九寸萬五千九百八十三　這裡的尺寸數以後的數值，實際上是以分數形式來表示的不足一寸的部分，但是只記分子（實），而省略了分母（法），分母始終都是「萬九千六百八十三」，故不必列出。因此，此處色育的絃長可改記為：$89\frac{15983}{19683}$寸。其餘以此類推。❺無徵　這裡的無徵當為無商之誤。樂律的相生規律，總是宮生徵、徵生商、商生羽、羽生角。分烏既生南事，則南事自然是它的徵聲。只因南事不再生，故分烏無商，更無羽角。❻四尺五寸萬二百一十五　以上色育、謙待、未知、執始、去滅、時息、丙盛、安度、屈齊、分動、歸嘉、隨期、質末、否與、形晉、分否、解形、開時、凌陰、去南、族嘉、少出、分積、爭南、白呂、南授、結躬、變虞、歸期、路時、未卯、形始、夷汗、依行、閉掩、南中、鄰齊、內負、期保、物應、分烏、南事、遲內、盛變、未育、離宮、遲時、制時四十八個律名，加上十二律名，計六十律名，各自制約和對應。京房依照三分損益法，將原有之十二律繼續往下推，由中呂上生執始，執始下生去滅，去滅上生時息，又下生結躬等，而至南事，共六十律。京房之所以如此推演，他以為，應像由八卦推得六十四卦那樣，從十二律推至六十律。再如同用卦爻配日那樣，也將聲律來配一年的日子。但聲律配日不是平均分配，如以上原文所示，而是黃鍾等七律各配一日，共七日；形始、謙待等四律各配五日，共二十日；色育、執始等二十一律各配六日，共一百二十六日；依行、南中等十一律各配七日，共七十七日；大呂、分否等十七律各配八日，共一百三十六日。以上六十律，共配三百六十日。自黃鍾開始，再至黃鍾，提出了一種聲律與日週期相應的原則。（參見下圖）

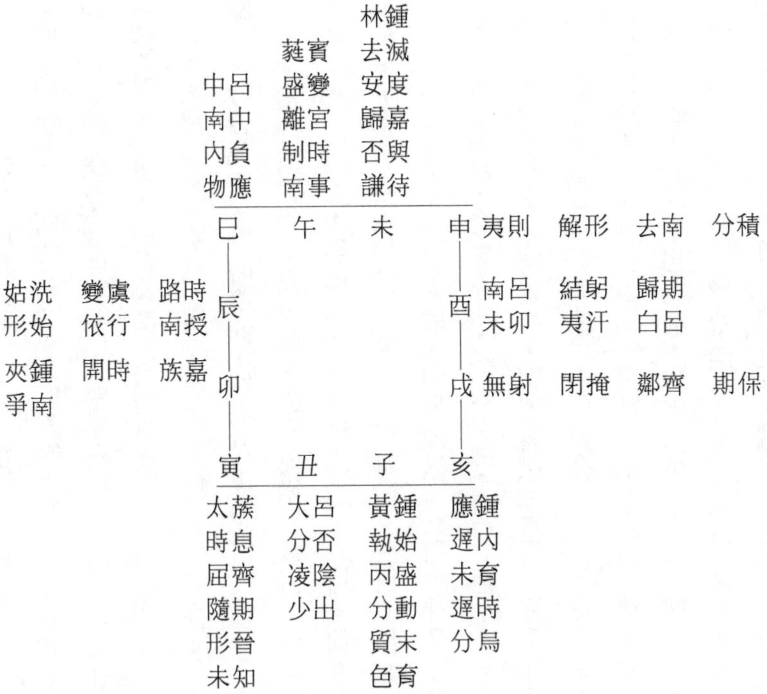

注❻附圖：京房六十律與十二支對應圖解

圖中十二地支，各對應於一個十二律名，但對應的其他律名個數三至五各不相等。十二支對應於十二月。

【語譯】黃鍾：177147，下生林鍾。黃鍾為宮，太蔟為商，林鍾為徵。一日。律9寸。準9尺。

色育：176777，下生謙待。色育為宮，未知為商，謙待為徵。六日。律8寸9分小分8微強。準8尺9寸15983。

執始：174763，下生去滅。執始為宮，時息為商，去滅為徵。六日。律8寸8分小分8弱。準8尺8寸15526。

丙盛：172410，下生安度。丙盛為宮，屈齊為商，安度為徵。六日。律8寸7分小分6微弱。準8尺7寸11679。

分動：170090，下生歸嘉。分動為宮，隨期為商，歸嘉為徵。六日。律8寸6分小分4強。準8尺6寸8162。

質末：167800，下生否與。質末為宮，形晉為商，否與為徵。六日。律8寸5分小分2半強。準8尺5寸4945。

大呂：165888，下生夷則。大呂為宮，夾鍾為商，夷則為徵。八日。律8寸4分小分3弱。準8尺4寸5508。

分否：163655，下生解形。分否為宮，開時為商，解形為徵。八日。律8寸3分小分1強。準8尺3寸2861。

淩陰：161452，下生去南。淩陰為宮，族嘉為商，去南為徵。八日。律8寸2分。準8尺2寸514。

少出：159280，下生分積。少出為宮，爭南為商，分積為徵。六日。律8寸小分9強。準8尺18150。

太蔟：157464，下生南呂。太蔟為宮，姑洗為商，南呂為徵。一日。律8寸。準8尺。

未知：157136，下生白呂。未知為宮，南授為商，白呂為徵。六日。律7寸9分小分8強。準7尺9寸16403。

時息：155345，下生結躬。時息為宮，變虞為商，結躬為徵。六日。律7寸8分小分9少弱。準7尺8寸18176。

屈齊：153254，下生歸期。屈齊為宮，路時為商，歸期為徵。六日。律7寸7分小分9弱。準7尺7寸16949。

隨期：151191，下生未卯。隨期為宮，形始為商，未卯為徵。六日。律7寸6分小分8強。準7尺6寸16002。

形晉：149156，下生夷汗。形晉為宮，依行為商，夷汗為徵。六日。律7寸5分小分8弱。準7尺5寸15335。

夾鍾：147456，下生無射。夾鍾為宮，中呂為商，無射為徵。六日。律7寸4分小分9強。準7尺4寸18018。

開時：145471，下生閉掩。開時為宮，南中為商，閉掩為徵。八日。律7寸3分小分9微強。準7尺3寸17851。

族嘉：143513，下生鄰齊。族嘉為宮，內負為商，鄰齊為徵。八日。律7寸2分小分9微強。準7尺2寸17954。

爭南：141582，下生期保。爭南為宮，物應為商，期保為徵。八日。律7寸1分小分9強。準7尺1寸18327。

姑洗：139968，下生應鍾。姑洗為宮，蕤賓為商，應鍾為徵。一日。律7寸1分小分1微強。準7尺1寸2187。

南授：139676，下生分烏。南授為宮，南事為商，分烏為徵。六日。律7寸小分9太弱。準7尺18950。

變虞：138084，下生遲內。變虞為宮，盛變為商，遲內為徵。六日。律7寸小分1半強。準7尺3030。

路時：136226，下生未育。路時為宮，離宮為商，未育為徵。六日。律6寸9分小分2微強。準6尺9寸4133。

形始：134392，下生遲時。形始為宮，制時為商，遲時為徵。五日。律6寸8分小分3弱。準6尺8寸5476。

依行：132583，上生色育。依行為宮，謙待為商，色育為徵。七日。律6寸7分小分3半強。準6尺7寸7069。

中呂：131072，上生執始。中呂為宮，去滅為商，執始為徵。八日。律6寸6分小分6弱。準6尺6寸11642。

南中：129308，上生丙盛。南中為宮，安度為商，丙盛為徵。七日。律6寸5分小分7微弱。準6尺5寸13685。

內負：127567，上生分動。內負為宮，歸嘉為商，分動為徵。八日。律6寸4分小分8微強。準6尺4寸15958。

物應：125850，上生質末。物應為宮，否與為商，質末為徵。七日。律6寸3分小分9強。準6尺3寸18471。

蕤賓：124416，上生大呂。蕤賓為宮，夷則為商，大呂為徵。一日。律6寸3分小分2微強。準6尺3寸4131。

南事：124156，不生。南事窮，無商、徵，不為宮。七日。律6寸3分小分1弱。準6尺3寸1531。

盛變：122741，上生分否。盛變為宮，解形為商，分否為徵。七日。律6寸2分小分3半強。準6尺2寸7064。

離宮：121089，上生淩陰。離宮為宮，去南為商，淩陰為徵。七日。律6寸1分小分5微強。準6尺1寸10227。

制時：119460，上生少出。制時為宮，分積為商，少出為徵。八日。律6寸小分7弱。準6尺13620。

林鍾：118098，上生太蔟。林鍾為宮，南呂為商，太蔟為徵。一日。律6寸。準6尺。

謙待：117852，上生未知。謙待為宮，白呂為商，未知為徵。五日。律5寸9分小分9弱。準5尺9寸17223。

去滅：116508，上生時息。去滅為宮，結躬為商，時息為徵。七日。律5寸9分小分2弱。準5尺9寸3783。

安度：114940，上生屈齊。安度為宮，歸期為商，屈齊為徵。六日。律5寸8分小分4微弱。準5尺8寸7786。

歸嘉：113393，上生隨期。歸嘉為宮，未卯為商，隨期為徵。六日。律5寸7分小分6微強。準5尺7寸11999。

否與：111867，上生形晉。否與為宮，夷汗為商，形晉為徵。五日。律5寸6分小分8強。準5尺6寸16422。

夷則：110592，上生夾鍾。夷則為宮，無射為商，夾鍾為徵。八日。律5寸6分小分2弱。準5尺6寸3672。

解形：109103，上生開時。解形為宮，閉掩為商，開時為徵。八日。律5寸5分小分4強。準5尺5寸8465。
去南：107635，上生族嘉。去南為宮，鄰齊為商，族嘉為徵。八日。律5寸4分小分6太強。準5尺4寸13468。
分積：106186，上生爭南。分積為宮，期保為商，爭南為徵。七日。律5寸3分小分9半弱。準5尺3寸18661。
南呂：104976，上生姑洗。南呂為宮，應鍾為商，姑洗為徵。一日。律5寸3分小分3強。準5尺3寸6561。
白呂：104757，上生南授。白呂為宮，分烏為商，南授為徵。五日。律5寸3分小分2強。準5尺3寸4361。
結躬：103563，上生變虞。結躬為宮，遲內為商，變虞為徵。六日。律5寸2分小分6強。準5尺2寸12114。
歸期：102169，上生路時。歸期為宮，未育為商，路時為徵。六日。律5寸1分小分9微強。準5尺1寸17857。
未卯：100794，上生形始。未卯為宮，遲時為商，形始為徵。六日。律5寸1分小分2微強。準5尺1寸4107。
夷汗：99437，上生依行。夷汗為宮，色育為商，依行為徵。七日。律5寸小分5強。準5尺10220。
無射：98304，上生中呂。無射為宮，執始為商，中呂為徵。八日。律4寸9分小分9強。準4尺9寸18573。
閉掩：96981，上生南中。閉掩為宮，丙盛為商，南中為徵。八日。律4寸9分小分3弱。準4尺9寸5343。
鄰齊：95676，上生內負。鄰齊為宮，分動為商，內負為徵。七日。律4寸8分小分6強。準4尺8寸11976。
期保：94388，上生物應。期保為宮，質末為商，物應為徵。八日。律4寸7分小分9半強。準4尺7寸18779。
應鍾：93312，上生蕤賓。應鍾為宮，大呂為商，蕤賓為徵。一日。律4寸7分小分4強。準4尺7寸8019。
分烏：93116，上生南事。分烏窮次，無徵，不為宮。七日。律4寸7分小分3微強。準4尺7寸6069。
遲內：92056，上生盛變。遲內為宮，分否為商，盛變為徵。八日。律4寸6分小分8弱。準4尺6寸15142。
未育：90817，上生離宮。未育為宮，凌陰為商，離宮為徵。八日。律4寸6分小分1強。準4尺6寸2752。
遲時：89595，上生制時。遲時為宮，少出為商，制時為徵。六日。律4寸5分小分5強。準4尺5寸10215。

截管❶為律，吹以考聲，列以物氣，道之本也。術家以其聲微而體難知，其分數不明，故作準以代之。❷準之聲，明暢易達，分寸又粗。然弦以緩急清濁，非管無以正也。均其中弦，令與黃鍾相得，案畫以求諸律，無不如數而應者矣。

【章　旨】以上述說以準代管的道理及相互依存的關係。

【注　釋】❶管　指竹管。古代以竹管為音律的標準器。但據古今考古發現，上古時或以玉為律管。漢章帝時曾有人於泠道縣舜祠中發現了白玉琯，它應當就是早先的律管。❷術家以其聲微三句　言以管為律也有其音細微的缺點，所以京房以準代替。準的聲音雖然暢達，但也需與管校正配合。

【語　譯】按照律管所定的長度，截竹管以制律，用其吹奏，以考測聲音的高低，列出不同物質的氣質，這是事物規律的根本。但術士因竹管聲音細微而難以精確判斷，以致分數不明，所以以準來代替它。準的聲音，明暢響亮，分寸又粗大，故容易判別。然而，準絃的緩急清濁，又必須根據律管來校正。調整好其中間的一根絃，讓其與黃鍾相和協，然後按順序之數求其他律，就能如數而相對應了。

音聲精微，綜之者解。元和元年，待詔候鍾律殷肜❶上言：「官無曉六十律以準調音者。故待詔嚴崇❷具以準法教子男宣，宣通習。願召宣補學官，主調樂器。」詔曰：「崇子學審曉律，別其族，協其聲者，審試。不得依託父學，以聾為聰。聲微妙，獨非莫知，獨是莫曉。以律錯吹，能知命十二律不失一，方為能傳崇學耳。」太史丞❸弘試十二律，其二中，其四不中，其六不知何律，宣遂罷。

自此律家莫能為準施弦，候部莫知復見。熹平六年，東觀❹召典律者太子舍人❺張光等問準意，光等不知，歸閱舊藏，乃得其器，形制如房書，猶不能定其弦緩急。音不可書以曉人，知之者欲教而無從，心達者體知而無師，故史官能辨清濁者遂絕。其可以相傳者，唯大推常數及候氣而已❻。

【章　旨】以上記載漢章帝時待詔殷彤推薦明曉鍾律的嚴宣，但嚴宣所知有限而不用，自此辨清濁之官遂絕。

【注　釋】❶殷彤　東漢時人，章帝元和中，為待詔，候鍾律。❷嚴崇　東漢章帝時人，以曉音律著稱。❸太史丞　官名。太史令之副，協助太史掌管天文律曆事。❹東觀　在都城洛陽南宮。東漢時，聚藏圖書之處，先後有一些著名學者於此著述。❺典律者太子舍人　王文耀指出，靈帝在世時並未立過太子，不可能設太子舍人之官。又據〈百官志〉注可知，太史令所屬靈臺之下，也有舍人一官，靈臺正是候部，故這裡的太子舍人，很可能是太史舍人之誤。本篇中卷也有類似錯誤。❻唯大推常數句　僅大致知其常數和候氣而已。大推，又作「大榷」。大略。

【語　譯】聲音細微高低的區別，只有行家才能了解。章帝元和元年，待詔候鍾律的官殷彤向皇帝報告說：「官府現今沒有懂得六十律的調音人。已故待詔嚴崇懂得其法，並且傳授給了他的兒子嚴宣，嚴宣懂得六十律的調試方法，我們提議召嚴宣補做學官，負責調準樂器。」皇帝頒詔曰：「嚴崇的兒子學習懂得音律，能區別其族，協調其聲，可以召來試審裁定。但不得依托父親有學問，濫竽充數。音律的知識很微妙，他是否真的知曉，不能依律錯吹，要能知道十二律不錯失一律者，方才能夠傳承嚴崇的學業。」太史丞召嚴宣試其十二律，有二律相合，有四律不中，還有六個不知是何律。於是不用嚴宣。從此以後樂府的律家便不能為準調絃，測候部門再也沒有知道的人。靈帝熹平六年，東觀有人召典律舍人張光等問律準的知識，張光等人並不知道，回去之後查閱舊藏資料，竟找出了有關器物，其形制正如京房所書，但並不能由此定準絃的緩急。聲音高低不可以寫下來讓後人知道，知道的人要教他人而沒有辦法進行，聰明的人雖然能體會而沒有導師指教，所以史官中能辨清濁的人遂絕。可以相傳的事，就只有大略的常數及候氣的方法了。

夫五音生於陰陽，分為十二律，轉生六十，皆所以紀斗氣❶，效❷物類也。天效以景❸，地效以響，即律也。陰陽和則景至，律氣應則灰除❹。是故天子常以日冬夏至御前殿，合八能之士❺，陳八音❻，聽樂均，度晷景，候鍾律，權土炭，效陰陽。冬至陽氣應，則樂均清，景長極，黃鍾通，土炭輕而衡仰。夏至陰氣應，則樂均濁，景短極，蕤賓通，土炭重而衡低。進退於先後五日之中，八能各以候狀聞，太史封上。效則和，否則占。候氣之法，為室三重，戶閉，塗釁必周，密布緹縵❼。室中以木為案，每律各一，內庳外高❽，從其方位，加律其上，以葭莩灰抑其內端，案曆而候之。氣至者灰動，其為氣所動者其灰散，人及風所動者其灰聚。殿中候，用玉律十二。惟二至乃候靈臺❾。用竹律六十，候日如其曆❿。

【章旨】以上記載宮中於冬夏至日，以土炭葭莩灰驗陰陽之氣效驗的儀式。

【注釋】❶斗氣　中國古代有以北斗斗柄指向定節氣的方法。所定二十四節氣稱為斗氣。❷效　應驗。❸景　即日影。❹灰

除　即葭莩灰消除。蘆葦裡的薄膜稱葭莩，古人將其燒成灰，置律管內用以占候。❺八能之士　指擅長鍾、鼓、磬、琴瑟、簫管、笙竽、壎、柷敔八種樂器的演奏及樂理的人。西漢樂府有八能之選，王莽時廢。東漢臨時設置，不常設。八能士為宮廷祭祀奏樂，演奏時歸太史令調度。❻陳八音　演奏八種樂器的音樂。八音，指金、石、竹、匏、土、革、絲、木八種不同材質所製樂器的聲音。❼密布緹縵　用橘紅色帷幕遮擋。❽內庳外高　指案几內低外高。庳，同「卑」。❾靈臺　即觀象臺。❿候日如其曆　根據京房的設想，竹律管所候之日，即前載黃鍾「一日」、色育「六日」之類，具體地說，黃鍾專管候冬至日，色育管候冬至後第二日至第七日。其餘依次順延。

【語譯】五音生於陰陽，又可以分為十二律，也可以轉生為六十律，它們都一一與北斗指向所定節氣相對應，也應驗於不同的物類。在天應驗於影，在地應驗於聲，也就是音律。當陰陽和順時則相應的日影至，律氣應驗，葭莩灰就去除。所以，天子常以冬至、夏至日在宮殿前，集合八能之士奏八音，聽音樂，測晷影，候鍾律，秤量土炭，用以應驗陰陽的變化。冬至時如果陽氣應驗，則音樂均清，日影達到極長，與黃鍾相通，這時的土炭就顯得輕而衡端仰起。夏至時如果陰氣應驗，則音樂均濁，日影達到極短，與蕤賓相通，這時的土炭就顯得重而使得秤衡變低。冬至和夏至的日期，進退於先後五日之中，在此期間，八能之士均以所候之狀報告，太史綜合上達。觀測得到應驗則和順，不應驗則有異常之占。測候氣的方法，用三間屋，關閉窗戶，四周塗以狗血，密布帷幕。在室中以木為案几，每律各一內低外高，對應於不同的方位，將律加於其上，以葭莩灰置於其內，候其氣至者灰動而散，而當人及風所動者其灰仍然聚集。在殿中測候時，當用玉律十二管。只有二至時才候於靈臺。用竹管測六十律時，測候的日期如六十律相應的日期。

志第二

律曆中

賈逵論曆　永元論曆　延光論曆　漢安論曆　熹平論曆　論月食❶

自太初元年始用三統曆❷，施行百有餘年，曆稍後天❸，朔先於曆，朔或在晦，月或朔見❹。考其行，日有退無進❺，月有進無退❻。建武八年中，太僕朱浮、太中大夫許淑等數上書，言曆朔不正，宜當改更。時分度覺差尚微，上以天下初定，未遑考正。至永平五年，官曆署七月十六日月食。待詔楊岑見時月食多先曆，即縮用筭上為日❼，因上言：「月當十五日食，官曆不中。」詔書令岑普候，與官曆課❽。起七月，盡十一月，弦望❾凡五，官曆皆失，岑皆中。庚寅，詔書令岑署弦望月食官，復令待詔張盛、景防、鮑鄴等以四分法❿與岑課。歲餘，盛等所中多岑六事。十二年十一月丙子，詔書令盛、防代岑署弦望月食加時⓫。四分之術，始頗施行。是時盛、防等未能分明曆元⑫，綜校分度，故但用其弦望而已⑬。

【章　旨】以上記載東漢這一時期改進推算月蝕方法的過程。

【注　釋】❶論月食　本書〈律曆中〉包括賈逵論曆、永元論曆、延光論曆、漢安論曆、熹平論曆和論月蝕六項內容。❷太初元年始用三統曆　這句話說得不夠準確，應該說：太初元年（西元前一〇四年）始用《太初曆》，使用至西漢末年，劉歆據《太初曆》，作《三統曆》。《三統曆》是中國歷史上第一部記載完整的曆法，它規定孟春正月為每年第一個月，一年有二十四個節氣，中氣、節氣各十二個，以無中氣之月為閏月。❸曆稍後天　曆法推出的天象，比實際天象落後。具體主要是指推算使用的朔日，落後於實際合朔時刻。❹朔先於曆三句　章惠康主編《後漢書・律曆志》王文耀注標點為：「朔先於曆朔，或在晦月見。」這樣雖然也通，但並不合自然。有的學者認為月後當有「或朔」二字，但若加「或朔」二字，反而不通了。❺日有退無進　指太陽冬至點的位置，每年在黃道上退行，這是由於歲差所致。❻月有進無退　指下文所記載的李梵、蘇統所發現的「率一月移故所疾處三度」，即月亮近地點進動，每月前進三度。❼縮用筭上為日　曆家推算干支順序，有算上、算外兩種表示方式。據推算得數，取同序數干支，稱為算上，取下一干支，稱為算外。曆月中的日序，原本都用算外規則來推定，楊岑推算月蝕改用算上，實即將推定月蝕的日期提前一天。筭，通「算」。❽課　驗證；比較。❾弦望　日月相合為朔，相對為望，介於朔望之間稱為弦，故弦有上弦和下弦。❿四分法　就是指後漢《四分曆》，具體算法載在本書〈律曆下〉。⓫加時　指天象發生的時刻。⓬曆元　曆法中，推算各種天象的統一起算點。⓭故但用其弦望而已　以上記載了東漢這一時期改進推算月蝕方法的過程。永平年間（西元五八－七五年），待詔楊岑認識到當時的曆法已經稍為後天，而據交蝕的原理，月蝕當發生在望日，而曆官預報的月蝕又多在十六日。因此楊岑認為這不合於月蝕發生的科學原理，於是，便上書說：「月亮將在十五日發生蝕，官方預報的不對。」皇帝下詔書命令楊岑等候與官曆觀測驗證比較。從七月起到十一月為止，凡五個月的弦和望，官曆都失誤不合，而楊岑推算的弦望都與實際相合。該月庚寅那一天，下詔命令楊岑擔任推算弦望月蝕的官。另外，又命令待詔張盛、景防、鮑鄴等人，用《四分曆》與楊岑的方法進行比較，又經過一年多的對比，得到《四分曆》所推，比楊岑多合六次的結果。於是，明帝又於永平十二年（西元六九年）十一月丙子日頒詔，命令張盛、景防代楊岑擔任推算弦望月蝕時刻的官。所以，這時《四分曆》已經開始頒行。只是這時張盛、景防尚未確定曆元，統一校定分度，僅用其推算弦望而已。

【語譯】自從西漢武帝太初元年開始使用《太初曆》以來，行用了已有一百餘年的歷史，這個時候用以推算的曆譜，天象後天，先合朔而後才是曆面朔日，甚至還在晦日，這時就能在傍晚時的西方見到新月出現了。考察天象行度，太陽冬至時在星空中的位置一直在退行，而沒有前進的，月亮運動的最速點則只有前進，沒有後退。到了東漢光武帝建武八年時，太僕朱浮、太中大夫許淑等人又多次上書給皇帝，說曆法不正，應當改革曆法。這時曆法與天象差異的度分還比較微小，皇上又以天下初定，還來不及加以考正為由，沒有考慮。到了明帝永平五年，官方的曆書載明七月十六日月蝕，但是實際發生在十五日。待詔楊岑，發現當時的月蝕大多發生在曆法預報的日期之前，就將預報月蝕的日期，從算外縮用到算上作為預報月蝕的日期，於是便上書說：「月當十五日蝕，官曆的推算多不準確。」詔書下令，命楊岑加以測候，並與官曆推算的結果相比較。從七月開始，到十一月為止，共五個月的弦望時刻，官方曆書所推都不合，楊岑所推都合。庚寅這一天，頒詔命楊岑任推算弦望月蝕的官，同時又下令待詔張盛、景防、鮑鄴等人，用《四分》推算法，與楊岑法相比較。經過一年多的比測結果，張盛等所推，比楊岑多中六次。明帝永平十二年十一月丙子，又下詔命張盛、景防代替楊岑任弦望月蝕官，推算它們的發生時刻。於是，《四分》術開始頒行。只是當時張盛、景防等人，還沒有分明《四分》曆法的曆元，綜合校定分度，所以，只暫時用它推算弦望月蝕。

先是，九年，太史待詔董萌上言曆不正，事下三公❶、太常❷知曆者雜議，訖十年四月，無能分明據者。至元和二年，太初失天益遠，日、月宿度相覺浸多，而候者皆知冬至之日日在斗二十一度，未至牽牛五度❸，而以為牽牛中星，後天四分日之三❹，晦朔弦望差天一日❺，宿差五度❻。章帝知其謬錯，以問史官，雖知不合，而不能易，故召治曆編訢、李梵等綜校其狀。二月甲寅，遂下詔曰：

「朕聞古先聖王，先天而天不違，後天而奉天時。河圖❼曰：『赤九會昌，十世以光，十一以興❽。』又曰：『九名之世，帝行德，封刻政。』朕以不德，奉承大業，夙夜祗畏，不敢荒寧。予末小子，託在於數終，曷以續興，崇弘祖宗，拯濟元元？尚書琁璣鈐曰：『述堯世，放唐文。』帝命驗曰：『順堯考德，題期立象。』且三、五步驟❾，優劣殊軌，況乎頑陋，無以克堪，雖欲從之，末由也已。每見圖書，中心恧焉❿。閒者以來，政治不得，陰陽不和，災異不息，癘疫之氣，流傷於牛，農本不播。夫庶徵休咎⓫，五事之應⓬，咸在朕躬，信有闕矣，將何以補之？書曰：『惟先假王正厥事。』⓭又曰：『歲二月，東巡狩，至岱宗，柴，望秩于山川。遂覲東后，叶時月正日。』⓮祖堯岱宗，同律度量，考在璣衡⓯，以正曆象⓰，庶乎有益。春秋保乾圖曰：『三百年斗曆改憲⓱。』史官用太初鄧平術，有餘分一⓲，在三百年之域，行度轉差，浸以謬錯。琁璣不正，文象不稽。冬至之日日在斗二十一度，而曆以為牽牛中星。先立春一日，則四分數之立春日也。以折獄斷大刑，於氣已迕；用望平和隨時之義，蓋亦遠矣。今改行四分，以遵於堯，以順孔聖奉天之文。冀百君子越有民，同心敬授，儻獲咸熙，以明予祖之遺功。」

【章　旨】以上記載因發現實測冬至日所在和晦朔弦望發生差誤，章帝於是下詔改用《四分曆》。

【注　釋】❶三公　東漢時對最高的行政長官太尉、司徒、司空的合稱。❷太常　九卿之一。掌禮儀祭祀。太史令及諸博士官均為其屬下。❸未至牽牛五度　斗宿是牛宿西面的一宿，斗宿計二十五度，今冬至日在斗二十一度，則距牽牛初度計為五度。❹牽牛中星二句　即節氣後天四分之三日。❺晦朔弦望差天一日　即推算合朔後天一日。❻宿差五度　即歲差所生。❼河圖　古緯書。以下《尚書琁璣鈐》、《帝命驗》、《春秋保乾圖》均為緯書。緯書又稱圖讖，流行於東漢時，為巫師和方士製作的隱語或預言。大都隱澀難解。❽赤九會昌三句　據五德終始的觀念，有一派認為漢得火德，色尚赤，故漢高祖劉邦為「赤帝子」。光武帝劉秀為九世孫，故稱「赤九」。下文九名之世也指光武帝。十世、十一世，則分別是指明帝和章帝。❾三五步驟　語出緯書《孝經鉤命決》：「三皇步，五帝驟，三王馳。」言歷史演變的步伐越來越快。❿中心恧焉　心中慚愧。⓫庶徵休咎　民眾災殃。⓬五事之應　五行的應驗。⓭書曰二句　見《尚書・堯典》。假，通「格」。告誡。⓮又曰八句　見《尚書・高宗肜日》。岱宗，東嶽泰山。柴、望，皆祭名。⓯考在璣衡　用天文儀器測量。⓰以正曆象　用以正確推定各種天象。⓱三百年斗曆改憲　三百年就要改革一次曆法。⓲有餘分一　《太初曆》的歲實長度，於《四分曆》，積四年得一千五百三十九分之一日。這就是所謂「餘分一」。朔策也有類似的餘分。

【語　譯】早在明帝永平九年，太史待詔董萌就曾上書言曆法失誤，皇帝以此事交三公、九卿和懂曆法的人討論，直到永平十年四月，還沒有人能夠分明曆法失誤的依據。到了章帝元和二年，《太初曆》推算出的曆譜失天更遠，日、月宿度差距更大，測候的人都知道冬至之日太陽在斗二十一度，與牽牛初度相距五度，所以認為牽牛中星後天四分日之三，晦、朔、弦、望相差一天，季節宿度相差五度。章帝知道《太初曆》謬錯，用以問史官，史官雖知曆、天不合，但不能改變現狀，所以章帝召治曆編訢、李梵，綜合校對失誤的狀態，於二月甲寅日下詔曰：

「朕聽說古代先帝聖王，以天為天而天不違，處於後天而奉天時。《河圖》說：『赤九會昌，十世以光，十一以興。』又說：『九名之世，帝行德，封刻政。』朕以沒有德行之身，繼承了國家大業的帝位，早晚都感到畏懼，不敢荒廢政事。我這個末代小子，託生於數代之後，如何使漢祚繼續興旺，弘揚祖宗，拯濟百姓呢？《尚書琁璣鈐》說：『述堯世，放唐文。』《帝命驗》說：『順堯考德，題期立象。』況且歷史發展的腳步越來越快，好的差的道路不同，何況我這個頑陋之輩不能勝任，雖然想努力進行，也力不從心。每每讀到圖讖之書，心中甚感慚愧不安。最近以來，政治不平靜，陰陽不調和，災異東起西伏總不平息，癘疫之氣，傳播到牛群，影響到農事收成，導致百姓遭殃。〈洪範〉所言『敬用五事』的應驗，都反映在朕身上，朕確實有缺失呀，將何以補正呢？《尚書》曰：『首先要告誡我王端正其事。』又曰：『這一年二月，帝巡行東方，到達泰山，舉行柴祭禮，又行望祭禮於其他山川。於是接見東方諸侯，協調四時月令，以校正時間。』效法帝堯，以岱山為宗，統一度量衡，考察測天儀器，以正曆法，這是於國家有益的大事。《春秋保乾圖》說：『三百年斗曆改憲。』史官用鄧平《太初曆》，有餘分一，在三百年之間，天象行度與曆法出現差異，有了錯謬。曆法不正，天象難考。今冬至日在斗二十一度，而《太初曆》為牽牛中星。曆日與《四分曆》差至一日，其先立春一日，為《四分》立春之日。因此，用以折獄斷大刑，於氣已差；想以此達到平和隨時的意義，也已經違反。現今改用《四分曆》，以遵守堯帝之意，應順孔聖人奉天的文義。希望與千百君子億萬人民同心接受奉行，或許能得到光明，以發揚先祖遺留的功業。』

於是四分施行❶。而訢、梵❷猶以為元首十一月當先大，欲以合耦弦望，命有常日，而十九歲不得七閏，晦朔失實。行之未期，章帝復發聖思，考之經讖❸，使左中郎將賈逵❹問治曆者衛承、李崇、太尉屬梁鮪、司徒掾嚴勗、太子舍人徐震、鉅鹿公乘蘇統及訢、梵等十人。以為月當先小，據春秋經書朔不書晦者，月必有明晦，不朔必在其月也❺。即先大，則一月再朔，後月無朔，是明不可必。梵等以為當先大，無文正驗，取欲諧耦十六日望，月朓昏，晦當滅而已。又晦與合同時，不得異日。又上知訢、梵穴見❻，勑毋拘曆已班，天元始起之月當小。定，後年曆數遂正。永元中，復令史官以九道法候弦望❼，驗無有差跌。逵論集狀，後之議者，用得折衷，故詳錄焉。

【章旨】以上記載是東漢曆法改革的綜合論述。

【注釋】❶四分施行　據上文，後漢《四分曆》正式施行於元和二年（西元八五年）。❷訢梵　即編訢、李梵也。東漢明帝、章帝時的曆法家，後漢《四分曆》的編撰者。❸考之經讖　依據儒家《六經》，即《詩》、《書》、《禮》、《易》、《春秋》、《樂》和緯書來考查。東漢統治者因緯書有利自己的統治而大加提倡。以上章帝所頒詔書，引用緯書就達四種之多。❹左中郎將賈逵　賈逵（西元三〇—一〇一年），字景伯，扶風平陵（今陝西咸陽）人。賈誼九世孫，賈徽之子。東漢官吏，經學家。傳父學《左氏春秋》，弱冠能誦《左傳》及《五經》本文。除擅長古文學外，亦通今文學之《穀梁傳》。在太學求學時好問事，身又高，人稱問事不休賈長頭。作《左傳解詁》三十篇，《國語解詁》二十一篇。拜為郎，與班固並校祕書，應對左右。章帝即位，召逵入講北宮白虎觀。並作《周官解詁》。和帝永元三年（西元九一年），為左中郎將，八年（西元九六年）為侍中，領騎都尉。著《經傳義詁》及《論難》百餘萬字。學者宗之，稱為通儒。賈逵對天文學也很有研究，關心章帝元和年間的曆法改革。永元四年，賈逵發表了自己對這次改曆的意見，這就是本書〈律曆中〉所引載的賈逵論曆。❺月必有明晦二句　義為每個月中必有明晦的變化，那麼不朔之晦日也當必在其月。月，原作「朔」。原文有誤，學者有不同的修正意見，但注者以為改字不宜太多，當作「朔」為「月」字之誤。❻上知訢梵穴見　皇上知道編訢、李梵的意見是偏見。❼令史官以九道法候弦望　在永元年間（西元八九—一〇五年），和帝又命令史官以《九道法》推算月行的弦望。《九道法》是推算月行遲速的新方法，下面接著就有論述。

【語　譯】於是，《四分曆》開始頒行。而制曆人編訢、李梵認為元首十一月當先大，欲以合耦配對弦望，使其有常日。但這樣之後，十九歲便不得七閏，晦朔之時不合天象。新曆行用不久，章帝再次發出聖人的想法，以經讖作參考，派左中郎將賈逵問治曆者衛承、李崇、太尉的屬下梁鮪、司徒掾嚴勗、太子舍人徐震、鉅鹿公乘蘇統，及編訢、李梵等十人。以為月當先小，據《春秋經》記載，朔不書晦者，月必有明暗的變化，不朔之日必在其月。也就是說，如果先大，就將一個月發生再次合朔，下一個月將無合朔了，這很明白是不可能的事情。李梵等以為當先大，沒有文獻可以證明，這是要取十六日為望、月朓昏、晦當滅而已。又要晦與合同時，日期不能不同。皇上知道訢、梵偏見，下詔說不要管新曆已頒，天元始起之月當為小月。這樣確定之後，後年曆數就正確了。永元中，又令史官以《九道法》測候弦望，檢驗沒有差錯。在後面的言論中，賈逵評論詳實折中，所以詳錄如下。

逵論曰：「太初曆冬至日在牽牛初者，牽牛中星也。古黃帝、夏、殷、周、魯冬至日在建星，建星即今斗星也。❶太初曆斗二十六度三百八十五分，牽牛八度。❷案行事史官注❸，冬、夏至日常不及太初曆五度，冬至日在斗二十一度四分度之一。石氏星經曰：『黃道規牽牛初直斗二十度，去極一百一十五度。』於赤道，斗二十一度也。四分法與行事候注天度相應。尚書考靈曜『斗二十二度，無餘分。冬至在牽牛所起』。又編訢等據今日所在未至牽牛中星五度，於斗二十一度四分一，與考靈曜相近，即以明事。元和二年八月，詔書曰『石不可離』，令兩候，上得筭多者。太史令玄等候元和二年至永元元年，五歲中課日行及冬至斗二十一度四分一，合古曆建星考靈曜日所起，其星間距度，皆如石氏故事❹。他術以為冬至日在牽牛初者，自此遂黜也❺。」

【章　旨】以上記載賈逵對東漢曆法狀況的具體論述。

【注　釋】❶古黃帝二句　按《步天歌》所述星官分布，建星與斗宿為相鄰的兩個不同星座，斗六星在西南，建六星在東北。即其所曰：「斗六星其狀似北斗，魁上建星六相聚。」❷太初曆二句　這二句話為《四分曆》黃道斗宿、牛宿距度（見〈志下〉），在此上下文不相接，擬「八」為「初」字之誤。❸行事史官注　辦事史官所作的觀測記錄。❹詔書曰石不可離八句　即不要背離石氏星表。故下文還有「其星間距度，皆如石氏故事」。❺日在牽牛初者二句　從此以後，編撰曆法的人，就不再說冬至日在牽牛了。

【語　譯】賈逵議論說：「《太初曆》冬至，日在牽牛初度，是據牽牛中星測定的。牽牛中星即牽牛距星。古黃帝曆、夏曆、殷曆、周曆、魯曆，它們的冬至時，太陽在建星，建星也就是今天的斗星。《太初曆》的冬至，日在斗二十六度三百八十五分，即牽牛初度。按行事史官注，冬夏至日常不及《太初曆》五度，冬至日在斗二十一度四分度之一。《石氏星經》說：『黃道圈牽牛初為斗二十度，去極一百一十五度。』對於赤道度，為斗二十一度。《四分法》與行事候注的天度星相對應的。《尚書考靈曜》說『冬至日在斗二十二度，無餘分。冬至在牽牛所起』。又編訢等人據現今冬至日所在未至牽牛中星五度，即於斗二十一度四分之一，與《考靈曜》相近，所以說此事是明確的。元和二年八月，詔書說『石氏星法不可拋棄』，命令以兩種曆進行測候，以算合得多的上報。太史令玄等人，測候元和二年至永元元年，五年中測比冬至日太陽行度，其斗二十一度四分之一，合於古曆建星《考靈曜》日所起之度，其二十八宿距度，都如石氏故事。其他曆法，以冬至日在牽牛之說者，從此才罷黜不用。」

逵論曰：「以太初曆考漢元❶盡太初元年日食二十三事，其十七得朔，四得晦，二得二日；新曆七得朔，十四得晦，二得二日。以太初曆考太初元年盡更始二年二十四事，十得晦；以新曆十六得朔，七得二日，一得晦。以太初曆考建武元年盡永元元年二十三事，五得朔，十八得晦；以新曆十七得朔，三得晦，三得二日。又以新曆上考春秋中有日朔者二十四事，失不中者二十三事。天道參差不齊，必有餘，餘又有長短，不可以等齊。治曆者方以七十六歲斷之，則餘分消長，稍得一日。故易金火相革之卦象曰：『君子以治曆明時。』又曰：『湯、武革命，順乎天，應乎人。』言聖人必曆象日月星辰，明數不可貫數千萬歲，其間必改更❷，先距求度數，取合日月星辰所在而已。故求度數，取合日月星辰，有異世之術。太初曆不能下通於今，新曆不能上得漢元。❸一家曆法必在三百年之間。故讖文曰『三百年斗曆改憲』。漢興，當用太初而不改，下至太初元年百二歲乃改，故其前有先晦一日合朔。下至成、哀，以二日為朔，故合朔多在晦，此其明效也❹。」

【章旨】賈逵繼言三百年斗曆改憲的道理。

【注釋】❶以太初曆考漢元　以《太初曆》法研究推算西漢初年的日蝕日期。❷明數不可貫數二句　知道一部曆法不能長期使用數千萬年，期間必須作出更改。❸太初曆二句　西漢制定的《太初曆》雖然與西漢時期相合，但使用到今天就不合了。

而新的曆法雖密合於今天，但又不合於西漢初年。❹故其前五句　言曆法剛使用時所推之朔在晦日，久了之後所在合朔，便在二日，明確地認識到所用朔望月的長度太大所致，為今後製造新曆減小朔策作好準備。

【語譯】賈逵又議論說：「用《太初曆》考察西漢元年到太初元年的二十三次日蝕的發生日期，有十七次得朔日，四次得晦日，二次得二日；而新曆《四分曆》得朔日七次，晦日十四次，二日二次。又以《太初曆》考察太初元年至更始二年二十四次日蝕記錄，得晦日十次；以新曆推算，得朔日十六次，二日七次，晦日一次。又以《太初曆》考察建武元年至永元元年發生的二十三次日蝕記錄，得朔日五次，晦日十八次；以新曆推算，得朔日十七次，晦日三次，二日三次。又以新曆上考《春秋》有日朔記錄的二十四次記錄，失不中的有二十三次。各天體運行的時間是參差不齊的，即長短不一的，一定會有多餘，餘數也有長短，不會齊同。所以治理曆法的人才以七十六年作為週期。考察這七十六年中的餘分積累，差不多得到一日。所以《周易》『金火相革』之卦象說：『君子要治理好曆法以明確時令。』又說：『商湯和周武王的革命，是順天應人的舉動。』是說聖人必定依據曆象日月星辰，知道曆數不可連續使用千萬年，其間必有改易，先從相距求其度數差異出發，再取其合乎日月星辰所在而已。所以，求度數，取合日月星辰的度數，有不同世代的方法。《太初曆》不能既合於漢元，又合於今天，新曆法於今天相合，又不能上合漢元。一家曆法，必然只能在三百年之間使用，超過這個年數就必然有差了。所以有讖文曰『三百年斗曆改憲』，憲就是曆法。漢朝興起，當用《太初曆》而沒有改革，直到太初元年一百零二歲以後才改革，所以當時的曆法有先晦一日合朔。改用《太初曆》以後，在成帝哀帝時，又以二日合朔，所以，合朔多在晦，這是明確有效驗的。」

逵論曰：「臣前上傅安等用黃道度❶日月弦望多近。史官一以赤道度之，不與日月同，於今曆弦望至差一日以上，輒奏以為變，至以為日卻縮退行。於黃道，自得行度，不為變。❷願請太史官日月宿簿及星度課，與待詔星象考校，奏可。

臣謹案：前對言冬至日去極一百一十五度，夏至日去極六十七度，春秋分日去極九十一度。洪範『日月之行，則有冬夏』。五紀論『日月循黃道，南至牽牛，北至東井❸，率日日行一度，月行十三度十九分度七』也。今史官一以赤道為度，不與日月行同，其斗、牽牛、東井、輿鬼，赤道得十五，而黃道得十三度半；行東壁、奎、婁、軫、角、亢，赤道七度，黃道八度❹；或月行多而日月相去反少，謂之日卻。案黃道值牽牛，出赤道南二十五度，其直東井、輿鬼，出赤道北二十五度。赤道者為中天，去極俱九十度，非日月道，而以遙準度日月，失其實行故也❺。以今太史官候注考元和二年九月已來月行牽牛、東井四十九事，無行十一度者；行婁、角三十七事，無行十五六度者，如安言。問典星待詔姚崇、井畢等十二人，皆曰：『星圖有規法❻，日月實從黃道，官無其器，不知施行。』案甘露二年大司農中丞耿壽昌❼奏，以圖儀度日月行❽，考驗天運狀，日月行至牽牛、東井，日過一度，月行十五度，至婁、角，日行一度，月行十三度，赤道使然，此前世所共知也。如言黃道有驗，合天，日無前卻，弦望不差一日，比用赤道密近，宜施用，上中多臣校❾。」

【章　旨】賈逵議論：從傅安等人以黃道度量日月的行度，發現其測量的結果多密近，宜加考校、採用。

【注　釋】❶傅安等用黃道度　傅安，東漢時的天文學家，具體事跡不明。曾用黃道度量日月的行度，發現其測量的結果多密近。陳美東《中國科學技術史．天文學卷》認為石氏星表就有黃道度量的記錄，可見在東漢製造黃道銅儀之前就有黃道儀，否則石氏星表和傅安等人就得不到黃道度量的數據。❷於黃道三句　這是賈逵在奏書中批判史官錯誤觀念的一句話。言太陽、月亮都沿著黃道運動，今依赤道度測量，而曰弦望行度不同是不正確的。實際是不為變的。❸南至牽牛二句　黃道與赤道斜交，日行黃道，冬至前後於斗、牛時偏赤道南二十五度，夏至前後於井、鬼時偏北二十五度。❹今史官八句　月亮行至斗牛東井輿鬼時黃赤道平行而差距小，行至壁奎婁軫角亢時黃赤斜交角度大而差距亦大，故下文曰日卻。❺以遙準度日月二句　以相距遙遠加以測量日月的行度，得到的實際行度不準確。❻星圖有規法　天上的恆星分布，有星圖可以為依據。❼耿壽昌　西漢宣帝時大司農中丞。封關內侯。曾以圓儀測日月行度，得到月至牛、井與婁、角行度不同的結果。❽以圖儀度日月行　用圓儀測量日月的行度。圖儀即圓儀，早期的測天儀器。❾上中多臣校　上報給眾多大臣考校。

【語　譯】賈逵又評論說：「我以前上書說傅安等，用黃道儀測量天體日月弦望的度數多比較精密，而史官一律用赤道儀測量它們的行度，則不與日月相同，對於今曆弦望差至一日以上，還上奏說日月行度有了變化，太陽出現縮退之行。實際上，日月行於黃道之上，自有行度，而沒有變，只是從赤道對其測量，看上去有變。我們曾經請求以太史官日月宿簿的記錄與星度比較，與待詔星象考察比較，得到批准。我以前對答說：冬至時太陽距北極一一五度，夏至太陽距北極六十七度，春秋分太陽距北極九十一度。〈洪範〉說『日月交錯運行，而有冬夏』。《五紀論》說『日月循著黃道運行，南至牽牛，北至東井，日每日行一度，月每日行十三又十九分之七度』。今史官一律用赤道儀測量，不與日月行同，在斗、牽牛、東井、輿鬼處，赤道得十五度，黃道得十三度半；在東壁、奎、婁、軫、角、亢處，得赤道七度，黃道八度；或月亮行多而日月相去反而少了，稱之為日卻。這是因為黃道逢牽牛時，出赤道南二十五度，逢東井、輿鬼時，出赤道北二十五度。赤道在天球的中腰，去南北極各九十度，不是日月行道，而以此遙測日月行度，是失其真實的原因。以現今的太史官候注考察元和二年九月以來月行牽牛、東井四十九件記事，沒有運行十一度的；行婁、角三十七件記事，沒有行十五、六度的，就如傅安所說。又問典星待詔姚崇、井畢等十二人，都說：『恆星的分布有星圖可以作為依據，但日、月確實沿黃道運行，官方沒有黃道儀，不知道施行。』甘露二年大司農中丞耿壽昌奏曰，以圓儀測日月行，考驗其天運的狀態，日月行至牽牛、東井，日行一度，月行十五度，至婁、角，日行一度，月行十三度，其差異是赤道產生的，這是前世共同知道的事。是說黃道儀有驗合天，日行沒有前卻，弦望也不差一日，使用起來比赤道儀密近，應該施用黃道儀，上報給眾多大臣考校。」

案逵論，永元四年也。❶至十五年七月甲辰，詔書造太史黃道銅儀❷，以角為十三度，亢十，氐十六，房五，心五，尾十八，箕十，斗二十四度四分度之一，牽牛七，須女十一，虛十，危十六，營室十八，東壁十，奎十七，婁十二，胃十五，昴十二，畢十六，觜三，參八，東井三十，輿鬼四，柳十四，星七，張十七，翼十九，軫十八，凡三百六十五度四分度之一。冬至日在斗十九度四分度之一。❸史官以部日月行，參弦望，雖密近而不為注日❹。儀，黃道與度轉運，難以候，是以少循其事。❺

【章　旨】以上載造黃道銅儀，及儀載二十八宿距度。

【注　釋】❶案逵論二句　賈逵的以上議論，是章帝永元四年（西元九二年）之事。❷至十五年二句　永元十五年為西元一○三年。賈逵的建議在十一年後才得以批准製造。大概由太史令監造，故曰太史黃道銅儀。學者研究認為，所謂黃道銅儀，只是在渾儀的赤道圈上附加一個黃道圈。❸角為十三度三十句　為以黃道儀測得的二十八宿黃道度值，附於《四分曆》中。

❹雖密近而不為注日　候部的史官，雖然認識到黃道儀測日月行密近，但仍然不使用其作實際觀測，用以注日。❺儀黃道與度轉運四句　這架儀器，因黃道旋轉運算難以使用，所以史官實際仍很少過問。

【語　譯】以上賈逵的議論，是永元四年的事，直至永元十五年七月甲辰日，才頒布詔書，命造太史黃道銅儀，以角十三度，亢十度，氐十六度，房五度，心五度，尾十八度，箕十度，斗二十四又四分之一度，牽牛七度，須女十一度，虛十度，危十六度，營室十八度，東壁十度，奎十七度，婁十二度，胃十五度，昴十二度，畢十六度，觜三度，參八度，東井三十度，輿鬼四度，柳十四度，星七度，張十七度，翼十九度，軫十八度。總計三百六十五又四分之一度。冬至太陽在斗十九又四分之一度。史官以其測日月行度，測弦望，雖然密近，但卻不用其注日。這架儀器，黃道與度轉運難以測候，所以較少使用。

逵論曰：「又今史官推合朔、弦、望、月食加時，率多不中，在於不知月行遲疾意❶。永平中，詔書令故太史待詔張隆以四分法署弦、望、月食加時❷。隆言能用易九、六、七、八爻知月行多少。今案隆所署多失。臣使隆逆推前手所署，不應，或異日，不中天乃益遠，至十餘度❸。梵、統以史官候注考校，月行當有遲疾，不必在牽牛、東井、婁、角之間，又非所謂朓、側匿❹，乃由月所行道有遠近出入所生，率一月移故所疾處三度，九歲九道一復❺，凡九章，百七十一歲，復十一月合朔旦冬至，合春秋、三統九道終數，可以知合朔、弦、望、月食加時。據官注天度為分率，以其術法上考建武以來月食凡三十八事，差密近，有益，宜課試上。」

案史官舊有九道術❻，廢而不修。熹平中，故治曆郎梁國宗整上九道術，詔書下太史，以參舊術，相應。部太子舍人❼馮恂課校，恂亦復作九道術，增損其分，與整術並校，差為近。太史令颺❽上以恂術參弦、望。然而加時猶復先後天，遠則十餘度。

【章　旨】賈逵論述東漢以《九道法》推月行的過程。

【注　釋】❶不知月行遲疾意　西漢以前，人們還不知道月亮的運行有遲速運動，所以推算合朔、弦、望的時刻都不準確。❷張隆以四分法句　本卷第一節有待詔張盛，亦於永平中奉詔「署弦望月食加時」，黃任軻認為此二人當為同一人。盛、隆字義相同，當一字為名，另一字為字。當然，也可能是兄弟二人。❸用易九六七八爻七句　借用《周易》之數的九、六、七、八，來推算每月月亮行度的多少。由於出於附會，不合科學原理，故所署失多、不中，差至十餘度。❹朓側匿　晦而月見西方謂之朓，朔而月見東方謂之側匿。為晦朔日期推算不準才出現的兩種現象。❺率一月二句　這是東漢人發現月行九道術的基本內容。月亮作週期性的遲速運動，它的最速點，並不固定，而是每月在黃道上前進三度多，經過九年，最速點又回到原處。❻史官舊有九道術　指《漢書．律曆志》所載日有九道。其曰：「陽以九終故日有九道，陰兼而成之，故月有十九道。」有人以為這就是月有九道，此處日有九道當為月有九道之誤。然而，《河圖帝覽禧》曰：「黃道一，青道二出黃道東，赤道二出黃道南，白道二出黃道西，黑道二出黃道北。日春東從青道，夏南從赤道，秋西從白道，冬北從黑道。」明白地說「日春東從青道、夏南從赤道」等，這個觀念，就只可能是日行九道，而非月行九道。故西漢的日行九道與東漢的月行九道不是一個概念。❼太子舍人　靈帝未立太子，何來太子舍人，當為太史舍人之誤。❽太史令颺　指單颺，字武宣，山陽湖陸人。東漢官吏，善天算、星占。熹平末預言譙地五十年後當有王者興。後以魏代漢應。初舉孝廉，遷太史令，侍中，出為漢中太守，後拜為尚書，卒於官。本書有傳。

【語譯】賈逵又論述說：「又現今的史官，推算合朔、弦、望、月蝕發生的時刻，所得之值大多不合，考其原因，在於不知道月亮運行有週期性的快慢變化。永平年間，詔書令原太史待詔張隆，以《四分法》推算弦、望、月蝕時刻。張隆說自己能用《周易》九、六、七、八爻推知月行實際位置。現今考察張隆所推結果，大多不合。我又讓張隆向前逆推前人記載時刻，也不相合，或不同日，不合天很遠，差達十餘度之多。李梵、蘇統以史官候注對比考察，月亮的運行應該有快慢的變化。而這種快慢變化，又不必固定在牽牛、東井、婁、角之間，也不是所謂脁、側匿，而是由月亮的行道，有遠近出入所生，遠則行遲，近則行速。其最速點的位置變化規律是，每月移原處三度，經過九年行九條軌道，又回到原處。凡九章，一百七十一歲，回復到十一月朔旦冬至。合於《春秋》、《三統》九道終數，使用這種方法，可以準確地推知合朔、弦、望、月蝕發生時刻。依官注歷史記錄為依據，以這種術法上考建武以來月蝕計三十八事，差距密近，宜比測試用上報。」

史官以往也有《九道術》的算法，但是長期以來廢棄了不用。熹平年間，原治曆郎、梁國人宗整上奏《九道術》，詔書頒布下達太史，將其與舊歷參照使用，部太子舍人馮恂觀測後，也作《九道術》，調整分數與宗整比較，誤差小，太史令單颺，以馮恂術參照推算弦望。然而，所得時刻仍有先後天，行度差至十餘度。

永元十四年，待詔太史霍融上言：「官漏刻率九日增減一刻❶，不與天相應，或時差至二刻半，不如夏曆密❷。」詔書下太常，令史官與融以儀校天❸，課度遠近。太史令舒、承、梵等對：「案官所施漏法令甲第六常符漏品，孝宣皇帝三年十二月乙酉下，建武十年二月壬午詔書施行。漏刻以日長短為數，率日南北二度四分而增減一刻。一氣俱十五日，日去極各有多少。今官漏率九日移一刻，不隨日進退。夏曆漏刻隨日南北為長短，密近於官漏，分明可施行。」其年十一月甲寅，詔曰：「告司徒、司空：漏所以節時分，定昏明。昏明長短，起於日去極遠近，日道周圜，不可以計率分，當據儀度，下參晷景。今官漏以計率分昏明，九日增減一刻，違失其實，至為疏數以耦法。太史待詔霍融上言，不與天相應。太常史官運儀下水，官漏失天者至三刻。以晷景為刻❹，少所違失，密近有驗。今下晷景漏刻四十八箭❺，立成斧官府當用者，計吏到，班予四十八箭。」文多❻，故魁取二十四氣日所在，并黃道去極、晷景、漏刻、昏明中星刻于下。

【章旨】以上記載霍融論述東漢漏刻使用九日增減一箭和一歲四十八箭的發展過程。

【注釋】❶漏刻率九日增減一刻　這種漏刻制度規定每隔九日增減一刻，一歲三百六十五日計四十支箭。❷或時差至二刻半二句　古代以一晝夜為一百刻，一刻為十四．四分。二刻半，差至半小時多，故曰不如夏曆密。夏曆為古六曆之一的《四分曆》。❸以儀校天　以漏刻兩種制度，與實際天象加以校對。❹以晷景為刻　即以晷影長短定漏刻制度，也就是以太陽南北移動二度四分增減一刻，即換一箭。冬夏至南北相距四十八度餘，當合二十四箭，一歲四十八箭。❺漏刻四十八箭　日每差二度四分換一箭，一歲為四十八箭。❻文多　語義不明。

【語譯】永元十四年，待詔太史霍融上書說：「官漏刻，使用每九日增減一刻的制度，用以調節晝夜長度的變化，但不與天相應，實際誤差太大，時間可以差至二刻半，不如夏曆精密。」詔書下達給太常，命令史官與霍融用儀器測驗，度量各自的精密程度。太史令舒、承、梵等人回答說：「官方所用漏刻方法，叫做《令甲第六常符漏品》，是宣帝三年十二月乙酉下詔頒行的，建武十年二月壬午又下詔繼續行用。漏刻以白天時間長短為標準，以太陽南北二度四分增減一刻。一個節氣十五天，太陽去極隨之變化。現今官漏以每隔九日變換一刻，不隨太陽南北移動而增減。而夏曆漏刻，隨日南北移動增減刻數，故夏曆漏刻比官曆精密，明顯地可以行用。」這一年十一月甲寅日，下詔說：「告訴司徒、司空：漏刻是用於分判時刻，確定昏、明使用的。而昏明長短，決定於太陽距極遠近，日道周環，不可以計分，當用儀器測量，同時參考晷影的變化。現今官漏計量時分昏明，以九日增減一刻，不合於實際天象，甚是疏闊。太史待詔霍融上書說，漏刻不與天相對應。太常的史官以儀下水試用，得到官漏不合天差達三刻。而以晷影確定時刻增減之法，則違失較少，密近已得到驗證。現在下達晷影漏刻每晝夜四十八箭，官府當用漏刻計時的地方，計吏到後，便改用四十八箭。」多種文書下達，先取二十四氣日所在的黃道去極度、晷影長短、漏刻之數、昏明時刻的中星，刻寫於下。

昔太初曆之興也，發謀於元封❶，啟定於元鳳❷，積三十年，是非乃審。及用四分，亦於建武，施於元和，訖於永元，七十餘年，然后儀式備立，司候有準。天事幽微，若此其難也。中興以來，圖讖漏泄，而考靈曜、命曆序皆有甲寅元。其所起在四分庚申元後百一十四歲，朔差卻二日。學士修之於草澤，信向以為得正。及太初曆以後天為疾，而修之者云「百四十四歲而太歲超一辰❸，百七十一歲當棄朔餘六十三，中餘千一百九十七，乃可常行❹」。自太初元年至永平十一年，百七十一，當去分而不去，故今益有疏闊。此二家常挾其術，庶幾施行❺，每有訟者，百寮會議，群儒騁思，論之有方，益於多聞識之，故詳錄焉。

【章　旨】以上論述自太歲超辰法至干支紀年法的演變過程。

【注　釋】❶發謀於元封　指漢武帝於元封七年發動改曆。❷啟定於元鳳　指元鳳二十七年因張壽王上書而課諸曆疏密，是非乃定。❸修之者云句　即劉歆提出的太歲超辰記歲法，東漢時實際並未使用。此處「修之者」就是指劉歆。《太初曆》的歲星恆星週期為十二年，則一四四年應行十二周整。但劉歆實際觀測得知，一四四歲當行 $12\frac{1}{12}$ 周，即歲星在一四四歲中實際行十二周還超過一辰。❹百七十一歲三句　《太初曆》頒行百年之後，劉歆發現節氣、合朔均出現後天現象，這是因為他發現《太初曆》使用的回歸年、朔望月和歲星紀年的週期都偏大了，必須作出修正，修正的辦法是：

《太初曆》的回歸年長 $365\frac{385}{1539}$，經一七一年，應棄去 $\frac{1197}{1539}$，也就是每年應棄去 $\frac{1197}{1597\times171}$ 日，由此可得修正後的回歸年長為 $365\frac{385}{1597}-\frac{1197}{1597\times171}=365.24614$ 日。

《太初曆》的朔望月長為 $29\frac{43}{81}$ 日，經一七一歲，應棄去 $\frac{63}{81}$ 日，也就是每個朔望月應棄去 $\frac{63}{81\times2115}$ 日（一七一歲中為二一一五個月），即修正後的朔望月長為 $29\frac{43}{81}-\frac{63}{81\times2115}=29.530496$ 日。

即劉歆指出，每經一七一年，節氣當棄去 $\frac{1197}{1539}$ 日（約合0.8日），合朔當棄去 $\frac{63}{81}$ 日（約合0.8日），曆法仍可繼續行用。❺二家常挾其術二句　指前面提到的張隆和梵統二家，都據劉歆的方法，各自略作變動，提出施行。

【語　譯】漢朝的曆法沿革，西漢改用《太初曆》，計劃起始於元封年間，確定於元鳳年間，經過三十年，是非的爭議才得以確定。東漢時改用《四分曆》，亦起始於建武年間，元和年間開始行用，迄於永元年間，七十餘年，其儀器和方式才齊備，頒行、測候有了規律。天文這門學問是幽深的，研究起來也困難。東漢中興以來，圖讖之學流行，其中《考靈曜》、《命曆序》都有甲寅元。它的曆元所起，在四分庚申元後一百一十四歲，合朔時刻差至兩日。學士們從民間得來，以為得到了正確的曆元。還有《太初曆》以曆法後天為其缺點，而推導它的人說「一百四十四歲而太歲超越一辰就可以了，對朔差，只需一百七十一歲後而棄去朔餘六十三分，中餘一千一百九十七，以後就可以照常使用」。但是從太初元年至永平十一年，已經過一百七十一歲，該棄分而不棄，因此更加疏闊。當今學者常據這兩種方法，要求施行。每有爭議，在百僚會議上，群儒議論紛紛，想像力豐富，引之有據，也是多聞多識，故詳細記述如下。

安帝延光二年，中謁者亶誦言當用甲寅元，河南梁豐言當復用太初。尚書郎張衡❶、周興❷皆能曆，數難誦、豐，或不對，或言失誤。衡、興參案儀注❸，考往校今，以為九道法最密。詔書下公卿詳議。太尉愷等上侍中施延等議：「太初過天，日一度❹，弦望失正，月以晦見西方，食不與天相應；元和改從四分，四分雖密於太初，復不正，皆不可用。甲寅元與天相應，合圖讖，可施行。」博士黃廣、大行令❺任僉議，如九道。河南尹祉、太子舍人李泓等四十人議：「即用甲寅元，當除元命苞天地開闢獲麟中百一十四歲，推閏月六直其日❻，或朔、晦、弦、望，二十四氣宿度不相應者非一。用九道為朔，月有比三大二小，皆疏遠。元和變曆，以應保乾圖『三百歲斗曆改憲』之文。四分曆本起圖讖，最得其正，不宜易。」愷等八十四人議，宜從太初。尚書令忠上奏：「諸從太初者，皆無他效驗，徒以世宗❼攘夷廓境，享國久長為辭。或云孝章改四分，災異卒甚，未有善應。臣伏惟聖王興起，各異正朔，以通三統。漢祖受命，因秦之紀，十月為年首，閏常在歲後。不稽先代，違於帝典。太宗❽遵修，三階以平，黃龍以至，刑犴以錯，五是以備❾。哀平之際，同承太初，而妖孽累仍，痾禍非一。議者不以成數相參，考真求實，而汎采妄說，歸福太初，致咎四分。太初曆眾賢所立，是非已定，永平不審，復革其弦望。四分有謬，不可施行。元和鳳鳥不當應曆而翔集。遠嘉前造，則表其休；近譏後改，則隱其福。漏見曲論，未可為是。臣輒復重難衡、興，以為五紀論推步行度，當時比諸術為近❿，然猶未稽於古。及向子歆欲以合春秋，橫斷年數，損夏益周，考之表紀，差謬數百。兩曆相課，六千一百五十六歲，而太初多一日。冬至日直斗，而云在牽牛。迂闊不可復用，昭然如此。史官所共見，非獨衡、興。前以為九道密近，今議者以為有闕，及甲寅元復多違失，皆未可取正。昔仲尼順假馬之名，以崇君之義，況天之曆數，不可任疑從虛，以非易是。」上納其言，遂寑改曆事。⓫

【章　旨】以上記載了東漢安帝延光二年，由朝廷組織的曆法改革論證會的實錄。

【注　釋】❶張衡（西元七八—一三九年），字平子，南陽西鄂（今南陽）人。張堪之孫。東漢著名科學家，文學家。少好學，遊於三輔，入京師，觀太學，遂通《五經》，貫六藝，善機巧，尤致思於天文、陰陽、曆算。亦好玄學。安帝聞衡善學術，公車特徵拜郎中，遷太史令，掌管天象觀測。他認為，天和地的關係，就像蛋殼包蛋黃，天外地內。作《靈憲》，製渾天儀，已使用赤道、黃道、南北極等名詞。明確提出「宇之表無極，宙之端無窮」，認識到宇宙的無限性。第一次正確地解釋了月蝕的成因，指出月光是日光所照，月蝕是月亮進入地影遮住日光所致。他還設計製造了世界上第一架利用漏壺控制流水帶動旋轉的渾天儀。順帝初復任太史令時，又製造了候風地動儀，用以預測地震。曾上疏要求禁絕圖讖之學。文學作品有〈二京賦〉、〈歸田賦〉等。史學上主張尊重客觀史實。經學也著有《周官訓詁》。❷周興　廬江舒縣（今安徽廬江縣）人。東漢官吏。少有名譽，和帝時為郎中。安帝永寧中，為尚書陳忠薦舉，拜尚書郎。❸衡興參案儀注　張衡、周興考校儀注。此處「案」作考校解。❹太初過天日一度　《太初曆》推算的節氣，超過實際天象一天。❺大行令　官名。大鴻臚的屬官，掌重大交際禮儀事務。❻推閏月六直其日　六直，迷信曆注，六直即六耀。❼世宗　即漢武帝。❽太宗　即漢文帝。❾五是以備　語出《尚書·洪範》：「庶征，曰雨、曰暘、曰燠、曰寒、曰風。五者來備，各以其敘。」❿五紀論推步行度二句　五紀論，《漢書·律曆志上》說：「至孝成世，劉向總六曆，列是非，作《五紀論》。」什麼叫「五紀」？據孟康注曰：「歲、月、日、星、辰，是謂五紀也。」《漢書·律曆志下》又說：「六物者，歲時日月星辰也。辰者，日月之會而建所指也。」因此，《五紀論》主要整理研究古六曆，討論六曆的是非，並且進一步研究與曆法有關的年月日的安排，研究用以確定季節的斗建所指十二辰方位，也研究五星的運動。由此可知，它是研究西漢以前各種曆法的綜合性著作，是十分重要的科學文獻。可惜沒有能夠流傳下來。儘管如此，在其他文獻中，還能看到部分引述《五紀論》的內容。⓫上納其言二句　以上記載了安帝延光二年（西元一二三年）由東漢朝廷組織的曆法改革論證會的實錄，張衡、周興建議改用《九道術》，施延建議改用甲寅元，尹祉等四十人議仍用《四分》，愷等八十四人議從《太初曆》，只有尚書令忠總結說不可任疑從虛，待等實測鑑定後再定。於是改曆的建議遂停止了。

【語　譯】安帝延光二年，中謁者亶誦說當用甲寅元。河南梁豐說應當再次恢復使用《太初曆》。尚書郎張衡、周興，都是擅長曆法之士，多次責難誦、豐，他們或者不回答，或者回答失誤。衡、興依據參照儀注，考察古今，以為《九道法》最密。詔書下公卿們詳細議論。太尉愷等上報侍中施延等人的議論，說：「《太初曆》過天，節氣過天一日，弦望失正，月以晦日見西方，交食不與天相對應；元和改從《四分曆》，《四分曆》雖然比《太初曆》精密，但也不正，都不可用。甲寅元與天相應，合圖讖，可以施行。」博士黃廣、大行令任僉同意用《九道術》。河南尹祉、太子舍人李泓等四十人說：「即使使用甲寅元，也當除去《元命苞》天地開闢至獲麟中的一百一十四歲，其推算閏月、六直其日，或推朔、晦、弦、望，二十四節氣宿度等，不相合者不只一處。用《九道法》確定朔日，月有相鄰三個大月二個小月，都疏遠。元和改革曆法，以應《保乾圖》『三百歲斗曆改憲』之文。《四分曆》原本起源於圖讖，最符合正統，不應該改革。」又愷等八十四人議論，支持使用《太初曆》。尚書令忠上奏曰：「諸多贊成用《太初曆》的，都沒有其他效驗，只是以為漢武帝攘夷安定邊境，享國在位久長為理由。或者說章帝改用《四分》之後，災異四起，沒有好的應對辦法。我意為，歷代聖王興起，即各自制定不同的曆法，用以實行自己的統治。漢高祖受命，沿用秦代曆紀，以十月為歲首，閏月常置於歲後。不依據先代舊制，有違於先帝常法。文帝繼位，三階以平，黃龍以至，刑獄以平，修身五事以備。哀帝、平帝時期，同樣使用《太初曆》，卻不如武帝時太平而妖孽累發，禍殃不一。議論的人不以成數加以討論，用以考真求實，而是泛採妄說，歸福於《太初曆》，致咎於《四分曆》。《太初曆》是眾賢所立，它的是非已有定論。永平時沒有詳究，改革其弦、望。《四分曆》有缺點，不可以施行。說元和沒有因頒曆而鳳鳥翔集。嘉獎前造曆法，不說其不是之處；譏諷後改之曆，隱沒其福。漏刻見有不正的議論，不可以認為正確。我這裡還要再次批評衡、興，認為劉向《五紀曆》推步行度，當時比諸曆為近。他們還沒有從古代加以考察。劉向子劉歆要以《三統曆》合《春秋》，橫斷年數，損夏益周，從留存的歷史年表及帝王世紀來考查，誤差達數百年。以兩曆相比較，積六千一百五十六歲，《太初曆》要多出一日。冬至之日太陽在斗宿，而《太初》說在牽牛。它迂闊到已不可再使用，這是很清楚不過的事情。史官們也都知道，不只有衡、興獨自知道。以前認為《九道術》精密，現今評論的人以為也有缺點，還有甲寅元多有違失，都不可以取以為正。以往孔子順借馬之名，用以推崇君主之義，又何況天之曆數，不可由於懷疑而改從虛擬，用錯改對。」皇帝採用他的意見，於是罷廢改曆之事。

1 順帝漢安二年，尚書侍郎邊韶上言：「世微於數虧，道盛於得常。數虧則物衰，得常則國昌。孝武皇帝攄發聖思，因元封七年十一月甲子朔旦冬至，乃詔太史令司馬遷、治曆鄧平等更建太初，改元易朔，行夏之正，乾鑿度八十一分之四十三為日法。設清臺❶之候，驗六異❷，課效觕密❸，太初為最。其後劉歆研機極深，驗之春秋，參以易道，以河圖帝覽嬉、雒書乾曜度推廣九道，百七十一歲進退六十三分，百四十四歲一超次，與天相應，少有闕謬。從太初至永平十一年，百七十一歲，進退餘分六十三，治曆者不知處之，推得十二度弦望不效，挾廢術者得竄其說。至元和二年，小終之數寖過，餘分稍增，月不用晦朔而先見❹。孝章皇帝以保乾圖『三百年斗曆改憲』，就用四分。以太白復樞甲子為癸亥，引天從筭，耦之目前。更以庚申為元，既無明文；託之於獲麟之歲，又不與感精符單閼之歲❺同。史官相代，因成習疑❻，少能鉤深致遠；案弦望足以知之。」詔書下三公、百官雜議。

2 太史令虞恭、治曆宗訢等議：「建曆之本，必先立元，元正然後定日法，法定然後度周天以定分至。三者有程，則曆可成也。四分曆仲紀之元，起於孝文皇帝後元三年，歲在庚辰。上四十五歲，歲在乙未，則漢興元年也。又上二百七十五歲，歲在庚申，則孔子獲麟。二百七十六萬歲，尋之上行，復得庚申。歲歲相承，從下尋上，其執不誤。此四分曆元明文圖讖所著也。❼

3 「太初元年歲在丁丑，上極其元，當在庚戌，而曰丙子，言百四十四歲超一辰，凡九百九十三超，歲有空行八十二周有奇，乃得丙子。案歲所超，於天元十一月甲子朔旦冬至，日月俱超。日行一度，積三百六十五度四分度一而周天一帀，名曰歲。歲從一辰，日不得空周天，則歲無由超辰。案百七十一歲二蔀一章，小餘六十三，自然之數也。

4 「夫數出於杪曶，以成毫氂，毫氂積累，以成分寸。兩儀既定，日月始離。初行生分，積分成度。日行一度，一歲而周。故為術者，各生度法，或以九百四十，或以八十一。法有細觕，以生兩科，其歸一也❽。日法者，日之所行分也。日垂令明，行有常節，日法所該，通遠無已，損益毫氂，差以千里。自此言之，數無緣得有虧棄之意也。今欲飾平之失，斷法垂分，恐傷大道❾。以步日月行度，終數不同，四章更不得朔餘一。雖言九道去課進退，恐不足以補其闕。且課曆之法，晦朔變弦，以月食天驗，昭著莫大焉。今以去六十三分之法為曆，驗章和元年以來日變二十事，月食二十八事，與四分曆更失，定課相除，四分尚得多，而又便近。孝章皇帝曆度審正，圖儀晷漏，與天相應，不可復尚。「文曜鉤曰：『高辛受命，重黎說文。唐堯即位，羲和立渾。夏后制德，昆吾列神。成周改號，萇弘分官。』運斗樞曰：『常占有經⑩，世史所明。』洪範五紀論曰：『民間亦有黃帝諸曆，不如史官記之明也。』自古及今，聖帝明王，莫不取言於羲和、常占之官，定精微於晷儀，正眾疑⑪，祕藏中書，改行四分之原。及光武皇帝數下詔書，草創其端，孝明皇帝課校其實，孝章皇帝宣行其法。君更三聖，年歷數十，信而徵之，舉而行之。其元則上統開闢，其數則復古四分。宜如甲寅詔書故事⑫。」奏可。

【章旨】以上爭論的結果，得到批准使用《四分曆》及其曆元。

【注釋】❶清臺　西漢觀象臺，在上林苑中。❷驗六異　檢驗以上所述六種不同天象。❸效犗密　判別疏密。❹月不用晦朔而先見　月亮未到晦朔日就見到新月。❺單閼之歲　即卯年。這裡的單閼為太歲紀年中的歲名，它與十二地支相對應。❻史官相代因成習疑　史官一個代替一個，積習成疑。❼四分曆仲紀之元十六句　交代後漢《四分曆》之仲紀之元。❽兩儀既定十三句　以上言《太初曆》超辰之法。❾數無緣得有虧棄四句　曆數本身是沒有虧棄之義的，現今有人要掩飾鄧平八十一分律曆理論粗疏的缺點，損法棄分，恐怕要破壞科學的規律了。❿常占有經　常儀占月有經書在。⓫正眾疑　糾正大眾疑惑之處。⓬宜如甲寅詔書故事　宜從安帝甲寅年（元初元年，西元一一四年）所頒詔書行事。

【語譯】順帝漢安二年，尚書侍郎邊韶上書說：「世道衰微於曆數虧損，道德興盛於得到社會安定。曆數虧了之後就事物衰落，得到安定之後則國家昌盛。漢武帝作出聖王的考慮，便詔令太史令司馬遷、治理曆法的鄧平等改用《太初曆》，改元易朔，行夏之正，以元封七年十一月甲子朔旦冬至為元年。以《乾鑿度》八十一分之四十三為日法。在觀象臺設立測候，校驗六種差異，課校天象的疏密，得到以《太初曆》最精密的結論。其後劉歆研究曆法極其深入，以《春秋》曆日記錄加以驗算，又參考《周易》的道理，以《河圖帝覽嬉》、《雒書乾曜度》推廣《九道術》，一百七十一年棄去六十三分，一百四十四年太歲超辰一次，這樣曆法便與天象相應，較少有失誤。從太初至永平十一年，一百七十一歲，當棄六十三分，治曆的人不懂得處理方法，以至於推得月弦望之處差至十二度，導致廢曆之說有了依據。至元和二年，小終之數已過，餘分稍增，月亮在晦朔之日出現。章帝以《保乾圖》「三百年斗曆改憲」之說，改用《四分曆》。以太白回到甲子為癸亥，倒過來以天順從曆算，直至目前。改以庚申為元，沒有明文為依據；推託說起自獲麟之歲，又不合於《感精符》單閼之歲（卯）。史官一代接一代更替，成為習慣性的疑問，很少能夠深入研究；根據月的弦、望就能知道這種情況。」詔書命發下讓三公百官討論。

2 太史令虞恭、治曆宗訢等人說：「建立曆法的根本，必須先設立曆元，曆元正了然後確定日法，日法確定之後，再測定周天，確定冬至的度分。這三者有了之後，曆法才得以成立。《四分曆》仲紀之元，起於文帝後元三年，太歲在庚辰。上推四十五年，歲在乙未，便是西漢元年。又上推二百七十五歲，歲在庚申，便是孔子獲麟之歲。由此上行二百七十六萬年，再得庚申之歲。由此歲歲相承接，從下向上尋找，一點也沒有失誤。這便是《四分曆》的明文、圖讖所載明的事。

3 「太初元年歲在丁丑，其上元，當在庚戌。而說丙子的，是說一百四十四年超過一辰，凡九百九十三年，歲有空行八十二周有餘，而得到丙子歲。按太歲所超，於天元十一月甲子朔旦冬至，日月俱超。太陽日行一度，積三百六十五又四分之一度，而繞天球一周，稱之為歲。歲星每歲行一辰，太陽不得空周天，則歲無由超辰。由一百七十一歲，為二蔀一章，其小餘六十三，是自然之數。

4 「數出於秒忽之小數，累積而成毫釐，毫釐再積累，便成分寸。曆元時日月既合於一處，以後便開始分離，以各自的行度運行。初行產生分，積分成度，日日行一度，一歲行一周。所以，制曆人由此各生度法，有的以九百四十為法（分母），有的以八十一為法。曆法有粗細，由此便產生兩種曆法，但其原理是一致的。日法的含義，是太陽的行分。太陽的行度是明確的，其行度一定，日法確定以後，可以永遠通用，但稍有差錯，便會差之千里。由此說來，曆數不能有虧欠之義。現在要粉飾鄧平的失誤，隔斷曆法，棄去分數，恐怕會傷害根本原則。推步日月的行度，終數是不同的，經過四章以後，更得不到朔餘一。雖然說《九道法》可以測月行進退，但無法補正它的失誤。驗正曆法，晦、朔、弦、望的變化，用月蝕檢驗天象的實際行度，這是明白無誤的道理。現今以棄去六十三分的方法為曆，驗章帝、和帝以來的日變二十次，月蝕二十八次，與《四分曆》的失誤相比較，將相同的除外，《四分曆》還得到更多相合的記錄，而且推算起來既簡便又精密。所以孝章皇帝新改曆法是正確的，以圓儀、晷漏比測天象，也與天相應，不可以恢復使用舊曆。

「《文曜鉤》曰：『帝高辛氏受命，重黎著曆。堯帝即位，命羲和製造渾儀。夏后氏制定創立以德治國的制度，昆吾氏列神。成周改號，萇弘分判星官之名。』《運斗樞》曰：『常儀星占有經書，世代的歷史都很明白。』《洪範五紀論》說：『民間有黃帝等曆法，不如史官記載明確。』從古代到今天的聖帝明王，無不取羲和、常儀的言論為準，再以晷儀定精密的程度，用以糾正眾人的疑慮，將之祕藏於中書，作為改行《四分曆》的依據。到了光武帝多次下詔書，草創改曆的開端，明帝加以實際校測，章帝才宣布頒行新法。更換了三位聖主，經歷了數十年，達到可信之後，才命令實行。它的曆元始於宇宙開闢，它的曆數則恢復古《四分》的計算方法。應當如甲寅詔書的故事辦。」上奏後，批示說：「可以。」

靈帝熹平四年，五官郎中馮光、沛相上計掾陳晃言：「曆元不正，故妖民叛寇益州，盜賊相續為害。曆當用甲寅為元而用庚申❶，圖緯無以庚申為元者。近秦所用代周之元，太史治曆郎中郭香、劉固意造妄說，乞本庚申元經緯明文，受虛欺重誅❷。」乙卯，詔書下三府，與儒林明道者詳議，務得道真。以群臣會司徒府議❸。議郎蔡邕議，以為❹：

2 「曆數精微，去聖久遠，得失更迭，術無常是。漢興承秦，曆用顓頊，元用乙卯。百有二歲，孝武皇帝始改正朔，曆用太初，元用丁丑，行之百八十九歲。孝章皇帝改從四分，元用庚申。今光、晃各以庚申為非，甲寅為是。❺案曆法，黃帝、顓頊、夏、殷、周、魯，凡六家，各自有元。光、晃所據，則殷曆元也。❻他元雖不明於圖讖，各自一家之術，皆當有效於當時。武帝始用太初丁丑之元，六家紛錯，爭訟是非。太史令張壽王挾甲寅元以非漢曆，雜候清臺，課在下第，卒以疏闊，連見劾奏，太初效驗，無所漏失。❼是則雖非圖讖之元，而有效於前者也。及用四分以來，考之行度，密於太初，是又新元有效於今者也。延光元年，中謁者亶誦亦非四分庚申，上言當用命曆序甲寅元。❽公卿百寮參議正處，竟不施行。

3 「且三光之行，遲速進退，不必若一。術家以筭追而求之，取合於當時而已。故有古今之術。今術之不能上通於古，亦猶古術之不能下通於今也。元命苞、乾鑿度皆以為開闢至獲麟❾二百七十六萬歲；及命曆序積獲麟至漢，起庚午蔀之二十三歲，竟己酉、戊子及丁卯蔀六十九歲，合為二百七十五歲。漢元年歲在乙未，上至獲麟則歲在庚申。推此以上，上極開闢，則元在庚申。讖雖無文，其數見存。而光、晃以為開闢至獲麟二百七十五萬九千八百八十六歲，獲麟至漢百六十一歲，轉差少一百一十四歲。云當滿足，則上違乾鑿度、元命苞，中使獲麟不得在哀公十四年，下不及命曆序獲麟至漢相去四蔀年數，與奏記譜注不相應。

4 「當今曆正月癸亥朔，光、晃以為乙丑朔。乙丑之與癸亥，無題勒款識可與眾共別者，須以弦望晦朔光魄虧滿可得而見者，考其符驗。而光、晃曆以考靈曜為本，二十八宿度數及冬至日所在，與今史官甘、石舊文錯異，不可考校；以今渾天圖儀檢天文，亦不合於考靈曜。光、晃誠能自依其術，更造望儀，以追天度，遠有驗於圖書，近有效於三光，可以易奪甘、石，窮服諸術者，實宜用之。難問光、晃，但言圖讖，所言不服。

5 「元和二年二月甲寅制書曰：『朕聞古先聖王，先天而天不違，後天而奉天時。史官用太初鄧平術，冬至之日，日在斗二十一度，而曆以為牽牛中星，先立春一日，則四分數之立春也，而以折獄斷大刑，於氣已迕，用望平和，蓋亦遠矣。今改行四分，以遵於堯，以順孔聖奉天之文。』是始用四分曆庚申元之詔也。⑩

深引河雒圖讖以為符驗，非史官私意獨所興構。而光、晃以為香、固意造妄說，違反經文，謬之甚者。昔堯命羲和曆象日月星辰，舜叶時月正日，湯、武革命，治曆明時，可謂正矣，且猶遇水遭旱，戒以『蠻夷猾夏，寇賊姦宄』。而光、晃以為陰陽不和，姦臣盜賊，皆元之咎，誠非其理⓫。元和二年乃用庚申，至今九十二歲，而光、晃言秦所用代周之元，不知從秦來，漢三易元，不常庚申。光、晃區區信用所學，亦妄虛無造欺語之愆。至於改朔易元，往者壽王之術已課不效，亶誦之議不用，元和詔書文備義著，非群臣議者所能變易⓬。」

6 太尉耽、司徒隗、司空訓以邕議劾光、晃不敬，正鬼薪法⓭。詔書勿治罪。

【章　旨】以上蔡邕從科學原理批駁曆元不正影響政治的謬論。

【注　釋】❶五官郎中馮光五句　後漢《四分曆》以庚申為曆元。馮光、陳晃上書說，曆元不正，該用甲寅而用庚申，而導致盜賊為害。❷受虛欺重誅　光、晃又說郭香、劉固編造後漢《四分曆》為庚申元有明文記載，他們的欺詐行為當受重誅。❸群臣會司徒府議　詔書下令，群臣聚集於司徒府開會討論光、晃的奏議。❹議郎蔡邕議以為　以下即是議郎蔡邕在司徒府會上的發言。蔡邕（西元一三三—一九二年），字伯喈，陳留圉（今河南杞縣）人。東漢著名學者，喜術數、天文、音律。靈帝建寧三年（西元一七〇年）為司徒橋玄屬官。召任郎中，校書東觀，遷為議郎。熹平四年奏正定《六經》文字，寫經於碑，立於太學門外，世稱「熹平石經」。後因議論朝政流放朔方。遇赦後，亡命江湖十餘年。董卓專權，被迫任侍御史，遷尚書。從獻帝遷長安。董卓被誅，他死於獄中。❺光晃各以庚申二句　《四分曆》以庚申為曆元。今光、晃以庚申元為不好，以甲寅元為好。❻光晃所據二句　光、晃所說的甲寅元，就是古六曆中的殷曆曆元。❼太史令張壽王七句　這個甲寅元，就是張壽王據以批評《太初曆》的甲寅元。當時已經過測驗評比，確定《太初曆》合天，壽王曆疏。❽延光元年三句　現今行用《四分曆》以後，證實《四分曆》比《太初曆》精密，但在延光中亶誦又言當用甲寅元。後經百僚會商以後沒有行用。❾獲麟　獲得麒麟。義為麟為仁獸，為聖王之嘉瑞。歷史上之獲麟有兩次，一在哀公十四年（西元前四八一年），二為漢武帝太始二年（西元前九五年）。此處所述當為前者。❿元和二年十八句　以上為引用頒行《四分》庚申元的詔書，以肯定庚申元得天命的。以上諸例，均為批評說用甲寅元能使社會安定之謬論的。⓫誠非其理　光、晃以為陰陽不和、姦臣盜賊，皆元之咎，這是無理的。⓬非群臣議者所能變易　不是在群臣會議上用虛泛之辭所能改變客觀事實的。⓭正鬼薪法　太尉、司徒、司空都認為蔡邕的言論對光、晃不敬重，提出要處罰他在宗廟服採伐柴薪的苦役。刑期三年。

【語　譯】靈帝熹平四年，五官郎中馮光、沛相上計掾陳晃說：「曆元不正，所以妖民叛、寇益州，盜賊相繼為害。曆法當用甲寅為元，而實際是用庚申，但圖讖之書沒有以庚申為曆元的。秦朝使用取代周朝曆法的曆元，太史治曆郎中郭香、劉固編造說以庚申為曆元有明文記載，他們的欺詐行為應當受到重重處罰。」乙卯日，詔書下達三府，囑與儒林中明白曆法之人詳細討論，務必取得真實的道理。當時，群臣聚集於司徒府會議。蔡邕議論說：

2　「曆數精微，離開聖人已經久遠，曆法的得失變化，沒有永遠正確的。漢興繼承秦曆，使用《顓頊曆》，元用乙卯。經過一百零二年，漢武帝才開始改定正朔，使用《太初曆》，元用丁丑，行用了一百八十九年。章帝改用《四分曆》，元用庚申。今光、晃以為庚申元為非，甲寅元為是。按古代曆法，有黃帝、顓頊、夏、殷、周、魯六家，各自有元。光、晃所依據的，就是殷曆元。其他曆元，雖然不明載於圖讖，但也是一家之曆法，也都合於當時天象。武帝始用《太初曆》丁丑之元，因有六家之元參錯不齊，故有是非之爭訟。太史令張壽王當年，就是用甲寅元來否定《太初曆》的，於是在觀象臺進行多種天象比測，比較疏闊，接連見到彈劾奏章，得到的結論是《太初曆》符合天象，沒有違失。可見《太初曆》雖然不是圖讖的曆元，卻是能有效於前朝的。等到使用《四分曆》以來，對天象行度加以考測，得到《四分曆》密近於《太初》的結論，這是新的曆元效驗於當今了。到了延光元年，中謁者亶誦也批評《四分曆》的庚申元，上書說當用《命曆序》的甲寅元。後經公卿百僚會議協商，沒有得到施行。

[3]「日月星三光的運行，它們的遲速進退，都不一致。術家各以算數對它們加以測量推求，用以取合於當時。所以有了古今的曆法。現今使用的曆法，不能上合於古代，就像古代的曆法，不能下合於今天一樣。《元命苞》、《乾鑿度》都以為天地開闢至獲麟為二百七十六萬歲；《命曆序》積獲麟至漢元，為起庚午蔀二十三歲，到己酉、戊子、及丁卯蔀六十九歲，合起來為二百七十五歲。漢元年歲在乙未，上推至獲麟則歲在庚申。再往上推算，至太極上元開闢之年，元在庚申。圖讖雖無文記載，曆法的法數見在。而光、晃以為開闢至獲麟為二百七十五萬九千八百八十六歲，獲麟至漢元一百六十一歲，相差少至一百一十四歲。其結果，上與《乾鑿度》、《元命苞》相違，中間使獲麟之歲不在魯哀公十四年，下不到《命曆序》獲麟至漢元相去四蔀的年數，也與奏記譜注不合。

[4]「當以今曆推算得到正月為癸亥朔時，光、晃以為是乙丑朔。其間差了兩日。沒有題勒款識可以與大家共同識別是非，但可以用弦、望、晦、朔時，月亮的光魄虧滿狀態來檢驗。又光、晃以《考靈曜》曆法為依據，二十八宿度數，以及冬至時太陽所在位置，與今天史官所用甘、石舊文不合，無法考核校對；用今天渾天圓儀檢測天象，也不與《考靈曜》相合。光、晃如果能依據自己的方法，製造觀象儀器，用以測量天度，從遠處可以有驗於圖讖經書，從近處可以有合於日月星三光的行度，可以超過甘、石之學，讓各種曆法折服，就能行用他的曆法。現在責問光、晃，僅說曆元合圖讖，於社會吉利，就要頒行，所說理由不能讓人折服。

[5]「元和二年二月甲寅下詔書說：『朕聽說古代先王說，以天為先而天不違，處於後天而奉天時。史官用太初鄧平術，冬至之日，日在斗二十一度，而曆以為牽牛中星，先立春一日，為《四分曆》的立春日也。而以折獄斷大刑，對於節氣已不相合，用以期望和平，也相去甚遠。現今改行《四分曆》，是遵守堯帝的囑託，順從孔子奉天之文。』這是始用《四分曆》下達的詔書，使用庚申元。今光、晃深引河洛圖讖，以為甲寅元符驗，不是史官私意興構。光、晃以為郭香、劉固編造不實說法，違反經文，這是荒謬絕倫的。以往，堯命羲和，曆象日月星辰，舜協時月正日，湯武革命，治曆明時，可以說是非常正確的。但當時仍然遇到水旱災

害，並以『蠻夷猾夏、寇賊奸亂』為戒。而光、晃以為氣候陰陽不和，出現奸臣盜賊，都是曆元不正造成的，此說不合道理。元和二年始用庚申，到現今九十二年，而光、晃說秦所用代周之元，並不知道是從秦國沿用下來，漢代三次改元，也不常在庚申。光、晃只是依據他們所學淺陋之書，說出虛無造次之話。至於改朔易元之事，以往張壽王的曆法已經過檢驗不合，亶誦的議論也排斥不用，元和詔書，文字齊備，並非群臣會議所能夠改變的。」

6 太尉耽、司徒隗、司空訓，以蔡邕的議論劾奏馮光、陳晃犯了不敬之罪，應該罰他們在宗廟服役採伐柴薪三年。詔書下達說不要治罪。

太初曆推月食多失。四分因太初法，以河平癸巳為元❶，施行五年。永元元年，天以七月後閏食，術以八月❷。其二年正月十二日，蒙公乘宗紺❸上書言：「今月十六日月當食，而曆以二月。」至期如紺言。太史令巡上紺有益官用，除待詔。甲辰，詔書以紺法署。施行五十六歲。至本初元年，天以十二月食，曆以後年正月，於是始差。到熹平三年，二十九年之中，先曆食者十六事。常山長史劉洪❹上作七曜術❺。甲辰❻詔屬太史部郎中劉固、舍人馮恂等課效，復作八元術❼，固等作月食術，並已相參。固術與七曜術同。月食所失，皆以歲在己未當食四月，恂術以三月，官曆以五月。太史上課，到時施行中者。丁巳，詔書報可。

其四年，紺孫誠上書言：「受紺法術，當復改，今年十二月當食，而官曆以後年正月。」到期如言，拜誠為舍人。丙申，詔書聽行誠法❽。

【章旨】以上記載了永元至熹平間推月食法的各家爭議。

【注釋】❶月食多失三句 《四分曆》的月蝕法，以成帝河平癸巳（西元前二八年）為曆元。❷天以七月後閏食二句 據推算，永元元年當八月月蝕，但實際發生在閏七月，比實際晚了一個月。❸蒙公乘宗紺 宗紺，東漢梁國蒙（今河南商丘）人。爵至公乘。通曆法。和帝永元二年（西元九〇年），上書預報月蝕時間，到期如其言。除待詔。其後詔書以紺法署，施行達五十六年。❹劉洪 字元卓，泰山蒙陰人。魯王宗室。約生於西元一二九年，在應太史徵後，便積極參加天文工作，以西元一七三年參與測定二十四節氣日所在宿度、晷漏長度、和昏旦中星度等為最重要。西元一七四年，遷常山長史，獻《七曜術》。其後二年守父孝在家。西元一七八年，奉詔與蔡邕合撰《東漢律曆志》。西元一七九年遷謁者，為穀城門候。西元一八四年遷會稽東部都尉。西元一九〇年，領山陽太守。西元二〇六年，完成名著《乾象曆》。約於西元二一〇年去世。❺七曜術 推算七曜行度的曆法。今佚。❻甲辰 即桓帝延熹七年。❼復作八元術 劉洪繼作《八元曆》。❽詔書聽行誠法 下詔頒行宗誠修訂的月蝕法。誠，宗誠，宗紺之孫。

【語譯】以《太初曆》推算月蝕，有許多都不相合。《四分曆》沿用《太初曆》推月蝕的方法，以河平癸巳年為曆元，行用了五年。至永元元年，月蝕發生在閏七月，而《四分曆》推算預報在八月。永元二年正月十二日，蒙縣人公乘宗紺上書說：「本月十六日當蝕，而《四分曆》預推為二月。」到時果然如宗紺所說。於是，太史令巡，向上報告說紺法有益於官用，於是以宗紺為待詔。甲辰日，下詔用宗紺法推算月蝕。行用了五十六年。至本初元年，十二月發生月蝕，而據推算為後年正月。於是發現有了差異。到了熹平三年，在二十九年之中，共發生先曆蝕十六次。常山長史劉洪作《七曜術》獻上。甲辰日，下詔屬太史部郎中劉固、舍人馮恂等人，觀測檢驗它的實效。劉洪又作《八元術》。劉固等人作《月食術》，互相參照使用。劉固的方法與《七曜術》相同。推月蝕所失，都以己未歲當蝕四月，而恂法推在三月，官曆推在五月。太史上報說，到時預報準確的方法將得到行用。丁巳日，詔書批覆說可以。

熹平四年，宗紺之孫宗誠上書說：「我學習繼承了宗紺的法術，並作了改革，推得今年十二月當蝕，而官曆預推在後年正月。」到期正如宗誠所說，於是任宗誠為舍人。丙申日，下詔任命行用宗誠的方法。

1 光和二年歲在己未❶，三月、五月皆陰，太史令修、部舍人馮恂等推計行度，以為三月近，四月遠。誠以四月。奏廢誠術，施用恂術。❷其三年，誠兄整前後上書言：「去年三月不食，當以四月。史官廢誠正術，用恂不正術。❸」整所上五屬太史❹，太史主者終不自言三月近，四月遠。食當以見為正，無遠近❺。詔書下太常：「其詳案注記，平議術之要，效驗虛實。」太常就耽上選侍中韓說、博士蔡較、穀城門候劉洪、右郎中陳調於太常府，覆校注記，平議難問❻。恂、誠各對。恂術以五千六百四十月有九百六十一食為法，而除成分❼，空加縣法，推建武以來，俱得三百二十七食，其十五食錯。案其官素注，天見食九十八，與兩術相應，其錯辟❽二千一百。誠術以百三十五月二十三食為法，乘除成月，從建康以上減四十一，建康以來減三十五，以其俱不食。❾恂術改易舊法，誠術中復減損，論其長短，無以相踰❿。各引書緯自證，文無義要，取追天而已。⓫夫日月之術，日循黃道，月從九道。以赤道儀，日冬至去極俱一百一十五度。其入宿也，赤道在斗二十一，而黃道在斗十九。兩儀相參，日月之行，曲直有差，以生進退。故月行井、牛，十四度以上，其在角、婁，十二度以上。皆不應率不行。

2 以是言之，則術不差不改，不驗不用。天道精微，度數難定，術法多端，曆紀非一，未驗無以知其是，未差無以知其失。失然後改之，是然後用之，此謂允執其中。⑫今誠術未有差錯之謬，恂術未有獨中之異，以無驗改未失⑬，是以檢將來為是者也。誠術百三十五月月二十三食，其文在書籍，學者所修，施行日久，官守其業，經緯日月，厚而未愆，信於天文，述而不作。⑭恂久在候部，詳心善意，能揆儀度，定立術數，推前校往，亦與見食相應。⑮然協曆正紀，欽若昊天，宜率舊章，如甲辰、丙申詔書，以見食為比。今宜施用誠術，棄放恂術，史官課之，後有效驗，乃行其法，以審術數，以順改易。⑯晃以說等議奏聞，詔書可。

3 恂、整、誠各復上書，恂言不當施誠術，整言不當復恂術。為洪議所侵，事下永安臺覆實，皆不如恂、誠等言。劾奏謾欺。詔書報，恂、誠各以二月奉贖罪，整適作左校二月⑰。遂用洪等，施行誠術。

【章 旨】以上記載月食法使用馮恂術和宗誠術的爭議及結果。

【注　釋】❶光和二年歲在己未　光和，東漢靈帝年號，西元一七八—一八四年。歲在己未，太歲在己未年，由太歲紀年法發展而來，可簡單理解為己未年。光和年間，是月蝕預報發生激烈爭論的時代。❷奏廢誠術二句　在光和二年（西元一七九年）以前，太史以宗誠法預報月蝕，這時由修任太史令，馮恂任部舍人，用其推計行度。對該年月蝕，恂以為四月遠，三月近。而誠預報月蝕發生在四月。於是太史令奏報要求廢除誠術，改用恂術。❸廢誠正術二句　據以上記載，光和二年三月、五月都是陰天，故未能看到三月是否有月蝕，而馮恂術是預報三月有月蝕的，故宗誠兄宗整上書說「廢誠正術，用恂不正術」。即沒有得到證實的方法。據用現代方法推算，光和二年三、四月均無月蝕。❹五屬太史　五次批屬太史。舊本以為當據汲本改「五」為「正」，「五屬太史」不可解。黃任軻以為用「五」正合文意，今從黃說不改。❺無遠近　正是由於五次批屬太史，太史仍然不明說自己三月近，四月遠之意。但實際上，交蝕以看到為正，由於三、四月均未看到月蝕，故沒有遠近之分。❻平議難問　聖旨批覆下太常校議，太常選侍中韓說、劉洪等於太常府校議。❼恂術二句　推月蝕法，《三統曆》舊法，以一百三十五月有二十三蝕。而馮恂創新法，據此可推得一蝕年為：$2\times5640\times29\frac{499}{940}\div961=346.6264$日。較理論值大十分鐘。比《三統曆》有很大進步。❽錯辟　參差。❾誠術以百三十五月五句　宗誠術以一百三十五月二十三蝕為法，乘除成月，從建康以上減四十一，建康以來減三十五，這顯然是對自《三統曆》頒布以來所作實際觀測作出修正所作嘗試。即以西元一四四年為界，其交蝕年為：$2\times135\times29\frac{499}{940}\div23-\frac{41}{940}=346.6229$日，$2\times135\times29\frac{499}{940}\div23-\frac{35}{940}=346.6293$日。此二值較理論值偏大五分和十四分，準確度比《三統曆》亦大大提高。❿無以相踰　各有長處，沒有超越。⓫各引書緯自證三句　兩家各引圖讖為證，這些文字並不重要，還是以合天為是。⓬以是言之十二句　言曆不差不改、不驗不用，這是執掌要害的道理。⓭誠術未有差錯之謬三句　依據以上原則，誠術未有差錯，恂術未有獨中，故不改易。⓮誠術百三十五月九句　對誠術的評價是文在書籍，施行日久，傳自家學，厚而未錯。⓯恂久在候部六句　對恂術的評價是，久在候部，詳心善意，定立術數，推前校往，亦與見食相應。對二人的工作都作了充分肯定。⓰然協曆正紀十二句　對以上評判作一小結：仍用誠術，後有效驗，再作改易。⓱整適作左校二月　罰整作左校二月。適，通「謫」。罰。

【語　譯】光和二年，太歲在己未，三月、五月都是陰天，太史令修、候部舍人馮恂等人，推算行度，以為三月近四月遠。而宗誠推為四月。於是報奏廢棄誠術，須用馮恂之術。光和三年，宗誠兄宗整，先後上書說：

「去年三月並沒有月蝕，應當在四月。史官以私意廢棄了宗誠合天的正確方法，使用了馮恂不合天的方法。」宗整所上奏片，五次都批覆給了太史，太史負責人始終都不說三月合，四月不合。交食應當以見到為正，沒有遠近之分。詔書下達太常說：「要詳細按注記評議方法的要點，檢驗其是非虛實。」太常就耽上報說選擇侍中韓說、博士蔡較、穀城門候劉洪、右郎中陳調，於太常府覆校注記，評議問難。馮恂和宗誠各自作了對答。恂術以五六四〇個月有九六一食為法，而除成分，空加縣法，推算建武以來，得到三二七食，其中十五次食有錯。按其官注，載見食九十八次，與兩術相應，其錯辟二千一百。誠術則以一三五月有二十三次月蝕為法，乘除成月，從建康以上減去四十一分，建康以來減三十五分，用以區別食與不食。恂的方法的特點是改革了舊的方法，誠的方法是遵用舊法，對其加以減損修正。對二者的優劣，各有所長，無法互相超越。他們各自引書緯作出論證，但是並不重要，只是取其是否合天。推算日月行度的方法，日循黃道，月從九道。以赤道儀度量，太陽冬至距北極一一五度。其入宿度，在赤道斗二十一度，而在黃道斗十九度。兩儀相比較，日月之行，曲直各有差異，由此產生進退。所以月亮在井、牛處每天運行十四度以上，在角、婁處每天運行十二度以上。都不應率不行。

2　由此說來，則曆法不差不改，不驗不用。天道微妙，度數難以確定，曆法眾多，曆紀非一，未得到應驗無法知道它是對的，沒有見到它的差別就無法知道它的錯。有失誤，然後改良，發現對了，然後使用它，這就是所謂允執其中。現今宗誠的方法並未發現有差錯，也未發現馮恂的方法有獨中之妙，因此無法驗改得失，還是以檢驗將來為原則。宗誠的方法以一百三十五月有二十三食，其文記載在書中，是以往的學者所著，施行日久，官方也一直在使用它，其厚重而未出現差錯，為天文界所依重，述舊說而不新創。馮恂長期在測候部工作，一直詳細用心地觀測，能使用儀器測量天度，制定曆數，作前後推算，也與見食相應。然而，協曆正紀的大事，像欽敬昊天一樣慎重，應該遵循舊有的做法，如甲辰、丙申歲詔書，以見到交食作為是非的依據。今天應施用誠術，放棄恂法。等史官觀測以後有了效驗，再用其法，以此達到審查術數，以順改易的目的。耽以韓說等的意見上報，詔書批覆說可以。

3 恂、整、誠又各自再次上書，恂說不當行用誠術，整說不當復用恂術。被劉洪的意見所壓制，此事下永安臺覆議，都不如恂、誠等所言。言官彈劾其欺謾。詔書批示，各罰恂、誠二個月俸祿，罰整作左校二月。於是採用劉洪等人的建議，以誠術推算。

光和二年，萬年公乘王漢❶上月食注❷。自章和元年到今年凡九十三歲，合百九十六食，與官曆河平元年月錯，以己巳為元❸。事下太史令修，上言「漢所作注不與見食相應者二事，以同為異者二十九事」。尚書召穀城門候劉洪，勑曰：「前郎中馮光、司徒掾陳晃各訟曆，故議郎蔡邕共補續其志。今洪其詣修，與漢相參，推元課分，考校月食。審己巳元密近，有師法，洪便從漢受；不能，對。」❹洪上言：「推漢己巳元，則考靈曜旃蒙之歲乙卯元也，與光、晃甲寅元相經緯。於以追天作曆，校三光之步，今為疏闊❺。孔子緯一事見二端者，明曆興廢，隨天為節。甲寅曆於孔子時效，己巳顓頊秦所施用，漢興草創，因而不易。至元封中，迂闊不審❻，更用太初，應期三百改憲之節。甲寅、己巳讖雖有文，略其年數，是以學人各傳所聞，至於課校，罔得厥正。夫甲寅元天正正月甲子朔旦冬至❼，七曜之起，始於牛初❽。乙卯之元人正己巳朔旦立春❾，三光聚天廟五度❿。課兩元端，閏餘差百五十二分之三，朔三百四，中節之餘二十九。以效信難聚，漢不解說，但言先人有書而已⓫。以漢成注參官施行，術不同二十九事，不中見食二事。案漢習書，見己巳元，謂朝不聞，不知聖人獨有興廢之義，史官有附天密術。⓬甲寅、己巳，前已施行，效後格而不用。⓭河平疏闊，史官已廢之，而漢以去事分爭，殆非其意。雖有師法，與無同。課又不近密⓮。其說蔀數，術家所共知，無所采取⓯。」遣漢歸鄉里⓰。

【章　旨】以上記載官方處理王漢論月食的過程。

【注　釋】❶萬年公乘王漢　公乘，東漢時，為民虛爵名，沒有待遇。萬年，縣名。漢高祖葬太上皇於櫟陽（今陝西富平）北原，陵號萬年。因分櫟陽置萬年縣，以為奉陵邑。故王漢為靈帝時萬年縣人。❷月食注　王漢著，今佚。❸章和元年四句　王漢認為，交食週期應為：九十三年一九六食，亦即二一八五五朔望月有三七二四食，則得一食年長為：$\frac{2\times 21855}{3724}\times 29\frac{499}{940}=346.1648$日。較理論值偏小七分鐘。這在當時是相當好的數據。精度與馮恂、宗誠同屬一個量級。王漢以此交食週期為基本數據，以己巳為曆元，推算前代月蝕，成《月食注》獻上。❹審己巳元密近五句　事下尚書，找劉洪處理應對。❺洪上言七句　劉洪上言說，己巳元就是乙卯元，它與馮光、陳晃的甲寅元相對應，於今都較為疏闊。❻孔子緯一事九句　孔子緯，疑指《孔子河洛讖》。言甲寅元效於孔子時，己巳即秦曆，也僅合於秦時。❼夫甲寅句　這是以周正為曆元的曆法。❽始於牛初　冬至始於牛初，這個冬至點，大致測於戰國。❾乙卯之元句　人正立春為元，合於夏正。❿三光聚天廟五度　曆元時日月星聚於營室五度，這是《顓頊曆》的曆元。天廟為營室的異名，立春日在營室，經前人考證，以古度推算，正合冬至在牽牛初度。⓫但言先人有書而已　甲寅元與乙卯元的節氣和合朔時刻及閏餘都有差，王漢不作解釋，但說先人有書。說明未作實際檢驗是否合於現今天象。⓬案漢習書五句　王漢注書，說當朝不知己巳元，實不知聖人作了興廢的變革，史實隨時在作合天的實測。⑬甲寅己巳三句　王漢不知道甲寅元、己巳元以前都已用過，發現與天出現差距後才廢棄不用之曆。格，受阻礙；被阻隔。⑭而漢以去事分爭五句　王漢以過去舊曆進行分爭，這是沒有意思的。其曆雖有師法，與無師相同。加以測驗，又不精密。⑮無所采取　其所說蔀紀之數，是眾人所共知，沒有什麼可以採用之處。⑯遣漢歸鄉里　靈帝明白了具體情況，作出讓王漢回到鄉里的決定。即不採用他的月蝕方法。

【語　譯】光和二年，萬年縣公乘王漢，上奏他寫的《月食注》，要求頒行。從章和元年到現在共九十三年，合一百九十六食，與官曆河平元年月有交錯，以己巳為元。事下達太史令修，修上報說：「王漢所作注，不與見食相應的有二次，以同為異的二十九次。」尚書召集穀城門候劉洪，告誡曰：「前郎中馮光、司徒掾陳晃，各訟曆法。你與已故議郎蔡邕共補《律曆志》。今劉洪到太史令修處，與王漢相參考，推元考分，考校月蝕，審查王漢的方法。如果己巳元密近，有師法，你便向王漢學習；如果不密近，就報告給我。」劉洪上言說：「推考王漢的己巳元，就是《考靈曜》旃蒙歲乙卯元。也與光、晃甲寅元相對應，對於追天作曆，考校三光之行，比今曆疏闊。孔子緯書一事見載二處，就可知道曆法興廢，隨天變革。以甲寅為曆元在孔子的時代有效驗，以己巳為曆元的《顓頊曆》是秦代所用的曆法，漢興由於草創，因而沿用不改。到元封中，已疏闊到很不周密，便改用《太初曆》，應了三百年改憲的說法。甲寅、己巳，讖書雖有文記載，但缺略其年數，於是學者各傳所聞，對其課校，都不精密。甲寅曆，以天正正月甲子朔旦冬至為元，七曜的起點，均始於牛初。乙卯之元，在人正己巳朔旦立春，三光聚於天廟（營室）五度。考校兩元之端，閏餘差一百五十二分之三，朔差三百零四，中節餘二十九。但要推求三光會聚的準確年代非常困難，王漢並不懂得，只是說他先人有書而已。以王漢寫成的注對比官方施行之術，不同有二十九事，不中見食二次。以王漢所注之書，見己巳元，說官曆不聞，他不知聖人有興廢之事，史官具有附天密術。甲寅元、己巳元實際以前已經使用，是以後出現差距才廢棄不用。河平元的疏闊，史官已廢止不用，但王漢以過去之事分爭，沒有積極意義。其法雖有師承，也與沒有師承一樣。對其校比也不近密。其所言蔀數，都是術家所共知，沒有什麼可以採用的東西。」於是，便讓王漢回歸鄉里。

志第三

律曆下

曆法

昔者聖人之作曆也，觀琁璣之運❶，三光之行，道之發斂，景之長短，斗綱所建❷，青龍所躔❸，參伍以變，錯綜其數，而制術焉。

天之動也，一晝一夜而運過周，星從天而西，日違天而東。日之所行與運周，在天成度，在曆成日。居以列宿，終于四七❹，受以甲乙❺，終于六旬❻。日月相推，日舒月速，當其同所，謂之合朔。舒先速後，近一遠三，謂之弦。相與為衡，分天之中，謂之望。以速及舒，光盡體伏，謂之晦。晦朔合離，斗建移辰，謂之月。日月之行，則有冬有夏；冬夏之間，則有春有秋。是故日行北陸謂之冬，西陸謂之春，南陸謂之夏，東陸謂之秋❼。日道發南，去極彌遠，其景彌長，遠長乃極，冬乃至焉。日道斂北，去極彌近，其景彌短，近短乃極，夏乃至焉。二至之中，道齊景正，春秋分焉。

【章　旨】以上泛論天體運行，四季變化的原理。

【注　釋】❶璇璣之運　這裡指天文儀器的運轉觀測。❷斗綱所建　古代以北斗星斗柄指向以定時節。斗，指北斗星。❸青龍所躔　指日躔青龍。青龍即蒼龍，二十八宿中的東方七宿。❹終于四七　運行於二十八宿。二十八宿分為四方，對應於四季，每方七宿，稱為四七。❺受以甲乙　開始於甲乙。甲乙，指天干十日。❻終于六旬　以六旬來計數。六旬，指六十干支。❼北陸謂之冬四句　指太陽運行到黃道上的北方七宿時稱為冬，運行到西方七宿時稱為春，南方、東方時為夏、秋。

【語　譯】以前，聖人制作曆法的時候，以天文儀器的運行觀測，日月星三種天象的運轉，軌道的出發點，日影的長短，以北斗所建立起的月建，太陽在恆星中的運行，三光五星的運動變化，它們之間運動度數的錯綜變化，由此才編制了曆法。

天球在運動，一晝一夜而運行一周。恆星跟隨著天球，自東向西旋轉。太陽則與天運相反，向東方運動。太陽的運動和週期，在天球上以度計算，在曆法上以日來計算。太陽居於列宿之中，終於二十八宿。以干支來紀日，用六十作為計量的週期。太陽和月亮的運動，太陽慢，月亮快。當它們相遇在一起的時候，稱為合朔。舒在先，速在後，一近三遠，稱為弦。日月相對為衡，它們分天之中，稱之為望。當月速追及太陽之時，月光消盡而伏，稱之為晦。晦朔相合又離開，斗建便移動一辰，稱之為一個月。日月之運行，有冬夏之別，冬夏之間，又有春秋相隔。所以，日行北陸謂之冬，日行西陸謂之春，日行南陸謂之夏，日行東陸謂之秋。太陽的行道從南出發，距北極最遠，其日影也最長，在遠、長到極點的時候，冬至就到了。日道向北走，距北極越來越近，日影也越來越短，近、短到了極點，夏至就到了。二至的中點，道齊影正，叫做春分、秋分。

1 日周于天，一寒一暑，四時備成，萬物畢改，攝提遷次❶，青龍移辰❷，謂之歲。歲首至也，月首朔也。❸至朔同日謂之章，同在日首謂之蔀，蔀終六旬謂之紀，歲朔又復謂之元。❹是故日以實之，月以閏之，時以分之，歲以周之，章以明之，蔀以部之，紀以記之，元以原之。❺然後雖有變化萬殊，贏朒❻無方，莫不結系于此而稟正焉。

2 極建其中，道營于外❼，琁衡追日，以察發斂❽，光道❾生焉。孔壺為漏，浮箭為刻，下漏數刻，以考中星，昏明生焉。日有光道，月有九行，九行出入而交生焉❿。朔會望衡，鄰於所交，虧薄生焉。月有晦朔，星有合見，月有弦望，星有留逆，其歸一也，步術生焉。金、水承陽，先後日下，速則先日，遲而後留，留而後逆，逆與日違，違而後速，速與日競，競又先日，遲速順逆，晨夕生焉。日、月、五緯⓫各有終原，而七元生焉。見伏有日，留行有度，而率數生焉。參差齊之，多少均之，會終生焉。引而伸之，觸而長之，探嘖索隱，鉤深致遠，無幽辟潛伏，而不以其精者然。故陰陽有分，寒暑有節，天地貞觀，日月貞明。

3 若夫祐術開業，淳燿天光，重黎⓬其上也。承聖帝之命若昊天，典曆象三辰，以授民事，立閏定時，以成歲功，羲和⓭其隆也。取象金火，革命創制，治曆明時，應天順民，湯、武其盛也。及王德之衰也，無道之君亂之於上，頑愚之史失之於下。夏后之時，羲和淫湎，廢時亂日，胤乃征之。紂作淫虐，喪其甲子，武王誅之。夫能貞而明之者，其興也勃焉；回而敗之者，其亡也忽焉。巍巍乎若道天地之綱紀，帝王之壯事，是以聖人寶焉，君子勤之。

【章　旨】以上論術曆法的基本概念和發展歷史。

【注　釋】❶攝提遷次　攝提，在大角星兩旁，有左攝提、右攝提。它與古代以北斗星斗柄及其延長線上的大角星指示時節有關。五大行星中的木星，也可稱為攝提。次，即星次。為黃道帶用以分判十二月的十二個恆星區間。分別以星紀、玄枵、娵訾等命名。由於木星大致每年在黃道帶移動一個星次，十二年移動一周，故稱為歲星，並用以紀年。這就是所謂攝提遷次。❷青龍移辰　青龍即蒼龍，東方七宿稱為蒼龍。因黃道帶的星座十二星次對應於十二辰，辰節農曆十二個月中日月十二個交會點，青龍移辰，即歲星移動星次。❸歲首至也二句　一歲之首在冬至，一月之首在朔日。然而中國古代常習慣於以氣朔相遇作為曆元。演變成冬至所在月的朔日為歲首。❹至朔同日謂之章四句　章、蔀、紀、元的關係，以冬至合朔回到同一天的週期稱為章，至朔同在每天開始之時稱為蔀，紀日干支又回復原處稱為紀，紀年干支也回到原處稱為元。因此，經過一元，紀年干支和那年中的節氣、朔日干支，都可以被六十除盡，可以周而復始。蔀終六旬謂之紀，這裡介紹《四分曆》章蔀紀元的關係，二十蔀為一紀。經過一紀，氣朔紀日干支回到原處。❺是故日以實之八句　以上是對日月時歲章蔀紀元八個字含義的解釋，大意是同音字的借用。❻贏朒　多少。❼道營于外　天體運行的軌道，在北極的外面。❽以察發斂　用儀器追蹤觀測太陽，以此確定日行多少。❾光道　漢人稱黃道為光道。❿而交生焉　由月行九道，可以產生黃道與月道交叉的關係。⓫五緯　五星。⓬重黎　顓頊時的天文官。相傳顓頊命南正重以司天，北正黎以司地。⓭羲和　堯帝、夏時的天文官。帝堯命其觀測曆象日月星辰，以閏月定四時成歲，以授民時。

【語　譯】太陽沿天球作週期運動，一冷一熱，成為四時，萬物枯榮於一次，攝提星遷移一個星次。青龍移辰，稱為一歲。一歲之首在冬至，一月之首在合朔。當冬至朔日相遇在同一天就稱為章。氣、朔同在夜半稱為蔀。經過二十蔀之後氣、朔干支又回到原處稱為紀。紀歲干支又回到原處稱為元。所以，日的含義為充實，月的含義為閏，時的含義為分段，歲的含義為周，章的含義為明（彰），蔀的含義為部，紀的含義為記，元的含義為原（源）。所以，雖然有千差萬別的變化，多少快慢的差別，都能總結於此一點的。

2　北極建立在中央，日月五星的軌道則躔繞在外面，用儀器沿著太陽運行的軌道觀測，確定它的運動軌跡，光道的觀念就產生了。以有孔的壺作漏刻，在水面上浮箭計定刻度。夜漏開始幾刻以後，就可考察初昏時的南中星，由此確定昏明時刻。太陽有光道，月亮有九條軌道。九道出入於光道內外，從而產生交點。合朔時日月相會，望時日月相對。在相會相鄰之處產生虧薄之象。月亮有晦、朔的變化，五星有見有合，月亮有弦、望的變化，五星運動也有留有逆行。將它們統一起來，計算的方法就產生了。金星、水星靠近太陽，在太陽的前後運動，快了就在日前，慢了就在日後，停留以後就逆行，逆行就是與太陽相反，離日遠，然後加速，比太陽行得快，到了太陽的前面。就這樣遲速順逆，於是五星晨出夕沒之數產生了。日月五星之數，各有其起點和終點，這樣，七元就產生了。見、伏有日，留、行有度，曆數就產生了。其快慢對齊，多少均分，由此產生會終。由此引申，順此推衍，探索賾隱，由表及裡，沒有幽辟潛伏之處，推算處處精密。所以，陰陽有分寸，寒暑有節氣，天地清楚，日月分明。

3　借助於天象的變化，開創曆算的基業，起自重黎。他按照聖帝的命令重如昊天，典領曆象三辰，以授民時。用閏月來確定四季，用以固定一歲的行度。到羲和之時，已經很興盛了。取象金星、火星，革命創制，治曆明時，應天順民，到商湯、周武王之時，就更發展了。到了王德衰落之時，無道的君王亂之於上，頑愚的官吏失誤於下。夏后時代，羲和淫湎於酒，廢時亂日，諸侯胤前往征討。商紂王淫虐，又喪亂了甲子的排列推算，周武王誅殺了他。故能夠探究明白的人勃興，荒廢時日的人失敗，其滅亡是很快的。天地綱紀是偉大的，是帝王壯麗的事業。所以聖人十分重視，君子勤奮於其事。

1 夫曆有聖人之德六焉：以本氣者尚其體，以綜數者尚其文，以考類者尚其象，以作事者尚其時，以占往者尚其源，以知來者尚其流。❶大業載之，吉凶生焉，是以君子將有興焉，咨焉而以從事，受命而莫之違也。若夫用天因地，揆時施教，頒諸明堂，以為民極者，莫大乎月令❷。帝王之大司備矣，天下之能事畢矣。過此而往，群忌苟禁，君子未之或知也。

2 斗之二十一度，去極至遠也，日在焉而冬至❸，群物於是乎生。故律首黃鍾，曆始冬至，月先建子，時平夜半。當漢高皇帝受命四十有五歲，陽在上章，陰在執徐，冬十有一月甲子夜半朔旦冬至，日月閏積之數皆自此始，立元正朔，謂之漢曆。❹又上兩元，而月食五星之元，並發端焉。❺

3 曆數之生也，乃立儀、表，以校日景。景長則日遠，天度之端也❻。日發其端，周而為歲，然其景不復，四周千四百六十一日，而景復初，是則日行之終❼。以周除日，得三百六十五四分度之一，為歲之日數。日日行一度，亦為天度。察日月俱發度端，日行十九周，月行二百五十四周，復會于端，是則月行之終也。以日周除月周，得一歲周天之數❽。以日一周減之，餘十二十九分之七，則月行過周及日行之數也，為一歲之月。以除一歲日，為一月之數。❾月之餘分積滿其法，得一月，月成則其歲大。月四時推移，故置十二中以定月位。有朔而無中者為閏月⑩。中之始曰節，與中為二十四氣。以除一歲日，為一氣之日數也。其分積而成日為沒，并歲氣之分，如法為一歲沒。沒分于終中，中終于冬至，冬至之分積如其法得一日，四歲而終。⑪月分成閏，閏七而盡，其歲十九，名之曰章。章首分盡，四之俱終，名之曰蔀。以一歲日乘之，為蔀之日數也。以甲子命之，二十而復其初，是以二十蔀為紀。紀歲青龍未終，三終歲後復青龍為元。⑫

【章旨】以上論述確定天度冬至點、曆首、《四分曆》的基本特點，及章節紀元的基本周期和曆元等。

【注釋】❶曆有聖人之德七句　以上言制曆人的六大聖德：以天體氣溫的變化定節氣；創以曆算加以推算；考察天象以定其行；以行事來定其時；以考察歷史來探其源；以預言將來而確定其發展。❷月令　《禮記》中的一篇，載每月所行農事政令，故命為〈月令〉。❸斗之二十一度三句　這是改用後漢《四分曆》時而測定的冬至時太陽所在位置。《太初曆》在牽牛初度，相差五度，這是歲差形成的變化。❹漢高皇帝受命七句　即後漢《四分曆》以文帝後元三年庚辰（西元前一六一年）「冬十有一月甲子夜半朔旦冬至」為曆元，稱為漢曆。這樣，就校正了《太初曆》施行一百多年以後所發生的後天現象。上章為庚，執徐為辰，故此年為庚辰年。據《開元占經》甘氏歲星紀年有歲名與太歲的對應關係如下：攝提格寅，單閼卯，執徐辰，大荒落巳，敦牂午，協洽未，涒灘申，作鄂酉，閹茂戌，大淵獻亥，困敦子，赤奮若丑。又據《爾雅・釋天》記載：「太歲在甲曰閼逢，在乙曰旃蒙，在丙曰柔兆，在丁曰強圉，在戊曰著雍，在己曰屠維，在庚曰上章，在辛曰重光，在壬曰玄黓，在癸曰召陽。」由此干支與太歲異名紀年可一一對應。❺又上兩元三句　從庚辰年上推兩元九一二〇年，即西元前九二八一年，作為日月蝕和五星循環週期的開始。❻景長則日遠二句　日影長，則太陽遠離北極，是對天體進行測量的開始。

❼四周三句　太陽每歲行一周三百六十五又四分之一日，行四周得$365\frac{1}{4}$日×4＝1461日。日影又回到初始狀態。❽日行十九周六句　254÷19＝$13\frac{7}{19}$，即得$13\frac{7}{19}$恆星月相當於一年。❾以日一周減之六句　這說明，一歲為$12\frac{7}{19}$朔望月，可得$365\frac{1}{4}$÷($13\frac{7}{19}$−1)＝$29\frac{499}{940}$日。❿有朔而無中者為閏月　這便是以無中氣之月為閏月的道理所在。⓫以除一歲日九句　這說明$365\frac{1}{4}$÷24＝$15\frac{7}{32}$日，是為一氣的日數。即從節到中，或從中到節的日數。其剩餘$\frac{7}{32}$，重複數次，至比一大時，把一加進日數，則每三十二次，氣的日數就沒有剩餘，又從開始，經過四年，則氣的日數和歲的日數都沒有剩餘。⓬以甲子命之五句　這裡以六十年為青龍週期，按六十甲子來計算，76×20＝1520，還不能恢復原來甲子，1520×3＝4560，才是六十的倍數，恢復原來甲子稱為一元。紀歲青龍，因東方蒼龍對應於木，故青龍紀年即歲星紀年。青龍，即蒼龍。

【語譯】曆法包含有聖人六德：以氣的升降變化為基礎，以數字對它們予以推算，考察各種不同天象的行度，以作事的人有時節可依，作占卜的人有推算的依據，預言未來的人知道流向。有了大業承載，就產生了吉凶之象。所以君子將興，讓其做事，受命而不違背。故用天因地，測時施教，在明堂頒布給人民最重大的事情，沒有比〈月令〉更大的了。君王的大事齊備了，天下的能事就完成了，從此以後，大眾有了禁忌，君子就沒有不知道的事情。

2　在斗宿二十一度，是黃道距北極最遠的地方。太陽運行到這裡的時候便是冬至，這時萬物開始發芽生長。所以律起黃鍾。曆首在冬至。月序先於建子，時間始於夜半。當漢高祖劉邦建立漢朝，過了四十五年，天干在上章（庚），地支在執徐（辰），冬十一月甲子日夜半朔旦冬至，日月積閏之數都從這裡開始，立元正朔，稱為漢曆。自此又上推兩元，而月蝕、五星的起源，都從這裡開始。

3　曆數的產生，先用渾儀和圭表，測定日影長短的變化。影長表示日距北極遠，最遠處為日之南端冬至。日發其端，周而為歲，然而每年的日影長度不能回復，須四周一四六一日，影長才能復初，這是日行的終點。

以周除日，得三百六十五又四分之一度，為一歲之日數。太陽每天行一度，亦為天行之度。日月都從端點出發，日行十九周，月行二百五十四周，又都會於端點，這是月行的終點。以日周除月周，得到一歲周天之數。又以日一周相減，餘$12\frac{7}{19}$，為月行過周和日行之數，為一歲的月數。以除一歲之日數，為一月之數。即$365\frac{1}{4} \div (13\frac{7}{19} - 1) = 29\frac{499}{940}$日。月之餘分，積滿其法，得一月，月成，則其歲大。由於有閏分積累的關係，會向四時推移，所以特設十二個中氣以確定月位，如正月有雨水，二月有春分等，以有朔而無中氣的月分為閏月。每月的開始曰節氣，中為中氣。以二十四除一歲的日數，為一氣的日數。其分積累而成日為沒。并歲氣之分，得到法數時，便為一歲沒。沒分於終中，中終於冬至，冬至之分，積到其法之值時得到一日，經四歲而一循環。月分累積而成閏月，每歲有閏分少，當閏七分積盡之時，其歲十九年，稱之為章。章首之月閏分盡，它的四倍，稱之為蔀。以一歲之日數乘之，就是一蔀的日數。用干支相配紀日，經二十蔀而干支回復到初始狀態，所以二十蔀稱為一紀，這時紀歲的干支尚未回到原來狀態，又經三終，紀歲之干支才回到初始狀態，稱之為元。

元法，四千五百六十。

紀法，千五百二十。

紀月，萬八千八百。

蔀法，七十六。

蔀月，九百四十。

章法，十九。❶

章月，二百三十五。❷

周天❸，千四百六十一。

日法❹，四。

蔀日❺，二萬七千七百五十九。

沒數，二十一。

通法，四百八十七。

沒法，七，因為章閏。

日餘，百六十八。

中法，三十二。❻

大周，三十四萬三千三百三十五。❼

月周，千一十六。❽

【章旨】以上記述十七個曆法與周期的數據。

【注釋】❶元法十二句　元法、紀法、蔀法、章法，分別為一元、一紀、一蔀、一章的歲數。❷章月二句　紀月、蔀月、章月，分別為一紀、一蔀、一章的月數。❸周天　為天球大圓一周的分數，其值與四歲總日數相同。❹日法　《四分曆》一歲日餘的分母，《四分曆》的曆名，也由此而得。❺蔀日　一蔀的日數。❻中法二句　從每個回歸年中，除去六個甲子三百六十日，餘 $5\frac{1}{4}$ 日 $=\frac{21}{4}$ 日，稱二十一為沒數，三分沒數得七為沒法。也可這樣理解：每年二十四節氣，每氣為 $365\frac{1}{4}$ 日 $\div 24 = 15\frac{7}{32}$ 日，其中分子七為沒法，分母三十二為中法。合二十四氣沒法 $7 \times 21 = 168$ 為日餘。日餘除以中法三十二，可得沒數：$168 \div 32 = 5\frac{1}{4} = \frac{21}{4}$ 日。❼大周二句　一周天一四六一，三分周天 $1461 \div 3 = 487$ 為通法，用章月二百三十五乘周天：$1461 \times 235 = 343335$，名為大周。❽月周二句　每章二百三十五月，月與日會二百三十五周，其間日繞地轉十九周，得月實行 $235 + 17 = 254$ 周，得每周天數為 $\frac{1461}{4} \times 19 \div 254 = \frac{27759}{1016} = 27.3218$ 日，為近點月。其中一〇一六為月周。是月行一周的分母。

【語　譯】元法四千五百六十。

紀法一千五百二十。

紀月一萬八千八百。

蔀法七十六。

蔀月九百四十。

章法十九。

章月二百三十五。

周天一千四百六十一。

日法四。

蔀日二萬七千七百五十九。

沒數二十一。

通法四百八十七。

沒法七，因為章閏。

日餘一百六十八。

中法三十二。

大周三十四萬三千三百三十五。

月周一千零十六。

1 月食數之生也，乃記月食之既者。率二十三食而復既，其月百三十五❶，率之相除，得五月二十三之二十而一食❷。以除一歲之月，得歲有再食五百一十三分之五十五也。分終其法，因以與蔀相約，得四與二十七，互之，會二千五百五十二，二十而與元會。

元會，四萬一千四十。

蔀會，二千五百五十二。❸

歲數，五百一十三。

食數，千八十一。❹

月數，百三十五。

食法，二十三。❺

2 推入蔀術曰：以元法除去上元❻，其餘以紀法除之，所得數從天紀，筭外則所入紀也。不滿紀法者，入紀年數也。以蔀法除之，所得數從甲子蔀起，筭外，所入紀歲名命之，筭上，即所求年太歲所在❼。

3 推月食所入蔀會年，以元會除去上元，其餘以蔀會除之，所得以二十七乘之，滿六十除去之，餘以二十除所得數，從天紀，筭外，所入紀，不滿二十者，數從甲子蔀起，筭外，所入蔀會也。其初不滿蔀會者，入蔀會年數也，各以所入紀歲名命之，筭上，即所求年太歲所在。❽

【章　旨】以上敘述兩漢時行用的交食週期。

【注　釋】❶率二十三食二句　這就是兩漢時所行用的一百三十五月中二十三次月蝕的交蝕週期。❷五月二十三句　這便是《四分曆》半個交蝕年的週期。❸蔀會二句　求歲數五一三與元法四五六〇的公倍數，得四一〇四〇，為交蝕大週期，名為元會。每過元會之年，不僅交蝕重複出現，出現的年名日名也都相同。同樣求得歲數五一三與蔀法七十六的公倍數，得二〇五二，為蔀會。每過蔀會之年，不僅交蝕重複出現，年月日齊同，而且交蝕名對應相同。❹食數二句　每年有$\frac{235}{19}$月，交蝕的次數是：$\frac{235}{19} \div \frac{135}{23} = \frac{5405}{2565} = \frac{1081}{513} = 2\frac{55}{513}$次。其中一〇八一為蝕數，五一三為歲數。可以理解為每五一三年有交蝕一〇八一次。❺食法二句　交蝕週期是$5\frac{20}{23} = \frac{135}{23}$月，即每一百三十五月有二十三次月蝕。二十三名為蝕法，一百三十五名月數。❻推入蔀術曰二句　推入蔀術，就是推入蔀年。就要首先算出上元以來，到所求年之間的年數。《四分曆》以漢文帝後元三年（西元前一六一年）庚辰，為入元之年。頭年十一月甲子日夜半，為朔旦冬至，是計算曆日的起點。要計算所求年的年名，先要算出此點，到所求年之間的年數，也即距上元的年數，從此點再上推二元（4560×2＝9120），為月蝕、五星之元，日月五星運行都自此開始。❼其餘以紀法除之十一句　以距上元歲數，除以元法，得入元歲數。以入元歲數，除以紀法，得入紀歲數。因入元歲數小於元法，而一元分為天紀、地紀、人紀三紀，得數零為天紀，一為地紀，二為人紀。又入紀歲數，除以紀法，為入蔀歲數。因一紀為二十蔀，得數從零至十九，對應於二十蔀中每一蔀歲名，如天紀第一蔀庚辰歲等。《四分曆》把一紀二十蔀中的首日干支推出，作為該蔀名稱。如第一蔀蔀首日名甲子，該蔀就叫甲子蔀等。（見下表）《四分曆》以算上為所求年。而說「所求年太歲所在」，含義亦相同。❽推月食十八句　推月蝕入蔀會年，其法與推入蔀術類似，不再重複作注。

【語譯】月蝕週期的產生，是記錄月蝕已發生的。頻率為二十三蝕而重複。所經過的月數為一百三十五，與率相除，得到$5\frac{20}{23}$月而發生一次。用以除一歲之月，得到每歲有再蝕$\frac{55}{513}$。分終其法，與蔀相約，得到四與二十七。互之，即四、二十七與十九互乘，得蔀會二〇五二，經二十蔀而與元相會。

元會四萬一千零四十。

蔀會二千零五十二。

歲數五百一十三。

蝕數一千零八十一。

月數一百三十五。

蝕法二十三。

2 推入蔀的方法曰：以上元去除元法，其餘以紀法再除，得數為天紀，算外，為所入紀。不滿紀法的，為入紀以來的年數。再以蔀法除之，所得數從甲子蔀起，算外，以入紀歲名命之，算上，為所求年干支所在。

3 推月蝕所入蔀會年：用元會去除上元，餘數再以蔀會除之，所得以二十七乘之，滿六十除去之，餘以二十除所得數，從天紀，算外，所入紀，不滿二十的，數從甲子蔀起，算外，即為所入蔀會。其初不滿蔀會的，為入蔀會的年數，各以所入紀歲名命之，算上，即所求年干支所在。

天紀歲名

庚辰　丙申　壬子　戊辰　甲申　庚子　丙辰　壬申　戊子　甲辰　庚申　丙子　壬辰

地紀歲名

庚子　丙辰　壬申　戊子　甲辰　庚申　丙子　壬辰　戊申　甲子　庚辰　丙申　壬子

人紀歲名

庚申　丙子　壬辰　戊申　甲子　庚辰　丙申　壬子　戊辰　甲申　庚子　丙辰　壬申

蔀首❶

甲子一　癸卯二　壬午三　辛酉四　庚子五　己卯六　戊午七　丁酉八　丙子九　乙卯十　甲午十一　癸酉十二　壬子十三

戊申	戊辰	戊子	辛卯十四
甲子	甲申	甲辰	庚午十五
庚辰	庚子	庚申	己酉十六
丙申	丙辰	丙子	戊子十七
壬子	壬申	壬辰	丁卯十八
戊辰	戊子	戊申	丙午十九
甲申	甲辰	甲子	乙酉二十❷

【章　旨】以上是一份《四分曆》的蔀首歲名、日名表。

【注　釋】❶蔀首　這是一份《四分曆》的蔀首歲名、日名表，由於編曆者未加表名，也未交代相應的實際求入蔀法，初習者難以理解。表中共列出一元三紀共六十個蔀首的歲名，並列出相應之歲的朔旦冬至日名干支。其使用方法前注中已作了介紹。❷乙酉二十　此表的編制方法，由於每紀一五二〇歲，除去二十五個干支周一五〇〇歲以後，餘二十歲，所以，自上紀後推二十歲，算外第二十一年，為下紀首年年名，如天紀首年庚辰，後推第二十一位庚子，為地紀首年年名。庚子後第二十一位庚申，為人紀年名。又每蔀七十六年，除去一甲子六十年，餘十六年，因此，自上蔀首年名後推第十七位，為下蔀首年名。如天紀甲子蔀首年名庚辰，後數第十七位丙申，為天紀癸卯蔀首年名，等等。推蔀首日名法相同：由於一蔀日數二七七五九，除去四二六甲子二七七二〇日後，餘三十九日，自上一蔀首日名後推三十九日，算外第四十日，為第二蔀首日名。如此類推，可得各蔀首日名。

【語　譯】

《四分曆》蔀首歲名、日名表

蔀　首	天紀歲名	地紀歲名	人紀歲名
甲子一	庚辰	庚子	庚申
癸卯二	丙申	丙辰	丙子
壬午三	壬子	壬申	壬辰
辛酉四	戊辰	戊子	戊申
庚子五	甲申	甲辰	甲子
己卯六	庚子	庚申	庚辰
戊午七	丙辰	丙子	丙申
丁酉八	壬申	壬辰	壬子
丙子九	戊子	戊申	戊辰
乙卯十	甲辰	甲子	甲申
甲午十一	庚申	庚辰	庚子
癸酉十二	丙子	丙申	丙辰
壬子十三	壬辰	壬子	壬申
辛卯十四	戊申	戊辰	戊子
庚午十五	甲子	甲申	甲辰
己酉十六	庚辰	庚子	庚申
戊子十七	丙申	丙辰	丙子
丁卯十八	壬子	壬申	壬辰
丙午十九	戊辰	戊子	戊申
乙酉二十	甲申	甲辰	甲子

1 推天正術，置入蔀年減一，以章月乘之，滿章法得一，名為積月，不滿為閏餘，十二以上，其歲有閏。❶

2 推天正朔日，置入蔀積月，以蔀日乘之，滿蔀月得一，名為積日，不滿為小餘，積日以六十除去之，其餘為大餘，以所入蔀名命之，筭盡之外，則前年天正十一月朔日也。小餘四百四十一以上，其月大。求後月朔，加大餘二十九，小餘四百九十九，小餘滿蔀月得一，上加大餘，命之如前。❷

3 一術，以大周乘年，周天乘閏餘減之，餘滿蔀月，則天正朔日也。

4 推二十四氣術曰：置入蔀年減一，以日餘乘之，滿中法得一，名曰大餘，不滿為小餘，大餘滿六十除去之，其餘以蔀名命之，筭盡之外，則前年冬至之日也。

5 求次氣，加大餘十五，小餘七，除命之如前，小寒日也。❸

6 推閏月所在，以閏餘減章法，餘以十二乘之，滿章閏數得一，滿四以上亦得一筭之數，從前年十一月起，筭盡之外，閏月也。❹或進退，以中氣定之。

7 推弦、望日，因其月朔大小餘之數，皆加大餘七，小餘三百五十九四分三，小餘滿蔀月得一，加大餘，大餘命如法，得上弦。又加得望，次下弦，又後月朔。❺其弦、望小餘二百六十以下，每以百刻乘之，滿蔀月得一刻，不滿其所近節氣夜漏之半者，以筭上為日。❻

8 推沒滅術，置入蔀年減一，以沒數乘之，滿日法得一，名為積沒，不盡為沒餘。以通法乘積沒，滿沒法得一，名為大餘，不盡為小餘。大餘滿六十除去之，其餘以蔀名命之，筭盡之外，前年冬至前沒日也。求後沒，加大餘六十九，小餘四，小餘滿沒法，從大餘，命之如前，無分為滅。❼

9 一術，以十五乘冬至小餘，以減通法，餘滿沒法得一，則天正後沒也。

【章　旨】以上為推算任意一年中的月日朔望干支和二十四節氣日期等方法。

【注　釋】❶推天正術八句　推天正術，就是推天正月，即所求年十一月的位置。算法是：（入蔀年－1）×章月÷章法＝積月 $\frac{\text{閏餘}}{\text{章法}}$。前面已介紹了入蔀年的求法。減一是由於入蔀年中包含了所求年，去掉一年，才能求出此年前的積月數，得整月數名積月，奇零為閏餘。閏餘入下月，積滿十九分置為閏月。由於每年自有閏餘七分，則頭年滿十二分，加本年七分，就能置為閏月。所以此處說閏餘「十二以上，其歲有閏」。❷推天正朔日十九句　推天正朔日，即推所求年天正月朔日的日名。由天正朔日以前的積月數求積日，再由所入蔀首日名和積日數，就能推出朔日日名。入蔀積月×蔀日÷蔀月＝積日 $\frac{\text{小餘}}{\text{蔀月}}$。其中 $\frac{\text{蔀日}}{\text{蔀月}}$，為每月日數，乘以入蔀積月，得入蔀積日數。由所入蔀首日名，大餘算外，就是所求年天正月朔日名。❸推二十四氣術曰十五句　推二十四氣，先推冬至日名，以一年去除六甲子，餘 $5\frac{1}{4}$ 日 $=\frac{21}{4}=\frac{\text{沒數}}{\text{日法}}$，用（入蔀年－1）乘，得冬至積日，此處稱為大餘。即（入蔀年－1）× $\frac{\text{沒數}}{\text{日法}}$ ＝大餘 $\frac{\text{小餘}}{\text{日法}}$。求下年冬至，大餘加五，小餘加一。小餘滿分母三十二則進入大餘。求其餘各氣，因每氣 $15\frac{7}{32}$ 日，大餘加十五，小餘加七，小餘滿三十二入大餘，得下氣。一直進行下去，得每氣。❹推閏月所在八句　推閏月，以上已算得積月餘分為 $\frac{\text{閏餘}}{\text{章法}}$，又每年有月餘七分（分母為章歲），均入十二月，每月有 $\frac{7}{12}$，即有 $\frac{\text{章閏}}{12}$ 的餘分。閏餘與逐月餘分相加，積滿十九分，該後有閏月。❺推弦望日十一句　推弦望日，每月為 $29\frac{499}{940}$ 日，半月為 $14\frac{719\frac{1}{2}}{940}$ 日，四分之一月為 $7\frac{359\frac{3}{4}}{940}$ 日，所以，求弦望，可由月朔大小餘，加 $\frac{1}{4}$ 月，得上弦，再加 $\frac{1}{4}$ 月得望，加 $\frac{3}{4}$ 月得下弦，加全月得下月朔。❻其弦望小餘五句　求弦望發生的時刻，可由小餘推得。每日九四〇分，分為一〇〇刻，每刻為 $\frac{940}{100}$ 分。小餘除以此數，為弦望時刻。即弦望小餘 $\div \frac{940}{100}$ = 弦望小餘 × 100 ÷ 蔀月 = 刻數 $\frac{刻餘}{蔀月}$。二十四節氣時刻仿此式各由其小餘求得。所得刻數小於所在節氣夜漏之半者，在頭日，大於夜漏之半在後日。這就是文中所述「不滿其所近節氣夜漏之半者，以算上為日」。❼推沒滅術二十一句　推沒滅術，沒、滅都是計算冬至甲子日名的參數。前已述及二十一為沒數，七為沒法。是由於每年冬至日名，在甲子表中後退 $\frac{21}{4}$ 位，四年一四六一日後退二十一位。每後退一位所需日數，可由 $x = \frac{1461}{21} = 69\frac{4}{7}$ 日求出。冬至甲子日名，後退一位叫一沒，一沒日數 $\frac{1461}{21}$，可理解為，每二十一沒須經過一四六一日。所以把二十一叫做沒數。1 沒 = $69\frac{4}{7}$ 日 = $\frac{487}{7}$ 日，四八七為通數，除以七得沒日，所以將七叫做沒法。當沒所含日數為整數時叫做滅。可以看出，七沒等於一滅，3 滅 = 21 沒 = 4 年。要計算某年冬至以前的沒日，先要計算入蔀後至該年冬至之間（入蔀年－1）的沒數。此沒數的整數部分叫做積沒，奇零部分的分子叫沒餘。

【語譯】推算天正月的方法：置入蔀之年減一，用章月乘之，滿章法得一個月，名為積月，不滿為閏餘，十二以上，其歲有閏月。

2 推天正月朔日干支：置入蔀積月，以蔀日乘之，滿蔀月得一日，名為積日，不滿為小餘，積日以六十除棄之，其餘數為大餘，以所入蔀名命之，算外，為上一年天正十一月的朔日干支。小餘四四一以上，其月為大月。求下月朔日，加大餘二十九，小餘四九九，小餘滿蔀月得一日，加入大餘，命之如前。

3 另一種方法，以大周乘年數，周天乘閏餘減之，減餘滿蔀月，就是天正月朔日。

4 推二十四節氣的方法曰：置入蔀年減一，以日餘相乘，滿中法得一日，名曰大餘，不滿為小餘。大餘滿六十除棄之，其餘蔀名命之，算外，為前年冬至干支。

5 求下一節氣，加大餘十五，小餘七，除棄之，命之如前，即為小寒干支。

6 推算閏月所在：以閏餘減章法，餘以十二乘之，滿章閏數得一，滿四以上，亦得一算之數，從前年十一月起，算外之月，即為閏月。如有進退，以無中氣之月定之。

7 推弦、望之日，以月朔大小餘之數，皆加大餘七，小餘 $359\frac{3}{4}$，小餘滿蔀月得一，加入大餘，大餘命之如法，得上弦干支。再加得望日，再加得下弦，再加得後月朔日。其弦、望小餘二六〇以下，以一〇〇刻乘之，滿蔀月得一刻，不滿時，以夜漏之半算上為日之干支。

8 推沒滅的方法：置入蔀年減一，以沒數乘之，滿日法得一，名為積沒，不盡為沒餘。以通法乘積沒，滿沒法得一，名為大餘，不盡為小餘。大餘滿六十除棄之，餘以蔀名命之，算外，為前年冬至前沒之日。求後沒，加大餘六十九，小餘四，小餘滿沒法加入大餘，命之如前。無分為滅。

9 另一種算法：以十五乘冬至小餘，以之減通法，餘滿沒法得一，為天正後沒。

1 推合朔所在度❶，置入蔀積日以蔀月乘之，并小餘❷，滿大周除去之，其餘滿蔀月得一，名為積度，不盡為餘分。積度加斗二十一度，加二百三十五分，以宿次除之，不滿宿，則日月合朔所在星度也。求後合朔，加度二十九，加分四百九十九，分滿蔀月得一度，經斗除二百三十五分。❸

2 一術，以閏餘乘周天，以減大周乘入蔀年減一❹，餘，滿蔀月得一，合以斗二十一度四分一，則天正合朔日月所在度。

3 推日所在度，置入蔀積日之數，以蔀法乘之，滿蔀日除去之，其餘滿蔀法得

一，為積度，不盡為餘分。積度加斗二十一度，加十九分，以宿次除去之，則夜半日所在宿度也。❺

4 求次日，加一度。求次月，大加三十度，小加二十九度，經斗除十九分。

5 一術，以塑小餘減合朔度分，即日夜半所在。其分二百三十五約之，十九乘之。

6 推月所在度，置入蔀積日之數，以月周乘之，滿蔀日除去之，其餘滿蔀法得一，為積度，不盡為餘分。積度加斗二十一度十九分，除如上法，則所求之日夜半月所在宿度也。❻

7 求次日，加十三度二十八分。求次月，大加三十五度六十一分，月小二十二度三十三分，分滿法得一度，經斗除十九分。❼其冬下旬月在張、心署之，謂晝漏分後，晝漏盡也。❽

8 一術，以蔀法除塑小餘，所得以減日夜半度也。餘以減分，即月夜半所在度也。

9 推日明所入度分術曰：置其月節氣夜漏之數，以蔀法乘之，二百除之，得一分，即夜半到明所行分也。以增夜半日所在度分，為明所在度分也。❾

10 求昏日所入度，以夜半到明日所行分減蔀法，其餘即夜半到昏所行分也。以加夜半所在度分，為昏日所在度也。❿

11 推月明所入度分術曰：置其節氣夜漏之數，以月周乘之，以二百除之，為積分。積分滿蔀法得一，以增夜半度，即月明所在度也。⓫

12 求昏月所入度：以明積分減月周，其餘滿蔀法得一度，加夜半，則昏月所在度也。⓬

13 推弦、望日所入星度術曰：置合朔度分之數，加七度三百五十九分四分三，以宿次除之，即得上弦日所入宿度分也。求望、下弦，加除如前法，小分滿四從大分，大分滿蔀月從度。

14 推弦、望月所入星度術曰：置月合朔度分之數，加度九十八，加分六百五十三半，以宿次除之，即上弦月所入宿度分也。⓭

15 求望、下弦，加除如前分，滿蔀月從度。

【章旨】以上為推算任一日的太陽月亮所在度分。

【注釋】❶推合朔所在度　即推算任何一年天正之月合朔時刻的太陽所在天度。據以上所載計算步驟，可以算式表示為：

天度$=21°235'+\dfrac{\text{積日}\times\text{蔀月}-n\times\text{大周}}{\text{蔀月}}$，其中 n 為自然數。計曆時的始起星度為斗 21°235′。故 天度 = 21°235′ + 日行總度 − n × 周天度。日行總度應包括積日和小餘，不能只計積日，因為只計積日為夜半度。由此知此處原文中「蔀月乘之」之後，當缺漏「并小餘」三字。因此當為：天度$=21°235'+\text{積日}+\dfrac{\text{小餘}}{\text{蔀月}}-n\times\text{周天度}=21°235'+\dfrac{\text{積日}\times\text{蔀月}+\text{小餘}-n\times\text{大周}}{\text{蔀月}}$。❷并小餘　以下原文的補正，主要依陳美東《歷代律曆志校正》引劉洪濤《古代曆法計算法》等推理為據。不再一一加注說明。❸求後合朔五句　求下一次合朔，只需再加一月日數 $29\frac{499}{940}$ 即得。❹以減大周二句　減大周餘，文義不通，據劉洪濤推算，當「減大周〔乘入蔀年減一，〕餘（，）滿蔀月得一」。❺推日所在度十一句　推日所在度，即推算天正朔日夜半太陽所在星度。將入蔀積月化為日，包括積日和小餘兩部分。由積日得合朔夜半星度，由小餘得合朔時刻。則 夜半日星度 = 起始星度 + (積日 − n × 周天度) = 21 度 19 分 $+(\text{積日}-n\times365\frac{1}{4})=21$ 度 19 分 $+(\text{積日}-n\times\dfrac{\text{蔀日}}{\text{蔀法}})=21$ 度 19 分 $+\dfrac{\text{積日}\times\text{蔀法}-n\times\text{蔀日}}{\text{蔀法}}$。以後，加一日得次日夜半日度，加三十度（大月）或二十九度（小月），得次月朔日夜半日度。❻推月所在度十句　推月所在度，即推算朔日夜半月亮所在星度。與求日在朔日夜半時的星度一樣，可由入蔀積日及積日小餘兩個途徑計算。 星月初度 + 月行積度 − n × 周天度 = 朔夜半月度分。 日每天行一度，月每天行 $13\frac{7}{19}$ 度，月行積度，應為入蔀積日的 $13\frac{7}{19}$ 倍，所以，上式變為：

$$\text{初度}+\text{入蔀積日}\times13\frac{7}{19}-n\times\text{周天度}$$

$$=21°19'+\text{入蔀積日}\times\frac{254}{19}-n\times\text{周天度}$$

$$=21°19'+\text{入蔀積日}\times\frac{254\times4}{19\times4}-\frac{n\times\text{周天度}\times4\times19}{4\times19}$$

$$=21°19' + \frac{\text{入蔀積日} \times \text{月周} - n \times \text{蔀日}}{\text{蔀法}} = \text{積度}\frac{\text{度餘}}{\text{蔀法}}$$

。❼求次日七句　求次日、次月，因月每日行 $13\frac{7}{19}$ 度，合十三度二十八分（一度為七十六分），求次日夜半度分，只須把上式求得的結果加十三度二十八分，即得：

頭日夜半月度分 + 13°28′ = 次日夜半月度分。

求次月：大月三十日，月行 13°28′ × 30 − 365°19′ = 35°61′，

小月二十九日，月行 35°61′ − 13°28′ = 22°33′。

所求次月朔日夜半月度分，只須由頭月朔日夜半月度分，加三十五度六十一分（大月），或二十二度三十三分（小月）。這裡單位制都是 1 度 = 76 分，即以七十六為度法。斗分 $\frac{1}{4}$ 變成 $\frac{19}{76}$，所以，此處說「分滿法得一度」，又說「經斗除十九分」，就是把月度分化為宿度時，經斗宿，還要去掉 $\frac{1}{4}$ 度，即十九分。

以下計算步驟類似，不再一一以算式注出。❽其冬下旬月在張心三句　其中「盡漏」為「晝漏」之誤。文義是說，冬日下旬，月常在張宿、心宿之間，是指晝漏分以後，晝漏已盡之時。❾推日明所入度分八句　推日明所入度分，即推算朔日黎明時太陽所在度分。前已推得夜半時日所在度分，加上當日夜漏之半，便得黎明度分。夜漏數可從本節下表查得。將其化成度分。方法是，晝夜日行一度化為一〇〇刻，每刻 $\frac{1}{100}$ 度，夜漏之半 $= \frac{1}{2} \times \frac{\text{夜漏數}}{100}$ 度 $= \frac{\text{夜漏數}}{200}$ 度。故 黎明日度分 = 夜半度分 + $\frac{\text{夜漏數} \times \text{蔀法}}{200}$ 分。❿求昏日所入度五句　求朔日昏時所在度分，由朔日夜半度，加一度，得次日夜半度，減去 $\frac{\text{夜漏刻數}}{2}$，即得。⓫推月明所入度分七句　推月明所入度分，即推算朔日黎明月所在度分。將夜漏數化為月行分，日夜半度分改為月夜半度分計算即得。⓬求昏月所入度五句　求昏月所入度，即求朔日昏時月所在度分。如推日昏月度，如下圖所示，A為朔日夜半分度，D為次日夜半分度，B為黎明月度，C為日昏月度，AB = CD，由於 AD 等於一日內的月行度 $13\frac{7}{19}$ 度，化分為 $13\frac{7}{19} \times \text{蔀法} = \text{月周}$，則 日昏月度

$=$ 朔日夜半月度分 $+AC$

$=$ 朔日夜半月度分 $+(AD-CD)$

$=$ 朔日夜半月度分 $+(AD-AB)$

$=$ 朔日夜半月度分 $+$（月周 $-$ 夜半到黎明月行分）

$=$ 朔日夜半月行分 $+$（月周 $-\frac{夜漏數\times月周}{200}$）分

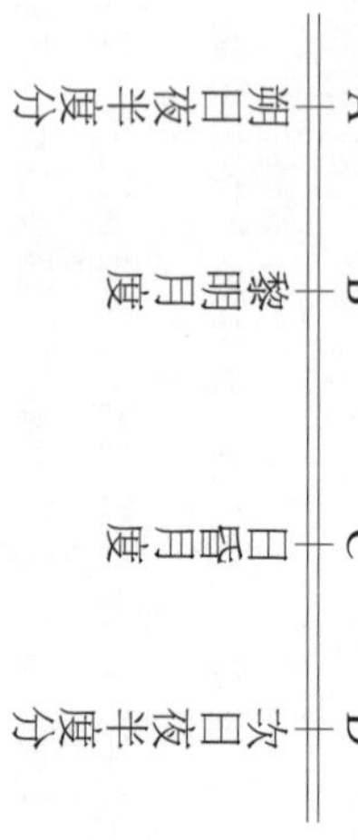

推日昏月度圖

式中1度＝76分，括號內所得，滿蔀法七十六化為一度。⓭推弦望月所入星度六句　推弦望日所入星度，弦 $=\frac{1}{4}$ 月 $=7\frac{359\frac{3}{4}}{940}$ 日，以月朔星度加，得上弦星度，以次相加，得望和下弦。

推弦望時月在星度：弦時月行度 $=\frac{1}{4}$ 月 $\times$ 月每日行度 $=98\frac{653\frac{1}{2}}{940}$ 度，與合朔星度逐次相加可得上弦、望、下弦月星度。

【語　譯】推算合朔所在度：置入蔀積日，以蔀月乘之，並小餘，滿大周除棄之，餘滿蔀月得一，名為積度，不盡之數為餘分。積度加斗二十一度，再加二三五分。以宿次除之，不滿宿的，就是日月合朔所在星度。求下一個合朔度，加二十九度，加四九九分，分滿蔀月得一度，經斗除二三五分。

2 另一種方法是，以閏餘乘周天，去減大周，乘入蔀年減一，餘滿蔀月得一，相合以斗 $21\frac{1}{4}$ 度，為天正合朔時，日月所在度。

3 推算日所在度：置入蔀積日之數，以蔀法乘之，滿蔀日除棄之，餘滿蔀法得一，為積度，不盡為餘分。積度加斗二十一度，加十九分，以宿次除去之，為夜半日所在宿度。

4 求次日，加一度。求次月，大月加三十度，小月加二十九度，經斗除十九分。

5 另一種方法是，以朔小餘減合朔度分，就是太陽夜半所在度。以其分二三五約之，十九乘之即得。

6 推月亮所在度：置入蔀積日之數，以月周乘之，滿蔀日除棄之，餘滿蔀法得一，為積度，不盡為餘分。積度加斗二十一度十九分，以上法除之，為所求之日夜半，月所在宿度。

7 求次日，加十三度二十八分。求次月，大月加三十五度六十一分，小月加二十二度三十三分。分滿法得一度，經斗除十九分。其冬下旬，月在張、心二宿署之，是晝漏分後，晝漏盡也。

8 另一種方法是，以蔀法除朔小餘，所得以減日夜半度，餘以減分，便是月亮夜半時所在度。

9 推算朔日黎明時太陽所入度分的方法：置該月節氣夜漏刻數，以蔀法乘之，二〇〇除之，得一分，就是夜半到黎明所行分，以增夜半日所在度分，為黎明所在度分。

10 求朔日初昏時太陽所入度：以夜半到明日所行分，減蔀法，餘即夜半到昏所行分也。以加夜半所在度分，為昏日所在度。

11 推算朔日黎明時月所入度分法：置其節氣夜半漏刻之數，以月周乘之，二〇〇除之，為積分。積分滿蔀法得一，以增夜半度，即得黎明時月所在度。

12 求朔日昏時月所在度：以明積分減月周，餘滿蔀法得1度，加夜半度，得昏時月所在度。

13 推弦、望時太陽所入星度：置合朔度分，加七度 $359\frac{3}{4}$ 分，以宿次除之，得上弦日所入宿度分。求望、下弦，加、除如前法。小分滿四從大分，大分滿蔀月從度。

14 推弦、望月亮所入星度的方法：置月合朔度分之數，加九十八度六五三·五分，以宿次除之，即上弦月亮所入宿度。

15 求望、下弦，加除如前法，分滿蔀月從度。

1 推月食術曰：置入蔀會年數，減一，以食數乘之，滿歲數得一，名曰積食，不滿為食餘。以月數乘積食，滿食法得一，名為積月，不滿為月餘分。積月以章月除去之，其餘為入章月數。當先除入章閏，乃以十二除去之，不滿者命以十一月，筭盡之外，則前年十一月前食月也。

2 求入章閏者，置入章月，以章閏乘之，滿章月得一，則入章閏數也。餘分滿二百二十四以上至二百三十一，為食在閏月。閏或進退，以朔日定之。❶求後食，加五月二十分，滿法得一月數，命之如法，其分盡食筭上。❷

3 推月食朔日術曰：置食積月之數，以二十九乘之，為積日。又以四百九十九乘積月，滿蔀月得一，以并積日，以六十除之，其餘以所會蔀名命之，筭盡之外，則前年天正前食月朔日也。❸

4 求食日，加大餘十四，小餘七百一十九半，小餘滿蔀月為大餘，大餘命如前，則食日也。❹

5 求後食朔及日，皆加大餘二十七，小餘六百一十五。其月餘分不滿二十者，又加大餘二十九，小餘四百九十九。其食小餘者，當以漏刻課之，夜漏未盡，以筭上為日。❺

6 一術，以歲數去上元，餘以為積月，以百一十二乘之，滿月數去之，餘滿食法得一，則天正後食❻。

【章旨】以上為推算月蝕月份和日期的方法。

【注釋】❶推月食術曰二十七句　劉洪濤推演算式分四步：1.求自蔀會，到所求年之間，共發生了幾次月蝕；2.求所求年前，與積日相應的總月數；3.求該月蝕入於第幾章第幾月；4.求末蝕發生在某年某月。❷求後食五句　求後食，求下一次月蝕。《四分曆》的蝕季為$5\frac{20}{23}$月。故求下蝕時，月數加五，餘分加二十，滿二十三分化為月，即得。❸推月食朔日術曰十一句　推月食朔日，即推算月蝕所在月的朔日日名。積月×每月日數＝積月×$29\frac{499}{940}$日。推出朔日日名，便知道某月有月蝕發生。❹求食日六句　求食日，即推算月蝕發生的日期干支。只需加半月日數即得。❺求後食朔及日十句　求後食朔及日，即計算下一次月蝕發生月的朔日干支和月蝕那天的干支名。如下圖所示，已知頭蝕朔，每蝕$5\frac{20}{23}$月，則後蝕距頭蝕至少五個月。所以，先在頭蝕朔大小餘上，加五個月日數，得到第六個月朔日大小餘。所以此處說求下蝕朔，先「加大餘二十七，小餘六百一十五」。圖中頭蝕B所在月的朔日在A，自A點加5整月，得第6個月的月朔A'。$AB=\frac{月餘分}{食法}$。$A'B'=AB$，那麼，$AA'=BB'=5$整月。由於$BC=5\frac{20}{23}$月，則$B'C=\frac{20}{23}$月$=\frac{20}{蝕法}$月。則$A'C=\frac{月餘分}{蝕法}<1$，A'便是後蝕C所在月的朔日干

支。後蝕之日的干支求法，與頭蝕日求法相同。❻以歲數去上元六句　歲數和上元，單位都是年，二者相減，不可能是積月。中間必有缺漏。當補為：「以歲數去上元，餘以章法乘之，章法而一，為積月。」所謂天正後食，是指天正月開始，每年兩次交蝕中的後一次交蝕。

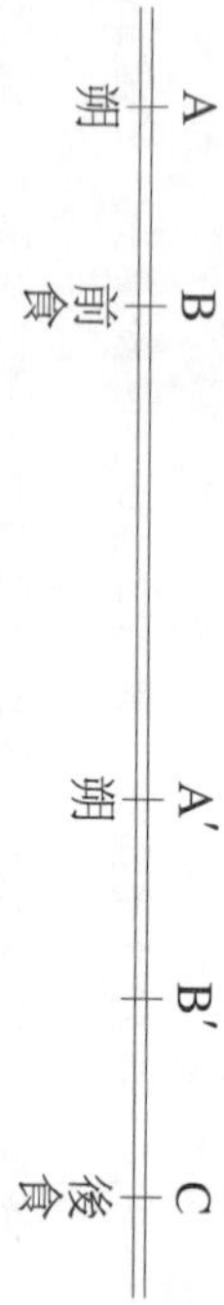

後食朔日計算法

【語譯】推月蝕的方法說：置入蔀會年數，減一，以蝕數乘之，滿歲數得一，名曰積蝕，不滿為蝕餘。以月數乘積蝕，滿蝕法得一，名為積月，不滿為月餘分。積月以章月除棄之，餘為入章月數。先除入章閏，以十二除棄之，不滿者命以十一月算外，為前年十一月前蝕月。

2 求入章閏月，置入章之月數，以章閏乘之，滿章月得一，得入章閏數。餘分滿二二四以上，至二三一，為蝕在閏月。蝕或進或退，以朔日（中氣）來確定。求後蝕，加五月二十分，滿法得一月數，用法如前，其分盡，蝕算上。

3 推算發生月蝕之月的朔日方法曰：置蝕積月之數，以二十九乘之，為積日，又以四九九乘積月，滿蔀月得一，進為積日，以六十除棄之，餘以所會蔀名命之，算外，為前年天正前蝕月朔日。

4 求月蝕日期：加大餘十四，小餘七一九·五，小餘滿蔀月為大餘，算法如前，為月蝕日期。

5 求後蝕朔日及月蝕干支：都加大餘二十七，小餘二一五，其月餘分不滿二十的，又加大餘二十九，小餘四九九。其蝕之小餘，當以漏刻推之，夜漏未盡，以算上為日。

6 另一種方法是：以歲數去除上元，餘為積月，以一二二乘之，滿月數去之，餘滿蝕法得一，為天正後蝕。

推諸加時，以十二乘小餘，先減如法之半，得一時，其餘乃以法除之，所得筭之數從夜半子起，筭盡之外，則所加時也。❶

推諸上水漏刻❷：以百乘其小餘，滿其法得一刻；不滿法什之，滿法得一分。積刻先減所入節氣夜漏之半，其餘為晝上水之數。過晝漏去之，餘為夜上水數。其刻不滿夜漏半者，乃減之，餘為昨夜未盡，其弦望其日。

【章旨】以上為推算月蝕發生時刻的方法。

【注釋】❶推諸加時八句　推諸加時，推算月蝕發生的時刻。可由 $\frac{\text{小餘}\times 12-\frac{1}{2}\times 940}{940}$ 求得。小餘即前已求得的積日餘分，分母是蔀月九四〇。表示大餘外，又經 $\frac{\text{小餘}}{940}$ 日發生月蝕。一日為十二時，小餘除十二，得數是月蝕所在辰。❷推諸上水漏刻　推月蝕刻分。將求得的月蝕餘分化為刻分即得。

【語譯】推月蝕發生時刻：以十二乘小餘，先減如法之半，得一時，其餘乃以法除之，所得之數，從夜半子時起，算外，為所得時間。

推漏刻數：以一〇〇乘小餘，滿其法得一刻，不滿法十之，滿法得一分。積刻先減所入蔀節氣夜漏之半，餘為晝上水之數。過晝漏去之，餘為夜上水數。其刻不滿夜漏半的，就相減，餘為昨夜未盡。當弦、望時刻出現在後半夜時，日名按「算上」法確定。

1 五星數之生也，各記於日，與周天度相約而為率。以章法乘周率為月法，章月乘日率，如月法，為積月月餘。以月之日乘積月，為朔大小餘。乘為入月日餘。以日法乘周率為日度法，以周率去日率，餘以乘周天，如日度法，為積度度餘也。日率相約取之，得二千九百九十九萬一千六百二十一億五千八百二萬六千三百，而五星終，如蔀之數，與元通。❶

2 木，周率，四千三百二十七。 日率，四千七百二十五。 合積月，十三。 月餘，四萬一千六百六。 月法，八萬二千二百一十三。 大餘，二十三。 小餘，八百四十七。 虛分，九十三。 入月日，十五。 日餘，萬四千六百四十一。 日度法，萬七千三百八。 積度，三十三。 度餘，萬三百一十四。

3 火，周率，八百七十九。 日率，千八百七十六。 合積月，二十六。 月餘，六千六百三十四。 月法，萬六千七百一。 大餘，四十七。 小餘，七百五十四。 虛分，一百八十六。 入月日，十二。 日餘，千八百七十二。 日度法，三千五百一十六。 積度，四十九。 度餘，一百一十四。

4 土，周率，九千九十六。 日率，九千四百一十五。 合積月，十二。 月餘，十三萬八千六百三十七。 月法，十七萬二千八百二十四。 大餘，五十四。

小餘，三百四十八。虛分，五百九十二。入月日，二十四。日餘，二千一百六十三。日度法，三萬六千三百八十四。積度，十二。度餘，二萬九千四百五十一。

5 金，周率，五千八百三十。日率，四千六百六十一。合積月，九。月餘，九萬八千四百五。月法，十一萬七百七十。大餘，二十五。小餘，七百三十一。虛分，二百九。入月日，二十六。日餘，二百八十一。日度法，二萬三千三百二十。積度，二百九十二。度餘，二百八十一。

6 水，周率，萬一千九百八。日率，千八百八十九。合積月，一。月餘，二十一萬七千六百六十三。月法，二十二萬六千二百五十二。大餘，二十九。小餘，四百九十九。虛分，四百四十一。入月日，二十八。日餘，四萬四千八百五。日度法，四萬七千六百三十二。積度，五十七。度餘，四萬四千八百五。

7 推五星術，置上元以來，盡所求年，以周率乘之，滿日率得一，名為積合；不盡名為合餘。合餘以周率除之，所得為退歲；無所得，星合其年；得一，合前年；二合前二年。金水積合奇為晨，偶為夕。其不滿周率者反減之，餘為度分。❷

【章　旨】以上敘述五星日率、周率、日度法、大小餘與五星終和太極上元之間的關係。

【注　釋】❶五星數之生也二十句　這段述文講述五星日率、周率、日度法、大小餘與五星終和太極上元之間的關係，較為難解。唐如川對此有專文論述，此處不便詳細引載。其中五星終會的年數的改正，就出自唐如川。此處還提及另一大數：如蔀之數與元通，當為五星終會的七十六倍。據唐如川推得為227936324009998800年。即通常所說的太極上元。由於這兩個大數只有理論意義，沒有實際用途，以後就不再提及這兩個數了。❷推五星術十七句　推五星術，推算五星中任一星與太陽末次相合於何年。五星每見年數為$\frac{\text{日率}}{\text{周率}}$，自上元以來到所求年之間的年數（積年），除以此數，得總合數，稱為積合。積合所得整數之餘數，稱為合餘。是不足一合的餘分，也是末合到所求年末之間的時段。由於它是積年數乘周率後得到的數字餘分，再除以周率就恢復了年分：$\frac{\text{合餘}}{\text{周率}}=\text{退歲}\frac{\text{餘數}}{\text{周率}}$。這裡退歲得一，距末合為一年，退歲為二，在前二年。餘類推。故文中「不得為退歲」當為「所得為退歲」之誤。

【語　譯】五星數的產生，各以太陽為標記。它們與周天度相約而為週期。以章法乘周率為月法，章月與日率相乘，如月法，為積月、月餘。以月的日數乘積月，為朔大餘和小餘。相乘，為入月日餘。以日法乘周率，為日度法。以周率去日率，餘以乘周天，如日度法，為積度度餘。以日率相除，得2999162158026300，為五星循環週期。如蔀之數，與元通之，則為太極上元積年之數（數未載此）。

五星週期表					
	木	火	土	金	水
周率	4327	879	9096	5830	11908
日率	4725	1876	9415	4661	1889
合積月	13	26	12	9	1
月餘	41606	6634	138637	98405	217663
月法	82213	16701	172824	110770	226252
大餘	23	47	54	25	29
小餘	847	754	348	731	499
虛分	93	186	592	209	441
入月日	15	12	24	26	28
日餘	14641	1872	2163	281	44805
日度法	17308	3516	36384	23320	47632
積度	33	49	12	292	57
度餘	10314	114	29451	281	44805

7 推算五星運動相會於何年的方法是，置上元以來到所求之年，以周率相乘，滿日率得一，稱為積合。不盡名為合餘。合餘以周率相除，所得為退歲。無所得，星與該年合。得一，合前年。得二，合前二年。對金星、水星的積合，奇數為晨，偶數為夕。對不滿周率之數的，反過來相減，餘數為度分。

1 推星合月，以合積月乘積合為小積，又以月餘乘積合，滿其月法得一，從小積為積月，不盡為月餘。積月滿紀月去之，餘為入紀月。每以章閏乘之，滿章月得一為閏；不盡為閏餘。以閏減入紀月，其餘以十二去之，餘為入歲月數，從天

正十一月起，筭外，星合所在之月也。其閏餘滿二百二十四以上至二百三十一星合閏月。閏或進退，以朔制之。❶

2 推朔日，以蔀日乘入紀月，滿蔀月得一為積日，不盡為小餘。積日滿六十去之，餘為大餘，命以甲子，筭外，星合月朔日。❷

3 推入月日，以蔀日乘月餘，以其月法乘朔小餘，從之，以四千四百六十五約之，所得滿日度法得一，為入月日，不盡為日餘。以朔命入月日，筭外，星合日也。❸

4 推合度，以周天乘度分，滿日度法得一為積度，不盡為度餘。以斗二十一四分一命度，筭外，星合所在度也。❹

5 一術，加退歲一，以減上元，滿八十除去之，餘以沒數乘之，滿日法得一，為大餘，不盡為小餘。以甲子命大餘，則星合歲天正冬至日也。以周率乘小餘，并度餘，餘滿日度法從度，即至後星合日數也，命以冬至。求後合月，加合積月於入歲月，加月餘於月餘，滿其月法得一，從入歲月。入歲月滿十二去之，有閏計焉，餘命如前，筭外，後合月也。金、水加晨得夕，加夕得晨。

6 求朔日，以大小餘加今所得，其月餘得一月者，又加大餘二十九，小餘四百

九十九，小餘滿蔀月得一，加大餘，大餘命如前。❺

7 求入月日，以入月日日餘加今所得，餘滿日度法得一，從日。其前合月朔小餘滿其虛分者，空加一日。日滿月先去二十九，其後合月朔小餘不滿四百九十九，又減一日，其餘命如前。❻

8 求合度，以積度度餘加今所得，餘滿日度法得一從度，命如前，經斗除如周率矣。❼

【章旨】以上為推算五星合月之日之度的方法。

【注釋】❶推星合月二十句　推星合月，推算五星末合所在月。演解算式從略。❷推朔日九句　推朔日，推算五星合月的朔日干支。演解算式從略。❸推入月日十一句　推入月日，推算五星合於該月的第幾天。演解算式從略。❹推合度七句　推合度，推算太陽與五星末合時所在天度。演解算式從略。❺求朔日八句　求朔日，推算再合所在月的朔日干支。演算從略。❻求入月日十句　求入月日，推算再合入於該月第幾日及干支。❼求合度五句　求合度，推算再合時所在星度。這裡所說「積度、度餘，加今所得，餘滿日度法得一，從度」，「積度、度餘」都是五星參數，是星每合運行的總度數減去周天（或周天的若干倍）以後，剩餘的度數及餘分。「今所得」，為末合以前的積度及餘分。兩者相加就是再合星度。由星度遞減每宿距度，自斗二十一度開始，至某宿不夠減時，便為入某宿度。

【語　譯】推星與日末合之月：以合積月乘積合，為小積。又以月餘乘積合，滿月法得一，加入小餘為積月，不盡為月餘。積月滿紀月去之，餘為入紀之月。又以章閏乘之，滿章月得一，為閏月，不盡為閏餘。以閏減入紀月，其餘以十二去之，餘為入歲月數。從天正十一月起，算外，為星與日合之月。其閏餘滿二二一四以上，至二二三一，為星合閏月。閏月或進或退，以朔來判斷。

2 推算星合日之月的朔日干支：以蔀日乘入紀月，滿蔀月得一，為積日，不盡為小餘。積日滿六十除棄之，餘為大餘，以甲子推，算外，為星合之月朔日干支。

3 推星合之日：以蔀日乘月餘，以月法乘朔小餘，以四四六五除之，滿日度法得一，為入月之日，不盡為日餘。以入月朔日干支，推合日日期。

4 推星日末合時所在天度：以周天乘度分，滿日度法得一，為積度，不盡為度餘。以斗二十一又四分之一度起算，算外，為星合所在度。

5 另一種方法是，加退歲一，以減上元，滿八十除棄之，餘數以沒數相乘，滿日法得一，為大餘，不盡，為小餘。大餘以干支命名，為星與日合之歲的天正冬至日。以周率乘小餘，進為度，滿日度法為度，就是冬至以後星的合日數。求後合月，加合積月於入歲月，加月餘於月餘，滿月法得一，併入歲月。入歲月滿十二去之，以有閏月計算，餘以前法，算外，為後合之月。金星、水星，加晨得夕，加夕得晨。

6 求再合所在月朔日干支：以大小餘加今所得，其月餘得一月的，又加大餘二十九，小餘四九九，小餘滿蔀月得一，加入大餘，大餘如前命名。

7 求再合於該月第幾日及日名干支：以入月日日餘，加今所得，餘滿日度法得一，從日。其前合月朔小餘，滿虛分的，加一日。日滿月，先去二十九，其後合月朔小餘，不滿四九九，又減一日，其餘命名如前。

8 求再合時，行星所在天度：以積度度餘，加今所得，餘滿日度法為一度，命名如前。經斗除如周率。

1 木❶，晨伏，十六日七千三百二十分半，行二度萬三千八百一十一分，在日後十三度有奇，而見東方。見順，日行五十八分度之十一，五十八日行十一度。微遲，日行九分，五十八日行九度。留不行，二十五日。旋逆，日行七分度之一，八十四日退十二度。復留，二十五日。復順，五十八日行九度，又五十八日行十一度，在日前十三度有奇，而夕伏西方。除伏逆，一見三百六十六日，行二十八度。伏復十六日七千三百二十分半，行二度萬三千八百一十一分，而與日合。❷凡一終，三百九十八日有萬四千六百四十一分，行星三十三度與萬三百一十四分，通率日行四千七百二十五分之三百九十八。❸

2 火，晨伏，七十一日二千六百九十四分，行五十五度二千二百五十四分半，在日後十六度有奇，而見東方。見順，日行二十三分度之十四，百八十四日行百一十二度。微遲，日行十二分，九十二日行四十八度。留不行，十一日。旋逆，日行六十二分度之十七，六十二日退十七度。復留，十一日。復順，九十二日，行四十八度，又百八十四日行百一十二度，在日前十六度有奇，而夕伏西方。除伏逆❹，一見六百三十六日，行三百三度。伏復，七十一日二千六百九十四分，行五十五度二千二百五十四分半，而與日合。凡一終，七百七十九日有千八百七十二分，行星四百一十四度與九百九十三分。通率日行千八百七十六分之九百九十七。

3 土，晨伏，十九日千八十一分半，行三度萬四千七百二十五分半，在日後十五度有奇，而見東方。見順，日行四十三分度之三，八十六日行六度。留不行，三十三日。旋逆，日行十七分度之一，百二日退六度。❺復留，三十三日。復順，八十六日，行六度，在日前十五度有奇，而夕伏西方。除伏逆，一見三百四十日，行六度。伏復，十九日千八十一分半，行三度萬四千七百二十五分半，與日合。凡一終，三百七十八日有二千一百六十三分，行星十二度與二萬九千四百五十一分。通率日行九千四百一十五分之三百一十九。

4 金，晨伏，五日，退四度，在日後九度，而見東方。見逆，日行五分度之三，十日，退六度。留不行，八日。旋順，日行四十六分度之三十三，四十六日行三十三度。而疾，日行一度九十一分度之十五，九十一日行百六度。益疾，日行一度二十二分，九十一日行百一十三度，在日後九度，而晨伏東方。除伏逆，一見二百四十六日，行二百四十六度。伏四十一日二百八十一分，行五十度二百八十一分，而與日合。一合二百九十二日二百八十一分，行星如之。

5 金，夕伏，四十一日二百八十一分，行五十度二百八十一分，在日前九度，而見西方。見順，疾，日行一度九十一分度之二十二，九十一日行百一十三度。微遲，日行一度十五分，九十一日行百六度。而益遲，日行四十六分度之三十三，四十六日行三十三度。留不行，八日。旋逆，日行五分度之三，十日退六度，在日前九度，而夕伏西方。除伏逆，一見二百四十六日，行二百四十六度，伏五日，退四度而復合。凡再合一終，五百八十四日有五百六十二分，行星如之。通率日行一度。

6 水，晨伏，九日，退七度，在日後十六度，而見東方。見逆，一日退一度。留不行，二日。旋順，日行九分度之八，九日行八度。而疾，日行一度四分度之一，二十日行二十五度，在日後十六度，而晨伏東方。除伏逆，一見，三十二日，行三十二度，伏十六日四萬四千八百五分，行三十二度四萬四千八百五分，而與日合。一合五十七日有四萬四千八百五分，行星如之。

7 水，夕伏，十六日四萬四千八百五分，行三十二度四萬四千八百五分，在日前十六度，而見西方。見順，疾，日行一度四分度之一，二十日行二十五度。而遲，日行九分度之八，九日行八度。留不行，二日。旋逆，一日退一度，在日前十六度，而夕伏西方。除伏逆，一見三十二日，行三十二度，伏九日，退七度而復合。凡再合一終，百一十五日有四萬一千九百七十八分，行星如之。通率日行一度。

8 步術，以步法伏日度分，加星合日度餘，命之如前，得星見日度也。行分母乘之分，如日度法而一，分不盡如半法以上，亦得一，而日加所行分，滿其母得一度。逆順母不同，以當行之母乘故分，如故母，如一也。留者承前，逆則減之，伏不書度。經斗除如行母，四分具一。其分有損益，前後相放。❻其以赤道命度，進加退減之。其步，以黃道。❼

【章　旨】以上分別詳述木火土金水五大行星相對於太陽位置變化的過程。

【注　釋】❶木　自此，分別詳細描述木火土金水五大行星相對於太陽位置變化的過程。但其前缺漏了求解這一行程的方法或名稱，故初讀之人不甚明白，《三統曆》將其稱為五步，即推算五星相對於太陽各段位置的方法，本處亦當加上這個標題方為醒目。以下給出了行星每合之中，運行變化的具體數據，包括伏、見、順行、留、逆行等每步的行度及時日。行星朝東運動稱順行，朝西稱逆行，順逆間轉折點為留。地球與行星和太陽連線間的夾角稱為距角。距角零度時為合，星與太陽黃經相等，星光為日光所掩。距角為九度時稱方照。一百八十度時為沖。連續兩次經過同一角距的時間為會合週期。由於距日近，地內行星（金水）的距角都不超過某值，但有兩次極大。外行星的距角可從零到三百六十度變化，有一次上合，兩次方照。

❷木晨伏三十句　介紹了木星自合至下次合的一周行程，今用現代算數分段概括如下：

晨伏，經十六日七三二〇・五分，行二度一三八一一分，星在日後十三度餘，見於東方。見後順行。

順行，每日行 $\frac{11}{58}$ 度，經五十八日，行十一度，轉遲行。

遲行，每日行 $\frac{9}{58}$ 度，經五十八日，行九度，停留不行。

留，經二十五日，轉逆行。

逆行，每日行$\frac{1}{7}$度，經八十四日，退十二度，復停留不行。

留，經二十五日，轉順行遲。

順行遲，經五十八日，行九度，轉疾行。

順行疾，經五十八日，行十一度，在日前十三度有奇，夕伏西方。

將以上各步相加，得（不包括晨伏）三六六日，行二十八度。日星會合則星不見，稱為伏。晨合稱為晨伏，夕合稱為夕伏。星合時日月同度，合後而離，但日星近，星仍不見，故木星晨伏後經十六日七三二〇・五分（以日度法一七三〇八為分母），木星行二度一三八一一分（分母也是日度法），因日每天行一度，十六日餘行十六度多，減木星行度，得十三度餘，為日星間相距度數。十三度餘接近半次，日光掩不住星光，此時星在日後，即日在東，星在西，每天早晨日出前，木星見於東方，稱為晨見。

此後，由於日行疾，星行遲，日星之間愈來愈遠。經三六六日，日東行三六六度，星行二十八度，差三八八度，加上初始的十三度餘，日星差三五一度餘。周天三六五・二五度，差十三度餘，日超過星一周天，即差十三度餘，日從背後追及星。此時星在東日在西，相距十三度餘。每天日落後星猶在天，但片刻即沒，故曰夕伏。夕伏後，復經十六日七三二〇・五分，日比星多行十三度餘，日追及星，再次會合。❸凡一終四句　前後二合之間，歷三九八日一四六四一分，星行三十三度一〇三一四分，日行加一周天，平均每天行：$13\frac{10314}{\text{日度法}}$度 ÷ $398\frac{14641}{\text{日度法}}$日 = $\frac{398}{4725}$度／日。故此處說：「通率：日行四千七百二十五分之三百九十八。」❹除伏逆　即伏行日期和逆行日期除外。❺土晨伏十四句　我們已對木星相對於太陽的出沒行度作了詳細介紹，以下火星、土星、金星、水星的行程相似，就不必再作介紹了。有了以上諸多數據，星在任何時日的位置就能確定了。舊本土：「旋逆，日行十七分度之一百二，日退六度」，標點誤，當為「日行十七分度之一，百二日退六度。」今改正。❻步術二十二句　前已介紹了五星在自合至合中一個行程內各個段位的時日和行度。今要推算任何一年中任何月日五星的位置，可先算得最後一合之後，再由合向後推算。步術，即計算五星行步的方法。第一步，按以上所述，推出合時，星所在度分。自合時起算，所求時日距合時，若超過星伏時日（如木星超過十六日餘），則星見。則　星合時度分＋伏時行度分＝星見時度分。　第二步，由星見度分，加見後星行度分，得星在度分。第三步，星見度分，與星順行度分相加，逆行相減，留無加減，加滿分母化分為度。此處說：「行分母乘之分，如日度法而一。分不盡，如半法以上，亦得一。」其中「乘之分」中的分字，舊本斷入下句，今從李銳說改正。其「如半法以上，亦得一」，是四捨五入的意思。其「前後相放」，其中「放」當釋為「仿」。❼以赤道命度四句　五步中的行星度，都是黃道度。若換算為赤道度，可按所附黃赤道度變換表計算。表中所列赤道度後，注有進退度數，由赤道度進加退減便得到黃道度。反之亦然。

【語譯】五星運動的步驟或過程：

1 木星，晨伏十六日七三三〇・五分，計行二度一三八一一分，在日後十三度有奇，而出現於東方。見後順行，日行 $\frac{11}{58}$ 度，五十八日行十一度。慢慢遲行，日行九分，五十八日行九度。停留不行，二十五日。然後開始逆行。日行 $\frac{1}{7}$ 度，八十四日退十二度。又停留不動，二十五日。又順行，五十八日行九度。又五十八日行十一度。在日前十三度多，而夕伏西方。除去伏逆，一見三六六日，行二十八度。伏復十六日七三三〇・五分，行二度一三八一一分，而與日合。凡一終，三九八日一四六四一分，行星三十三度一〇三一四分，通率日行 $\frac{398}{4725}$ 分。

2 火星，晨伏七十一日二六九四分，行五十五度二二五四・五分，在日後十六度多，而見東方。見後順行。日行 $\frac{14}{23}$ 度，一八四日行一一二度。慢慢遲行，日行十二分，九十二日行四十八度。停留不行，計十一日。開始逆行，日行 $\frac{17}{62}$ 度，六十二日退行十七度。復留十一日。復順行，九十二日行四十八度，又一八四日行一一二度，在日前十六度多，而夕伏西方。除去伏逆，一見六三六日，行三〇三度。伏復七十一日二六九四分，行五十五度二二五四・五分，而與日合。凡一終，七七九日一八七二分，行星四一四度九九三分。通率日行

$\frac{997}{1876}$分。

3　土星，晨伏十九日一〇八一・五分，行三度一四七二五・五分，在日後十五度多，而出現於東方。初見時順行，日行$\frac{3}{43}$度，八十六日行六度。停留不行三十三日。然後逆行，日行$\frac{1}{17}$度，一〇二日退六度。再次停留三十三日。再次順行，八十六日行六度，在日前十五度多，而夕伏西方。除去伏逆，一見三四〇日，行六度。再次伏十九日一〇八一・五分，行三度一四七二五・五分，與日合。凡一終，三七八日二一六三分，行星十二度二九四五一分。通率日行$\frac{319}{9415}$分。

4　金星，晨伏五日，退四度，在日後九度，而初見東方。逆行，日行$\frac{3}{5}$度，十日退六度。停留不行八日。然後順行，日行$\frac{33}{46}$度，四十六日行三十三度。然後疾行，日行$1\frac{15}{91}$度，九十一日行一〇六度。更疾行，日行一度二十二分，九十一日行一一三度，在日後九度，而晨伏東方。除去伏逆，一見二四六日，行二四六度。伏四十一日二八一分，行五十度二八一分，而與日合。一合二九二日二八一分，行星相同。

5　金星，夕伏四十一日二八一分，行五十度二八一分，在日前九度，而再見西方。見時順行，速，日行$1\frac{22}{91}$度，九十一日行一一三度。稍慢行，日行一度十五分，九十一日行一〇六度。更慢，日行$\frac{33}{46}$度，四十六日行三十三度。然後停留不行，八日。然後又逆行，日行$\frac{3}{5}$度，十日退六度，在日前九度，而夕伏西方。除去伏逆，一見二四六日，行二四六度，伏五日，退四度而復合。凡再合一終，五八四日有五六二分，行星相同。通率日行一度。

6 水星，晨伏九日，退七度。在日後十六度，而晨見東方。初見時逆行，一日退一度。停留不行二日。然後順行。日行$\frac{8}{9}$度，九日行八度。轉而加速，日行$1\frac{1}{4}$度，二十日行二十五度，在日後十六度，而晨伏東方。除去伏逆，一見，三十二日，行三十二度，伏十六日四四八〇五分，行三十二度四四八〇五分，而與日合。一合五十七日四四八〇五分，恆星間的運行與之相同。

7 水星，夕伏十六日四四八〇五分，行三十二度四四八〇五分，在日前十六度，而初見西方。初見時順行快速，日行$1\frac{1}{4}$度，二十日行二十五度。然後遲行，日行$\frac{8}{9}$度，九日行八度。停留不行，二日。然後逆行，一日退一度，在日前十六度，而夕伏西方。除去伏逆，一見三十二日，行三十二度，伏九日，退七度而復合。凡再合一終，一一五日四一九七八分，恆星間的運行也相同。通率日行一度。

8 具體推步方法，以各星伏日度分，加星合日度餘，用前法，得到星見日度。行分母乘之分，滿日度法得一度。不盡之分，半法以上也以一度計，日加所行分，滿其母得一度。逆順之母不同，以當行之母乘其分，滿母數得一。留時仍用前數，逆行相減，伏不計度。經斗宿時除如行母，四分具一。其分有多少，前後相仿。以赤道度計算時，進加退減。這裡的行步，是沿著黃道的。

月名❶

天正十一月	十二月	正月	二月	三月	四月
冬至	大寒	雨水	春分	穀雨	小滿
五月	六月	七月	八月	九月	十月

夏至　大暑　處暑　秋分　霜降　小雪

【章旨】以上載十二月中氣表。

【注釋】❶月名　自此以下，為後漢《四分曆》的四份附表。此為第一表。表名缺漏，當名之為十二月中氣表。以此作為推算無中氣之月為閏月使用。

【語譯】

附表：

表一、十二月中氣表

月名	中氣
十一月	冬至
十二月	大寒
正月	雨水
二月	春分
三月	穀雨
四月	小滿
五月	夏至
六月	大暑
七月	處暑
八月	秋分
九月	霜降
十月	小雪

斗二十六四分一退二　牛八　女十二進一　虛十進二

危十七進二　室十六進三　壁九進一

北方九十八度四分一

奎十六　婁十二退一　胃十四退一　昴十一退二

畢十六退三　觜二退三　參九退四

西方八十度

井三十三 三退	鬼四	柳十五	星七 一進
張十八 一進	翼十八 二進	軫十七 一進	

南方百一十二度

角十二	亢九 一退	氐十五 二退	房五 三退
心五 三退	尾十八 三退	箕十一 三退	

東方七十五度

右赤道度周天三百六十五度四分一❶

【章旨】以上載二十八宿赤道距度。

【注釋】❶右赤道度周天句　此表當定名為二十八宿赤道距度表。表中所示進退度，是黃赤道度數之差。赤道積度多為進，黃道積度多為退。若注明進某度，減此度當為黃道度；注明退某度，加此度為黃道積度。赤道度下注明退一，它表示的是，自牛前五度開始，到婁宿之間的黃道累積度（九十四度）比赤道累積度（九十三度）多一度，因稱退一。因此，計算入宿度時，不論入婁初還是婁末，都要把赤道度加一得黃道度。

【語譯】

斗二十四四分一　牛七　女十一　虛十
危十六　室十八　壁十
北方九十六度四分一
奎十七　婁十二　胃十五　昴十二
畢十六　觜三　參八

表二、二十八宿赤道距度表

進退	赤道度	二十八宿名	進退	赤道度	二十八宿名
退 3	33	井	退 2	$26\frac{1}{4}$	斗
	4	鬼		8	牛
	15	柳	進 1	12	女
進 1	7	星	進 2	10	虛
進 1	18	張	進 2	17	危
進 2	18	翼	進 3	16	室
進 1	17	軫	進 1	9	壁
南方七宿 112 度			北方七宿 $98\frac{1}{4}$ 度		
	12	角		16	奎
退 1	9	亢	退 1	12	婁
退 2	15	氐	退 1	14	胃
退 3	5	房	退 2	11	昴
退 3	5	心	退 3	16	畢
退 3	18	尾	退 3	2	觜
退 3	11	箕	退 4	9	參
東方七宿 75 度			西方七宿 80 度		

西方八十三度

井三十　鬼四　柳十四　星七

張十七　翼十九　軫十八

南方百九度

角十三　亢十　氐十六　房五

心五　尾十八　箕十

東方七十七度

右黃道度三百六十五四分一❶

【章旨】以上載二十八宿黃道距度。

【注釋】❶右黃道度句　此表可名之為二十八宿黃道距度表。由黃道度求赤道度，可反用前表進退數，故此表不再注進退數。

【語譯】

表三、二十八宿黃道距度表

黃道度	二十八宿名	黃道度	二十八宿名
30	井	$24\frac{1}{4}$	斗
4	鬼	7	牛
14	柳	11	女
7	星	10	虛
17	張	16	危
19	翼	18	室
18	軫	10	壁
南方七宿 109 度		北方七宿 $96\frac{1}{4}$ 度	
13	角	17	奎
10	亢	12	婁
16	氐	15	胃
5	房	12	昴
5	心	16	畢
18	尾	3	觜
10	箕	8	參
東方七宿 77 度		西方七宿 83 度	

黃道去極，日景之生，據儀、表也。❶漏刻之生，以去極遠近差乘節氣之差。如遠近而差一刻，以相增損。❷昏明之生，以天度乘晝漏，夜漏減之，二百而一，為定度。以減天度，餘為明；加定度一為昏。❸其餘四之，如法為少。二為半，三為太，不盡，三之，如法為強，餘半法以上以成強。強三為少，少四為度，其強二為少弱也。又以日度餘為少強，而各加焉。❹

【章　旨】以上載二十四節氣昏旦時刻的算法。

【注　釋】❶黃道去極三句　這三句是說，黃道距北極的距離，是用渾儀測量的，太陽的影長，是依據圭表測出的。❷漏刻

之生四句　王文耀注引李銳說：其文似應為：「漏刻之生，以前後節氣去極遠近差，乘二至漏刻差，如二至去極遠近差而得一刻，以相增損。」以李氏所論此法推算，與表中所列晝夜漏刻之數無不相符。❸昏明之生八句　昏旦中星所在度的算法，以公式表示如下：

$$旦中星度 = 周天度 - \frac{周天度 \times 晝漏 - 夜漏}{200}。$$

$$昏中星度 = \frac{周天度 \times 晝漏 - 夜漏}{200} + 1。$$

❹其餘四之十三句　是說以上求得的昏旦中星和日所在，精確到度，度以下分秒不具，只用強弱等表示約數。分割方法是，如圖所示，以 AB 之長為一度，劃分為十二分。具體劃分方法是先分成四分，以少半太名之。每分再分為三小分，以強弱名之。

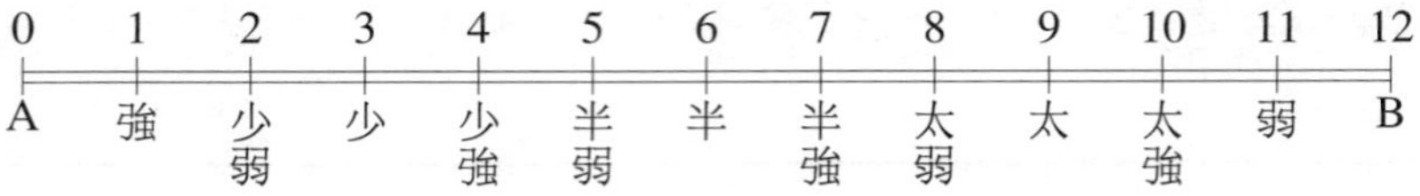

十二小分約數圖

【語　譯】太陽在黃道上運行，它距離北極的遠近，由渾儀測定。而二十四氣的太陽位置，測定後可用入宿度和去極度表示。同時可以測得二十四氣日中日影之數。漏刻數的產生，以二十四氣去極遠近差，乘節氣之差，如遠近而差一刻，以相增減。昏明時刻的產生，以天度乘晝漏，夜漏減之，以二百除之，為定度。以減天度，餘為明；加定度一，為昏。其餘四之，一為少，二為半，三為太。不盡，再以三分，以次為強、少弱、少、少強、半弱、半、半強、太弱、太、太強、弱。各以其數與度相加。

二十四氣	日所在	黃道去極	晷景	晝漏刻	夜漏刻	昏中星	旦中星
冬至	斗二十一度八分退二	百一十五度	丈三尺	四十五	五十五	奎六弱	亢二少強退一
小寒	女二度七分進一	百一十三強	丈二尺三寸	四十五八分	五十四二分	婁六半強退一	氐七少弱退二
大寒	虛五度十四分進二	百一十大弱	丈一尺	四十六八分	五十三八分	胃十一半強退一	心半退三
立春	危十度二十一分進二	百六少強	九尺六寸	四十八六分	五十一四分	畢五少弱退三	尾七半弱退三
雨水	室八度二十八分進三	百一強	七尺九寸五分	五十八分	四十九二分	參六半弱退四	箕大弱退三
驚蟄	壁八度三分進一	九十五強	六尺五寸	五十三三分	四十六七分	井十七少弱退三	斗少退二
春分	奎十四度十分	八十九強	五尺二寸五分	五十五八分	四十四二分	鬼四	斗十一弱退二
清明	胃一度十七分退一	八十三少弱	四尺一寸五分	五十八三分	四十一七分	星四大進一	斗二十一半退二
穀雨	昴二度二十四分退二	七十七大強	三尺二寸	六十五分	三十九五分	張十七進一	牛六半
立夏	畢六度三十一分退三	七十三少弱	二尺五寸二分	六十二四分	三十七六分	翼十七大進二	女十少進一
小滿	參四度六分退四	六十九大弱	尺九寸八分	六十三九分	三十六一分	角大弱	危大弱進二
芒種	井十度十三分退三	六十七少弱	尺六寸八分	六十四九分	三十五一分	亢五大退一	危十四強進二
夏至	井二十五度二十分退三	六十七強	尺五寸	六十五	三十五	氐十二少弱退二	室十二少弱進三
小暑	柳三度二十七分	六十七大強	尺七寸	六十四七分	三十五三分	尾一大強退三	奎二大強
大暑	星四度二分進一	七十	二尺	六十三八分	三十六二分	尾十五半弱退三	婁三大退一

立秋	張十二度九分進一	七十三半強	二尺五寸五分	六十二三分	三十七七分	箕九大強退三	胃九大弱退一
處暑	翼九度十六分進二	七十八半強	三尺三寸三分	六十二分	三十九八分	斗十少退二	畢三大退三
白露	軫六度二十三分進一	八十四少強	四尺三寸五分	五十七八分	四十二二分	斗二十一強退二	參五半弱退四
秋分	角四度三十分	九十半強	五尺五寸	五十五二分	四十四八分	牛五少	井十六少強退三
寒露	亢八度五分退一	九十六大強	六尺八寸五分	五十二六分	四十七四分	女七大進一	鬼三少強
霜降	氐十四度十二分退二	百二少強	八尺四寸	五十三分	四十九七分	虛六大進二	星三大強進一
立冬	尾四度十九分退三	百七少強	丈	四十八二分	五十一八分	危八強進二	張十五大強進一
小雪	箕一度二十六分退三	百一十一弱	丈一尺四寸	四十六七分	五十三三分	室三半強進三	翼十五大強進二
大雪	斗六度一分退二	百一十三大強	丈二尺五寸六分	四十五五分	五十四五分	壁半強進一	軫十五弱進一❶

【章　旨】此為二十四節氣日度、去極、晷影、漏刻、昏旦中星表。

【注　釋】❶軫十五弱進一　上表可稱之為「二十四氣日躔黃道去極晷影漏刻中星表」，簡稱為「二十四氣數值表」，此表有很多實際用處。如觀昏旦中星可以知季節，由季節可以確定使用漏刻的箭號等。劉洪濤指出，表中日所在欄，其實並非實測，而是推算出來的。如冬至日在斗 21°8′，每度 32′，日每天行 1°，每氣行 15°7′，冬至後，每氣加此數，可得該氣日所在。表中尾數之強弱數，據陳美東、張培瑜等人研究，當有少許修正，特此注明。

【語　譯】

表四、二十四節氣日度、去極、晷影、漏刻、昏旦中星表

二十四氣	日所在	黃道去極	晷影	晝漏刻	夜漏刻	昏中星	旦中星
冬至	斗 21°8′ 退 2	115°	1 丈 3 尺	45 刻	55 刻	奎 6° 弱	亢 2° 少強 退 1
小寒	女 2°7′ 進 1	113° 強	1 丈 2 尺 3 寸	45 刻 8 分	54 刻 2 分	婁 6° 半強 退 1	氐 7° 少弱 退 2
大寒	虛 5°14′ 進 2	110° 太弱	1 丈 1 尺	46 刻 8 分	53 刻 8 分	胃 11° 半強 退 1	心半度 退 3
立春	危 10°21′ 進 2	106° 少強	9 尺 6 寸	48 刻 6 分	51 刻 4 分	畢 5° 少弱 退 3	尾 7° 半弱 退 3
雨水	室 8°28′ 進 3	101° 強	7 尺 9 寸 5 分	50 刻 8 分	49 刻 2 分	參 6° 半弱 退 4	箕太弱 退 3
驚蟄	壁 8°3′ 進 1	95° 強	6 尺 5 寸	53 刻 3 分	46 刻 7 分	井 17° 少弱 退 3	斗少 退 2
春分	奎 14°10′	89° 強	5 尺 2 寸 5 分	55 刻 8 分	44 刻 2 分	鬼 4°	斗 11° 弱 退 2
清明	胃 1°17′ 退 1	83° 少弱	4 尺 1 寸 5 分	58 刻 3 分	41 刻 7 分	星 4° 太 進 1	斗 21° 半 退 2
穀雨	昴 2°24′ 退 2	77° 太強	3 尺 2 寸	60 刻 5 分	39 刻 5 分	張 17° 進 1	牛 6° 半
立夏	畢 6°31′ 退 3	73° 少弱	2 尺 5 寸 2 分	62 刻 4 分	37 刻 6 分	翼 17° 太 進 2	女 10° 少 進 1
小滿	參 4°6′ 退 4	69° 太弱	1 尺 9 寸 8 分	63 刻 9 分	36 刻 1 分	角太弱	危太弱 進 2
芒種	井 10°13′ 退 3	67° 少弱	1 尺 6 寸 8 分	64 刻 9 分	35 刻 1 分	亢 5° 太 退 1	危 14° 強 進 2
夏至	井 25°20′ 退 3	67° 強	1 尺 5 寸	65 刻	35 刻	氐 12° 少弱 退 2	室 12° 少弱 進 3
小暑	柳 3°27′	67° 太強	1 尺 7 寸	64 刻 7 分	35 刻 3 分	尾 1° 太強 退 3	奎 2° 太強
大暑	星 4°2′ 進 1	70°	2 尺	63 刻 8 分	36 刻 2 分	尾 15° 半弱 退 3	婁 3° 太 退 1
立秋	張 12°9′ 進 1	73° 半強	2 尺 5 寸 5 分	62 刻 3 分	37 刻 7 分	箕 9° 太強 退 3	胃 9° 太弱 退 1
處暑	翼 9°16′ 進 2	78° 半強	3 尺 3 寸 3 分	60 刻 2 分	39 刻 8 分	斗 10° 少 退 2	畢 3° 太 退 3
白露	軫 6°23′ 進 1	84° 少強	4 尺 3 寸 5 分	57 刻 8 分	42 刻 2 分	斗 21° 強 退 2	參 5° 半弱 退 4

秋分	角 4°30′	90° 半強	5 尺 5 寸	55 刻 2 分	44 刻 8 分	牛 5° 少	井 16° 少強 退 3
寒露	亢 8°5′ 退 1	96° 太強	6 尺 8 寸 5 分	52 刻 6 分	47 刻 4 分	女 7° 太 進 1	鬼 3° 少強
霜降	氐 14°12′ 退 2	102° 少強	8 尺 4 寸	50 刻 3 分	49 刻 7 分	虛 6° 太 進 2	星 3° 太強 進 1
立冬	尾 4°19′ 退 3	107° 少強	1 丈	48 刻 2 分	51 刻 8 分	危 8° 強 進 2	張 15° 太強 進 1
小雪	箕 1°26′ 退 3	111° 弱	1 丈 1 尺 4 寸	46 刻 7 分	53 刻 3 分	室 3° 半強 進 3	翼 15° 太強 進 2
大雪	斗 6°1′ 退 2	113° 太強	1 丈 2 尺 5 寸 6 分	45 刻 5 分	54 刻 5 分	壁半強 進 1	軫 15° 弱 進 1

1 中星以日所在為正❶，日行四歲乃終，置所求年二十四氣小餘四之，如法為少二，為半，三，為大，餘不盡，三之，如法為強、弱，以減節氣昏明中星，而各定矣。強，正；弱，負也。其強弱相減，同名相去，異名從之。從強進少為弱，從弱退少而強❷。從上元太歲在庚辰以來，盡熹平三年，歲在甲寅，積九千四百五十五歲也。❸

2 論曰：易有太極，是生兩儀。兩儀之分尚矣，乃有皇犧。皇犧之有天下也，未有書計。歷載彌久，暨於黃帝，班示文章，重黎記註，象應著名，始終相驗，準度追元，乃立曆數。天難諶斯❹，是以五、三迄于來今，各有改作，不通用。故黃帝造曆，元起辛卯，而顓頊用乙卯，虞用戊午，夏用丙寅，殷用甲寅，周用丁巳，魯用庚子。❺漢興承秦，初用乙卯，至武帝元封，不與天合，乃會術士作太初曆，元以丁丑。王莽之際，劉歆作三統，追太初前卅一元，得五星會庚戌之歲，以為上元。太初曆到章帝元和，旋復疏闊，徵能術者課校諸曆，定朔稽元，追漢四十五年庚辰之歲，追朔一日❻，乃與天合，以為四分曆元。加六百五元一紀，上得庚申。有近於緯，而歲不攝提。以辨曆者得開其說，而其元尠與緯同，同則或不得於天。然曆之興廢，以疏密課，固不主於元。光和元年中，議郎蔡邕、郎中劉洪補續律曆志，邕能著文，清濁鍾律，洪能為筭，述敘三光。今考論其業，義指博通，術數略舉，是以集錄為上下篇，放續前志，以備一家。❼

3 贊曰：象因物生，數本杪曶。律均前起，準調後發。該覈衡旋，檢會日月。❽

【章旨】以上是作者論述後漢歷法後所作歸納和小結，亦有文獻來源的交代和評論。

【注釋】❶中星以日所在為正　中星以太陽的位置為依據。這是因為所謂昏旦中星，是以初昏或黎明時為據，均為以南中之星確定日所在之用。❷日行四歲二十句　此處仍以一度分割成十二小分，以少半太配強弱計度之多少，前用於昏明度，此處用於二十四氣日所在度。❸從上元太歲在庚辰四句　王文耀指出，《四分曆》以漢文帝後元三年庚辰歲（西元前一六一年）為曆元，諸家無異辭。至於以何年為上元，則先後有兩種說法，其一是以《春秋》獲麟之前二百七十六萬歲的庚申歲為上元，其二是以漢文帝後元三年以前九千一百二十歲的庚辰歲為上元。本篇中卷所記先後數次關於曆法問題的爭論，多半是圍繞著庚申元和甲寅元的是非展開的，雙方均未提及還有一個上元庚辰。但是本篇下卷詳述《四分曆》算法時，卻又只以庚辰為上元，根本不提庚申了。這是一個明顯的矛盾。由於蔡邕是庚申元的辯護人，放棄庚申元採用庚辰元不可能是蔡邕的原意。故這一點無疑是反映了劉洪的見解。清人錢大昕說：「《四分術》以章帝元和二年施行，在熹平甲寅前九十年。此算積年乃及熹平者，蓋劉洪撰記時附益之。」以上元庚辰作為推算月蝕、五星運動的共同起點，大概正是由劉洪此書開始的。❹諶斯　對其測量。❺故黃帝造曆八句　以上所及諸曆，除通常所說的古六曆外，又多了一個「虞用戊午」。關於虞曆，沒有任何資料可鑑。❻追朔一日　按後漢《四分曆》推算平朔時刻，比以《太初曆》算得的平朔時刻，提前約四分之三日。因此，用《四分》之後，大部曆月朔日，都會比《太初曆》提前一日。追，猶退。追朔一日，是說將朔日退後一天。❼光和元年中十二句　這裡記述了蔡邕與劉洪在撰寫〈律曆志〉的專長和分工。上卷稱補，下卷稱續，是有區別的。由於《漢書・律曆志》只載劉歆論曆，只講十二律不講六十律，所以蔡邕採錄京房所著作為上卷，作為劉歆論曆的補充。由於京房生於劉歆之前，故稱補。而劉洪撰於《四分》行用之後，故稱續。❽贊曰七句　這是司馬彪《續漢書》為〈律曆志〉寫的結語。〈律曆志〉實際由三部分組成，上卷由蔡邕補寫律準，下卷由劉洪續寫算數，中卷為東漢各朝曆議資料彙編。其最後的「贊曰」，前八字贊劉洪，中八字贊蔡邕，後八字贊檢測。

【語　譯】昏旦中星，是由太陽的位置決定的。太陽正位於相應的昏旦中星正中間。日行四歲乃回到原處。置所求年二十四氣小餘四之，如法1為少，二為半，三為太。餘不盡，以三分為強弱，用以減節氣昏明中星，由此中星之度確定。強，為正，為多，弱為負，為少。強弱相減，同名相去，異名相隨。從強進少為弱，從弱退少為強。從上元太歲在庚辰以來，到熹平三年，歲在甲寅，積九四五五歲。

2　史家評論說：《周易》有太極，是生兩儀。兩儀的分剖就早了。然後有伏羲。伏羲治理天下之時，尚未有文字記載。又過了很久，到黃帝時代，有了文字，重黎觀測記載天象，起始與終止相應驗，於是準度追元，產生了曆數。天象難測，自三皇五帝以來，各有改革，各不通用。所以，黃帝造曆，元用辛卯，顓頊之曆用乙卯，虞曆用戊午，夏曆用丙寅，殷曆用甲寅，周曆用丁巳，魯曆用庚子。漢興繼用秦曆，用乙卯為元，至武帝元封年間，曆法推算不與天象相合，才會同術士，共商作《太初曆》。元以丁丑。行用到王莽時代，劉歆創《三統》之說，追《太初》以前卅一元，得五星聚會於庚戌之歲，以為上元。《太初曆》行用到東漢章帝元和年間，又發生疏闊，便徵詔能術之士，比測各種曆法，推定合朔時刻，確定曆元，定漢以後四十五歲庚辰，以朔提前一天，才與天合，由此作為《四分曆》之曆元。又加六百五元一紀，上得庚申。這個曆元與緯書相近，但不與攝提合。辨曆人開導其說，其元又與緯書不同。如果相同，又不合於天。然而曆法的興廢，以合於天象為標準，並不決定於曆元。光和元年中，議郎蔡邕、郎中劉洪，續補〈律曆志〉。邕善著文，講述清濁鍾律之事，劉洪善推步曆算，敘述三光之行。今天考論他們的工作，通其含義，引載其曆數，集錄為上下篇，仿續〈前志〉，以備一家之言。

3　史官評議說：天象是由於有物而產生行度，其數來源於秒忽。律均起始於前，音準調和於後。復用衡璣，檢驗日月行度是否相合。

【研　析】本〈律曆志〉的中卷記事甚豐，以下有二點特別值得進一步詳述。

第一，賈逵在東漢和帝永元年間的論曆，是一份重要的曆法文獻，涉及的內容有：古曆有冬至日在牽牛初度和日在建星之說。太史令玄等人，曾自順帝元和二年至永元元年的五年期間進行測量，均得到冬至日，太陽在斗宿二十一度四分度之一的結果。自此之後，人們才不再重複說冬至日在牽牛初度。其次，人們曾經分別以《太初曆》和《四分曆》，考察西漢初年至太初元年，太初元年至西漢末，東漢初年至永元元年的日蝕日期，得到的結果是，太初以前《四分曆》得晦日多，誤差大。由此看來，「《太初曆》不能下通於今，新曆不能上得漢元。一家曆法必在三百年之間。」故讖文曰：「三百年斗曆改憲。」以往史官均以赤道測量弦望時的日月行度，所得結果差至一日以上，但之後傅安等人，用黃道來度量，所得結果就比較接近。所以賈逵建議製造黃道儀測量天運。至和帝永元十四年，朝廷終於下詔製造了一架太史黃道銅儀。儀器造成之後，因難以測候，仍很少使用。賈逵還指出，以往史官推合朔、弦望和月蝕加時，大多不準確，考其原因，在於不懂得月亮的運動有遲有疾。這是由於月亮的行道，有遠近出入產生的，其週期是最遠點一個月移動三度，九年移動一周。故用《九道法》可以準確地推算合朔、弦望、月蝕加時。故學會和懂得推算月亮的迅速運動，是東漢天文學的最大進步。

第二，和帝永元十四年待詔太史霍融的奏文，指出原史官漏刻，以九日增一刻，不與天合。太史令舒、承等奏，光武帝建武年間，曾使用以太陽南北移動一度增減一刻，和帝批准了這種辦法，行四十八箭法。安帝延光二年，亶誦奏議用甲寅元，梁豐則認為應恢復使用《太初曆》。靈帝熹平四年，馮光、陳晃上書要求改用甲寅元，交群臣會議付論。蔡邕批駁說：「光晃以為陰陽不和，奸臣盜賊，皆元之咎，誠非其理。」以科學的道理，駁斥了社會不安定是由於曆元不正的謬論。當時《太初曆》已發明有推算預報月蝕的方法，但是還不準確。和帝永元元年，《四分曆》推該年八月月蝕，但實際上發生在閏七月。永元二年，因宗紺準確地預報了二月十六日的月蝕，而當上了待詔。並被批准用宗紺預報月蝕。一直用到質帝本初元年，發現預報始差。靈帝熹平三年，劉洪作《七曜術》，其中含有推月蝕法。與此同時，太史部郎中劉固作《月食術》，舍人馮恂也以五千六百四十月有九百六十一蝕為週期，制定了自己的推算方法，開始了預報月蝕方法的爭論。熹平四年，宗紺之孫宗誠，改進了宗紺的方法，上報進獻。這些史實，都證實了東漢的交蝕知識，在不斷爭論和鬥爭中取得進步。（陳久金注譯）

志第四

禮儀上

合朔　立春　五供　上陵　冠　夕牲　耕　高禖　養老　先蠶　祓禊

【題解】《後漢書·禮儀志》共三卷。〈禮儀上〉講述合朔、立春、五供、上陵、冠、夕牲、耕、高禖、養老、先蠶、祓禊十一類禮儀措施。在介紹每一類禮儀措施時，作者著重介紹了行禮的程式及各類官員的服飾。從中我們可以看出漢代「不逾矩」、「不僭越」的重禮風尚。上自天子，下至庶民，都嚴格按照禮的要求舉行各種祭祀活動，文中內容對此都有所反映。

〈禮儀中〉按照夏、秋、冬三個季節的順序，依次介紹了立夏、請雨、拜皇太子、拜王公、桃印、黃郊、立秋、貙劉、案戶、祠星、立冬、冬至、臘、大儺、土牛、遣衛士、朝會等十七類禮儀。在這十七類禮儀中既有事關朝政大典的拜皇太子、拜王公、貙劉、案戶、遣衛士、朝會等政治禮儀，也包含立夏、立秋、立冬時節所要舉行的請雨、祠星、大儺等民俗禮儀。上述禮儀反映了後漢時期的政治哲學與民俗民風。

〈禮儀下〉講述帝后大喪，諸侯王、列侯、始封貴人、公主死後有關殮殯送喪的禮儀細節。其中尤其詳記了皇帝喪禮的隆重場面，作為高高在上的皇帝，他死後也要受到百官及庶民最高禮節的拜祭。無論是喪禮前的準備、善後工作，還是發喪之日榮耀無比的送葬隊伍、極盡奢靡之能事的各類陪葬器物，以及葬儀結束後仍然要進行的繁文縟節，都是這種要求的體現。為了凸顯皇帝無與倫比的至尊地位，對太皇太后、皇后、公主、貴人、諸侯王等人葬禮的介紹則要簡短得多，這也是漢代皇帝至上的有力證據。

夫威儀，所以與❶君臣，序六親❷也。若君亡君之威，臣亡臣之儀，上替下陵❸，此謂大亂。大亂作❹，則群生受其殃，可不慎哉！故記施行威儀，以為禮儀志。

【章旨】開篇之首，作者司馬彪敘述將自己關於施行各項禮儀的記載定名為〈禮儀志〉的理由，即「與君臣，序六親」。

【注釋】❶與　交往。《韓非子》：「君臣之相與也，非有父子之親也。」❷六親　指父、母、兄、弟、妻、子。亦稱為六姻。《北史·楊椿傳》：「故六姻朋友無慽焉。」❸上替下陵　亦作「下陵上替」。指在上者廢弛無所作為，在下者凌駕於上，上下失序，綱紀廢墜。替，鬆懈；怠惰。陵，凌駕。❹作　發生；表現出。

【語譯】莊嚴的禮儀是用來規範君臣相處之道、六親尊卑倫序的。如果君主沒有君主的尊嚴，臣子沒有臣子的禮節，在上者軟弱無力，在下者凌上冒犯，這就叫作大亂。大亂一發生，民眾便會受害遭殃，怎可不謹慎對待呢！所以特地記錄下漢代施行的禮儀，編為〈禮儀志〉。

禮威儀，每月朔旦❶，太史❷上其月曆，有司❸、侍郎❹、尚書❺見讀其令，奉行其政。朔前後各二日，皆牽羊酒❻至社❼下以祭日。日有變，割羊以祠❽社，用救日變。執事❾者冠長冠，衣皁❿單衣，絳領袖緣中衣，絳袴袜，以行禮，如故事⓫。

【章　旨】以上介紹「合朔」，於農曆每月初一早晨，有關部門官吏施行相關禮儀的過程。從文中內容來看，主要是針對太陽天象變化情況而舉行的祭祀活動。

【注　釋】❶朔旦　初一早晨。❷太史　官名。西周、春秋、戰國時太史掌起草文書、策命諸侯卿大夫，記載史事，編寫史書，兼管國家典籍、天文曆法、祭祀諸事。秦漢設太史令，屬太常。❸有司　官吏和官署的泛稱。古代設官分職，各有專司，故稱。❹侍郎　官名。皇帝侍從官，西漢武帝或以後置，為郎官之一，隸光祿勳，宿衛宮禁，侍奉皇帝。亦供尚書、黃門等官署差遣。東漢五官，左、右中郎將署皆置，名義上備宿衛，實為後備官，秩比四百石。❺尚書　官名。戰國秦、齊等國始置，亦稱掌書，均為管理文書的小吏。秦代由少府遣吏四人，在宮中收發文書，稱尚書，地位甚輕。設令、僕射、丞以主之。西漢初因之。自武帝至成帝初，置四員分曹治事，領諸郎，掌管機要，職權漸重，為中朝重要宮官。東漢尚書臺分六曹，各置尚書，秩六百石，位在令、僕射下，丞、郎上。與令、僕射合稱「八座」，重大議案八人聯署，有不同意見可建異議。身兼宮官朝官雙重身分，既掌納奏擬詔出令，又可向公卿等行政機構直接下達政令，秩位雖輕，職權頗重。從此三公權力大為削弱。❻羊酒　羊和酒。亦泛指賞賜或饋贈的物品。《漢書・昭帝紀》：「令郡縣常以正月賜羊酒。」❼社　土地廟。《列子・周穆王》：「指社曰：『此若里之社。』乃喟然而歎。」❽祠　祭祀。《周禮・春官・小宗伯》：「大災，及執事禱祠于上下神示。」❾執事　擔任工作；從事勞役。❿皁　即「皂」。黑色。⓫故事　先例；舊日的典章制度。《漢書・劉向傳》：「宣帝循武帝故事，招選名儒俊材置左右。」

【語　譯】按照制定禮節威儀的原則：農曆每月初一早晨，太史要將預先制定的本月曆書獻上，然後有關部門、侍郎和尚書閱讀曆書的具體條例、貫徹執行有關政策。在初一及其前後各兩天的五天時間內，人們各自牽羊提酒到所屬社祭祀太陽。若逢日蝕、日冠一類天象變化，便宰羊以血祭社神，用以挽救天象預示的災變。祭祀的時候，參與的人員都要戴上特製的高帽，身穿黑色單衣，內衣的衣領袖口為深紅色，褲襪也為深紅色，然後行禮如儀，一如舊日慣例。

立春之日，夜漏❶未盡五刻，京師百官皆衣青衣，郡國❷縣道官下至斗食❸令史皆服青幘❹，立青幡❺，施土牛耕人于門外，以示兆民❻，至立夏。唯武官不。

立春之日，下寬大書曰：「制詔❼三公：方春東作，敬始慎微，動作從之。罪非殊死❽，且勿案驗❾，皆須麥秋❿。退貪殘，進柔良，下當用者，如故事。」

【章旨】以上對立春這天舉行的施禮活動進行了介紹，對京師、郡國、縣、道各級官員的服飾及施禮行為作了描述，還列出皇帝所下寬大詔書的內容。

【注釋】❶夜漏　夜晚的時間。漏，漏壺。古代計時的器具。❷郡國　漢代地方行政區劃，郡和所分封的諸侯國。❸斗食　古代職位較低的官吏。《戰國策·秦策》：「其令邑中至斗食以上，至尉內史，及王左右，有非相國之人者乎？」❹幘　頭巾。❺幡　同「旛」。直掛的長條形旗子。《漢書·鮑宣傳》：「興幡太學下。」❻兆民　民眾。《史記·樂書》：「凡王者作樂，上以承祖宗，下以化兆民。」❼制詔　帝王的命令。《史記·秦始皇本紀》：「命為制，令為詔。」❽殊死　古代的一種死刑，即斬首。《莊子·在宥》：「今世殊死者相枕也。」❾案驗　考察，查明情況，以定其罪。《漢書·息夫躬傳》：「上惡之，下有司案驗。」❿麥秋　農曆四月麥子成熟的時候。

【語譯】立春這天，夜漏未盡五刻之時，京師百官都要穿上青色衣服，郡、國、縣、道官員直至官位極低的斗食、令史，都要戴上青色頭巾，豎起青色旗幡，在門首陳設用泥土塑成的耕牛、耕人，以曉告兆民百姓，準備春耕。這種穿戴擺設要一直持續到立夏。只有現任武官不行「立春」禮儀。立春這天，皇帝還要頒下赦書，說：「特命詔告三公：現值春耕時節，務必恭敬小心，各種政事活動要以農事為主。罪犯不至判處斬刑的，暫且不要查究，等麥秋以後再做處理。貶退貪官暴吏，擢用馴謹良善，下層人員應當起用的，一如舊日慣例。」

正月上丁❶，祠南郊。禮畢，次北郊、明堂❷、高廟❸、世祖廟，謂之五供❹。五供畢，以次上陵❺。

西都❻舊有上陵。東都❼之儀，百官、四姓❽親家❾婦女、公主、諸王大夫❿、外國朝者侍子⓫、郡國計吏⓬會陵。晝漏⓭上水⓮，大鴻臚⓯設九賓，隨立寢殿前。鍾鳴，謁者⓰治禮⓱引客，群臣就位如儀。乘輿⓲自東廂下，太常⓳導出，西向拜，折旋升阼階⓴，拜神坐㉑。退坐東廂，西向。侍中㉒、尚書、陛者㉓皆神坐後。公卿㉔群臣謁神坐，太官㉕上食㉖，太常樂奏食舉㉗，舞文始、五行之舞。樂闋㉘，群臣受賜食畢，郡國上計吏以次前，當神軒㉙占㉚其郡國穀價，民所疾苦，欲神知其動靜。孝子事親盡禮，敬愛之心也。周徧如禮。最後親陵，遣計吏，賜之帶佩。八月飲酎㉛，上陵，禮亦如之。

【章　旨】本段較為詳細地介紹了「上陵」禮儀。需要關注的是施禮時各級官員嚴格按照既定程式排位、拜祭，體現出東漢階級森嚴的社會現象。在拜祭先帝的儀式中，也有繼位者問訊各郡國政務的內容，這表明實行「上陵」禮儀也是為皇帝施政服務的。

【注釋】❶上丁　農曆每月上旬的丁日。❷明堂　古代帝王宣明政教的地方。凡朝會、祭祀、慶賞、選士、養老、教學等大典，都在此舉行。《孟子・梁惠王下》：「夫明堂，都王者之堂也。」❸高廟　指宗廟，亦可指高祖廟。❹五供　猶五祭。漢時指南郊、北郊、明堂、高祖廟和世祖廟。❺上陵　帝王到祖先陵墓進行祭祀。本書卷十上〈皇后紀上・光烈陰皇后〉：「明旦日吉，遂率百官及故客上陵。」❻西都　東漢都洛陽，因稱西漢舊都長安為西都。❼東都　東漢都洛陽，在西漢舊都長安之東，故稱東都。❽四姓　指四個姓氏。自漢以來，歷代多有以四個名門貴族的姓氏合稱為四姓的。如東漢明帝時外戚有樊、郭、陰、馬四姓。❾親家　此處指親戚之家。本書卷十上〈皇后紀上・光武郭皇后〉：「帝數幸其第，會公卿諸侯親家飲燕，賞賜金錢縑帛，豐盛莫比。」❿大夫　古職官名。周代在國君之下有卿、大夫、士三等；各又分為上、中、下三級。後因以大夫為任官之稱。亦指爵位名。如秦漢分爵位為公士、上造等二十級，其中大夫居第五級。⓫侍子　古代屬國之王或諸侯遣子入朝陪侍天子，學習文化，所遣之子稱侍子。⓬計吏　古代州郡掌簿籍並負責上報政事的官員。⓭晝漏　白天的時間。漏，古代計時的器具。⓮上水　給晝漏壺添滿水，以使其準確報時。⓯鴻臚　官署名。《周禮》官名有大行人之職，秦及漢初稱典客，景帝六年，更名大行令，武帝太初元年，改稱大鴻臚，主掌接待賓客之事。東漢以後，大鴻臚主要職掌為朝祭禮儀之贊導。⓰謁者　官名。始置於春秋戰國時，秦漢因之掌賓贊受事，即為天子傳達。⓱治禮　司禮。⓲乘輿　天子乘坐的車子。亦借指天子。⓳太常　官名。秦置奉常，漢景帝六年更名太常，掌宗廟禮儀，兼掌選試博士。歷代因之，則為專掌祭祀禮樂之官。⓴阼階　東階。《新書・禮》：「禮，天子適諸侯之宮，諸侯不敢自阼階。阼階，都主之階也。」㉑神坐　神主牌位。亦指神像坐位。㉒侍中　古代職官名。秦始置，兩漢沿置，為正規官職外的加官之一。因侍從皇帝左右，出入宮廷，與聞朝政，逐漸變為親信貴重之職。㉓陛者　執兵杖侍立於陛側的警衛。㉔公卿　三公九卿的簡稱。㉕太官　官名。秦有太官令、丞，屬少府。兩漢因之。掌皇帝膳食及燕享之事。㉖上食　獻食。《史記・魏其武安侯列傳》：「(漢武帝)即罷趙入，上食太后……」。㉗樂奏食舉　即「奏樂舉食」。㉘樂闋　音樂停止。闋，止息；終了。㉙神軒　神位。㉚占　自報。㉛飲酎　飲酒。《楚辭・招魂》：「飲酎盡歡，樂先故些。」

【語　譯】正月上旬逢「丁」日這天，要去京師南郊祭天。祭祀完畢，還要依次前往北郊、明堂、高祖廟、世祖廟供獻禮品致祭，號為「五供」。五供完畢，再依次上高祖、世祖和其他先帝陵園祭祀。

西都長安舊時有「上陵」的禮儀。東都洛陽所行的禮儀是，朝廷百官、外戚四姓和宗親婦女、公主、諸親王府官吏、外國使臣及諸侯王所派遣的侍子、郡國派來的計吏都要集中到指定的陵園，晝漏銅壺上滿水，主管禮儀的大鴻臚排定九賓次序，參祭者根據等級次序相應站立於已故皇帝寢殿之前。鐘聲一響，引領賓客謁者主持禮儀群臣按照規定各就各位。皇帝從東廂房邊下車，由主管祭典禮儀的太常引導出來，面向西面九賓作揖拜謝，再折而轉身登上東階，叩拜先帝神主牌位。拜畢，退回東廂，面西而坐。接著，侍中、尚書、陛者都退到神坐後面，公卿百官依次謁拜神坐。然後，太官向神坐獻上餚饌酒飯，這時，太常所屬樂隊開始演奏樂曲，皇帝向群臣賜食，舞蹈隊演出《文始》、《五行》舞。樂舞結束，群臣受賜食畢，各郡國上計官吏依次上前，面對神位報告本郡本國糧食價格以及民間疾苦，希望先帝天神洞察動靜。這都是為了體現孝子事親盡禮、敬宗愛祖的誠心。遍行各種禮儀。最後，皇帝率群臣謁拜帝陵，上陵禮畢，遣回郡國計吏，並賞給他們穿帶佩飾。八月上陵敬獻酎酒，其施行禮儀也如同上述。

凡齋，天地七日，宗廟、山川五日，小祠❶三日。齋日內有汙染❷，解齋，副倅❸行禮。先齋一日，有汙穢災變，齋祀如儀。大喪，唯天郊❹越紼❺而齋，地以下皆百日後乃齋，如故事。

【章旨】以上介紹齋戒，指出各類祭祀活動所需齋戒的天數不同，齋戒期限也會因一些特殊情況而改變。

【注釋】❶小祠　祭祀群神。❷汙染　沾染；玷汙。❸副倅　備用的祭品。本書〈祭祀志下〉：「凡牲用十八太牢，皆有副倅。」❹郊　祭名。在都城郊區祭祀天地稱為「郊」。❺紼　蔽膝，古代禮服的一種服飾。《白虎通義・紼冕》：「紼者蔽也，行以蔽前。」

【語　譯】凡是祭祀均需進行齋戒，郊祭天地需齋戒七天，祭祀宗廟、山川需齋戒五天，平常小祭需齋戒三天。齋戒日如遇玷汙，便解除齋戒，用備用祭品行禮。齋戒前一日如發生汙穢災禍，則預定的齋戒祭祀仍照常進行。若遭上大喪，則只有祭天大典的齋戒照常進行，祭地以下各類祀典則在服喪百日以後才齋戒，按照慣例進行。

正月甲子若丙子為吉日，可加元服❶，儀從冠禮。乘輿❷初加緇布❸進賢❹，次爵弁❺，次武弁❻，次通天❼。冠訖，皆於高祖廟如禮謁。王公以下，初加進賢而已。

【章　旨】以上集中介紹「冠」禮，依次列出了皇帝行冠禮所需佩戴的各類禮冠。

【注　釋】❶元服　帽子。元，指人的頭部。❷乘輿　此處借指皇帝。❸緇布　黑布。❹進賢　古冠名，「進賢冠」的省稱。本書〈輿服志下〉：「進賢冠，古緇布冠也，文儒者之服也。前高七寸，後高三寸，長八寸。公侯三梁，中二千石以下至博士兩梁，自博士以下至小史私學弟子，皆一梁。」❺爵弁　古代禮冠的一種，次冕一等。爵，通「雀」。《儀禮・士冠禮》：「爵弁服，纁裳、純衣、緇帶、韎韐。」鄭玄注：「爵弁者，冕之次，其色赤而微黑，如爵頭然。或謂之緅。其布三十升。」❻武弁　武冠。❼通天　「通天冠」的省稱。《文選・張衡・東京賦》：「冠通天，佩玉璽。」

【語　譯】正月內選定甲子日或丙子日為吉日，可給滿十九歲或滿二十歲的男子加戴禮帽，依《儀禮・士冠禮》規定舉行儀式。皇帝行冠禮要連戴四種禮帽：開始給戴上古儒者通戴的黑布進賢冠，次戴色赤微黑的雀弁，次戴備畋獵征伐的武冠，後戴坐朝常戴的通天冠，每戴一次帽，都要在高祖廟神坐前依禮儀謁拜一次。王公以下行冠禮，只戴進賢冠而已。

正月，天郊，夕牲❶。晝漏未盡十八刻初納，夜漏未盡八刻初納，進熟獻，太祝❷送，旋❸，皆就燎位❹，宰祝❺舉火燔柴，火然，天子再拜，興，有司告事畢也。明堂、五郊❻、宗廟❼、太社稷❽、六宗❾夕牲，皆以晝漏未盡十四刻初納，夜漏未盡七刻初納，進熟獻，送神，還，有司告事畢。六宗燔燎❿，火大然，有司告事畢。

【章　旨】以上介紹了舉行「夕牲」禮的內容、時間和程式。

【注　釋】❶夕牲　古代在祭祀前夕，查看放置的祭品與用具。《漢書・丙吉傳》：「嘗從祠高廟，至夕牲日，乃使出取齋衣。」❷太祝　官名。商官有六太，其一曰太祝，掌祭祀祈禱之事。秦漢有太祝令丞，屬太常卿。歷代多因之。❸旋　不久。❹燎位　燎，古祭名。燒柴祭天。《逸周書・世俘》：「武王朝至，燎于周。」❺宰祝　太宰與太祝的並稱，主祭祀之官。《禮記・月令》：「乃命宰祝，循行犧牲，視全具。」❻五郊　謂東郊、南郊、西郊、北郊和中郊。古代禮儀，帝王於五郊設祭迎氣。立春之日，迎春於東郊，祭青帝句芒；立夏之日，迎夏於南郊，祭赤帝祝融；立秋前十八日，迎黃靈於中兆，祭黃帝后土；立秋之日，迎秋於西郊，祭白帝蓐收；立冬之日，迎冬於北郊，祭黑帝玄冥。本書卷二〈明帝紀〉：「是歲（中平二年），始迎氣於五郊。」❼宗廟　古代帝王、諸侯祭祀祖宗的廟宇。❽社稷　土神和穀神。❾六宗　古所祭祀的六神。《尚書・舜典》：「肆類于上帝，禋于六宗，望于山川，偏于群神。」六宗為何神，漢以來諸說不一：漢伏勝、馬融謂天、地、春、夏、秋、冬；漢孔光、劉歆謂乾坤六子，即水、火、雷、風、山、澤；漢鄭玄謂星、辰、司中、司命、風師、雨師。❿燔燎　燒柴祭天。《禮記・郊特牲》：「取膟膋燔燎升首，報陽也。」

【語　譯】正月在東郊祭天帝，前一天傍晚要查看放置的犧牲與用具，叫「夕牲」。晝漏壺上漏箭將要指到十八刻時初次獻上活牲，到夜漏箭頭將要指到八刻時初次宰牲獻血，進熟食。掌祭禱的太祝將祭品熟牲送在天帝神座前，不久，請天子群臣各就柴堆四邊指定的位置，專管燒柴的宰祝便舉起火把點燃柴薪，柴薪燃燒，天子向神坐跪拜兩次再起立一揖，執事人宣告祭事完畢。明堂祭祀、五郊祭祀、宗廟祭祀、太社稷祭祀、六宗祭祀的夕牲禮，都要在晝漏未盡十四刻初納活牲，在夜漏未盡七刻初納活牲，進熟食，由太祝送神，送神返回後執事人宣告禮畢。六宗祭祀，還要燔燒柴薪，火勢大燃之後，有司宣告禮畢。

正月始耕。晝漏上水初納，執事告祠❶先農❷。已享❸，耕時，有司請行事，就耕位，天子、三公❹、九卿❺、諸侯❻、百官以次耕。力田❼種各耰❽訖，有司告事畢。是月令曰：「郡國守相❾皆勸民始耕，如儀。諸行出入皆鳴鍾，皆作樂。其有災眚❿，有他故，若請雨、止雨，皆不鳴鍾，不作樂。」

【章旨】以上對孟春正月，天子率諸侯親自耕田的禮儀進行了介紹。

【注釋】❶祠　祭名，春祭。此處用作動詞。❷先農　古代傳說中最先教民耕種的農神。或謂神農，或謂后稷。❸享　供祭品奉祀祖先。❹三公　古代中央三種最高官銜的合稱。東漢以太尉、司徒、司空為三公。❺九卿　古代中央的九個高級官職，歷代多沿，漢以太常、光祿勳、衛尉、太僕、廷尉、大鴻臚、宗正、司農、少府為九寺大卿（即為九卿）。以後各朝的名稱，司職略有不同。❻諸侯　古代帝王所分封的各國君主。在其統轄區域內，世代掌握軍政大權，但按禮要服從王命，定期向帝王朝貢述職，並有出軍賦和服役的義務。❼力田　古時鄉官名。漢置。本書卷二〈明帝紀〉：「其賜天下男子爵，人二級；三老、孝悌、力田人三級。」❽耰　農具名。用來搗碎土塊，平整土地。也指播種後用耰來平土，掩蓋種子。❾守相　郡守和諸侯王之相。❿災眚　災禍。

【語譯】正月天子帶頭耕籍田。晝漏壺上滿水開始報時便獻納祭品，執事人宣告祭祀農神。祭事完畢，到了預定耕播時間，典禮官宣告執行耕事，各就耕位，天子、三公、九卿、諸侯王、百官依規定次序執行耕事，力田官翻土播種，用土把種子覆蓋好，然後典禮官宣告禮畢。此月還要頒布詔令，要求「各郡太守、諸侯國輔相大臣都要親自督民始耕，按規定進行。規定守相以下各級官吏出行督耕或返回官署時，都要鳴鐘奏樂。若有自然災害或意外變故，像久旱求雨或久雨求止之類，就不要再鳴鐘奏樂。」

仲春❶之月，立高禖❷祠于城南，祀以特牲❸。

【章旨】以上介紹了仲春祭祀高禖廟的情況。

【注釋】❶仲春　春季的第二個月。❷禖　為求子而祭神。也指求子所祭的神。❸特牲　祭禮後賓禮只用一種牲畜。《國語・楚語下》：「太夫舉以特牲，祀以少牢。」具體講，特牲指一頭牲畜。

【語譯】二月選定吉日，在京師南郊建立高禖祠，用一牛或一家致祭。

明帝❶永平二年三月，上始帥群臣躬養❷三老、五更❸于辟雍❹，行大射❺之禮。郡、縣、道❻行鄉飲酒于學校，皆祀聖師周公❼、孔子，牲以犬。於是七郊❽禮樂三雍❾之義備矣。

養三老、五更之儀，先吉日，司徒❿上太傅⓫若講師故三公人名，用其德行年耆⓬高者一人為老，次一人為更也。皆服都紵⓭大袍單衣，皁緣領袖中衣⓮，冠進賢，扶王杖。五更亦如之，不杖。皆齋于太學⑮講堂。其日，乘輿先到辟雍禮殿，御坐東廂，遣使者⑯安車⑰迎三老、五更。天子迎于門屏，交禮，道自阼階，三老升自賓階⑱。至階，天子揖如禮。三老升，東面，三公設几，九卿正履，天子親袒割牲，執醬而饋，執爵而酳⑲，祝鯁在前，祝饐在後⑳。五更南面，公進供禮，亦如之。明日皆詣闕㉑謝恩，以見禮遇大尊㉒顯故也。

【章旨】漢代非常重視教化，天子在太學裡躬養三老、五更，郡、縣、道都要祭祀周公和孔子，可見對教化的重視。本段對三老、五更的服飾有較為細緻的描述，著重介紹了他們所受榮寵的情形，突出反映了漢代對「養老」之禮的重視。

【注釋】❶明帝　東漢明帝劉莊。為陰皇后所生，是光武帝的第四子。詳見本書卷二。❷躬養　親自養。❸三老五更　古代設三老五更之位，天子以父兄之禮養之。《禮記・文王世子》：「適東序，飾奠於先老，遂設三老、五更，群老之席位焉。」❹辟雍　辟，通「璧」。本為西周天子所設大學，校址圓形，圍以水池，前門外有便橋。東漢以後，歷代皆有辟雍，除北宋慶曆末年為太學之預備學校（亦稱「外學」）外，均為行鄉飲、大射或祭祀之禮的地方。❺大射　為祭祀擇士而舉行的射禮。本書〈陳敬王羨傳〉：「鈞立，多為不法，遂行天子大射禮。」唐李賢注：「天子將祭，擇士而祭，謂之大射。」❻道　行政區劃名。漢代在少數民族聚居區所設的縣。❼周公　姓姬名旦，也稱叔旦。西周初期政治家。文王子，武王弟，成王叔。輔佐武王滅商。武王崩，成王幼，周公攝政。東平武庚、管叔、蔡叔之叛。繼而釐定典章、制度，復營洛邑為東都，作為統治中原的中心，天下臻於大治。後多作為聖賢的典範。❽七郊　統稱古代在郊外祭祀五帝（東方青帝、南方赤帝、中央黃帝、西方白帝、北方黑帝）及天、地的祭禮。❾三雍　亦稱「三雍宮」。漢時對辟雍、明堂、靈臺的總稱。❿司徒　官名。相傳少昊始置，唐虞因之。周時為六卿之一，曰地官大司徒。掌握國家的土地和人民的教化。漢哀帝元壽二年，改丞相為大司徒，與大司馬、大司空並列三公，東漢時改稱司徒。⑪太傅　三公之一。周代始置，輔弼天子治理天下。秦廢，漢復置，次於太師。⑫年者　年老。古代年六十曰耆。⑬紵　用苧麻為原料織成的粗布。⑭中衣　古時穿在祭服、朝服內的裡衣。⑮太學　國學。我國古代設於京城的最高學府。西周已有太學之名。漢武帝元朔五年（西元前一二四年）立《五經》博士，弟子五十人，為西漢置太學之始。東漢太學大為發展，順帝時有二百四十房，一千八百五十室。質帝時，太學生達三萬人。⑯使者　執行皇帝使命的官員。⑰安車　古代可以乘坐的小車。古車立乘，此為坐乘，故稱安車。供年老的高級官員及貴婦人乘用。高官告老還鄉或徵召有重望的人，往往賜乘安車。⑱賓階　西階。西階既係客升之階，故謂之賓階。⑲酳　食畢以酒漱口。古代宴會或祭祀時的一種禮節。《禮記・樂記》：「食三老五更于大學，天子袒而割牲，執醬而饋，執爵而酳。」⑳祝鯁在前二句　先祝願別讓魚刺刺著，又祝願別噎著。鯁，魚骨；魚刺。饐，通「噎」。㉑詣闕　赴朝堂。《漢書・朱買臣傳》：「後數歲，買臣隨上計吏為卒，將重車至長安，詣闕上書，書久不報。」後亦指赴京都。㉒大尊　至尊。臣稱君。

【語　譯】明帝永平二年三月吉日，皇帝帶領群臣在辟雍裡親自迎養三老、五更，舉行「大射」典禮。郡、縣和道則在當地學校舉行鄉飲酒禮，各級學校都要祭祀聖師周公和孔子，用犬來作犧牲。於是七郊、禮樂、三雍的禮儀具備了。

天子尊養三老、五更的禮儀是：先選定吉日，由司徒上奏在朝太傅及講師等曾授三公品秩的老年人名單，選取其中德高年壽者為「三老」，僅次其下的一人為「五更」。給三老穿上麻布大袍單衣，黑邊黑領黑袖中衣，頭戴進賢冠，手拄玉飾杖，五更穿戴亦同，但不拄手杖。行禮之前，都先去太學講堂齋戒。行禮之日，天子先到辟雍禮殿，坐於東廂，分別派使者用安車迎接三老、五更。三老車一到，天子即於進門屏風處迎接，互相行禮後，由儐相引天子上東階主位，引三老上西階賓位，上階立定，天子作揖如禮。三老升入禮堂，朝東站立，太尉、司徒、司空三公分別替三老安排好座位几案，太常、光祿勳、衛尉、少府等九卿為三老換好鞋襪，天子親自操刀割肉，親執醬瓶遞上佐料，親自執爵讓三老漱口。飲食之前祝願三老食魚不要鯁喉；飲食之時祝願三老防止噎食。五更則是南向而坐，由三公接待陪宴，禮儀一如天子陪侍三老。宴畢的第二天，三老、五更都要上朝拜謝皇帝，以凸顯天子養老敬老的特殊禮遇。

是月，皇后帥公卿諸侯夫人蠶，祠先蠶❶，禮以少牢❷。

【章旨】以上是對王后帶領公卿諸侯夫人進行祭祀蠶神禮儀的介紹。

【注釋】❶先蠶　古代傳說教民育蠶之神。相傳到周制王后享先蠶，以後歷代封建王朝由皇后主祭先蠶。❷少牢　舊時祭禮的犧牲。牛、羊、豬俱用叫太牢，只用羊、豬叫少牢。

【語譯】此月吉日，皇后要帶領公卿諸侯的夫人採桑養蠶，以祭祀蠶神，採用少牢之禮。

是月上巳❶，官民皆絜於東流水上，曰洗濯祓❷除去宿垢疢❸為大絜。絜者，言陽氣布暢，萬物訖❹出，始絜之矣。

【章旨】以上是講「祓禊」之儀。「祓禊」寄寓了古人除病祛災、萬象更新的良好意願。

【注釋】❶上巳　舊時節日名。漢以前以農曆三月上旬巳日為「上巳」；魏晉以後，定於三月三日，不必取巳日。❷祓　古代為除災去邪而舉行的祭祀。❸疢　熱病。❹訖　副詞。盡；都。

【語譯】此月上旬逢巳日，百官庶民都去流向東方的河流裡洗浴潔身，稱洗滌汙垢祓除凶疾以求身心健康為「大潔」。所謂「潔」，是說陽氣散布通暢，萬物汙穢盡出，開始潔淨無染。

志第五

禮儀中

立夏 請雨 拜皇太子 拜王公 桃印 黃郊 立秋 貙劉 案戶 祠星 立冬 冬至 臘 大儺 土牛 遣衛士 朝會

立夏之日，夜漏❶未盡五刻，京都百官皆衣赤，至季夏衣黃❷，郊❸。其禮：祠特❹，祭竈❺。

【章旨】以上介紹了立夏之日舉行郊祀的禮儀。

【注釋】❶夜漏 古代以漏壺計時，一晝夜分為百刻。❷京都百官皆衣赤二句 京師百官都要穿上紅色的衣服，直到夏季六月才改穿黃色的衣服。衣赤，穿紅色的衣服。漢代信奉五行之說，謂赤帝行夏令，百官衣赤以與南方丙丁火相應。衣黃，即穿黃色的衣服。五行學說中，黃帝主季夏，百官衣黃以與中央戊己土相應。❸郊 古代皇帝祭祀天地曰郊。❹祠特 祭以特牲豕與羊。❺祭竈 祭祀竈神。祭竈為五祀之一，古為夏祭，漢臘祭。漢班固《白虎通義·五祀》：「夏祭竈，竈者火之主，人所以自養也。」

【語　譯】立夏那天晚上，漏箭將要指向五刻時，京師百官都要穿上紅色的衣服，直到季夏六月才能改穿黃色，舉行郊祀。禮儀是這樣的：祭牲只用豕和羊，同時兼祭竈神。

自立春至立夏盡立秋，郡國上雨澤❶。若少，郡縣各掃除社稷❷；其旱也，公卿官長以次行雩禮❸求雨，閉諸陽❹，衣皁，興土龍❺，立土人舞僮二佾❻，七日一變如故事❼。反拘朱索縈社❽，伐朱鼓❾。禱賽以少牢如禮❿。

【章　旨】以上講公卿官長行雩禮求雨之儀式。

【注　釋】❶郡國上雨澤　上報本郡本國的降雨情況。郡國，郡和國的並稱。西漢初，兼採封建及郡縣制，分天下為郡與國。郡直屬於中央，國分封諸王、侯，封王之國稱王國，封侯之國稱侯國。文中「郡國」泛指地方行政區劃。雨澤，即雨水。❷掃除社稷　打掃清除土神和穀神所在的祭壇以用來祈雨。社，土神。稷，穀神。❸以次行雩禮　按照官員官階的高低依次行求雨的祭禮。雩禮，古代為祈雨而舉行的祭祀。❹閉諸陽　壓閉各種象徵陽剛之氣的人和事。❺興土龍　用泥土塑造能招致雲雨的龍。《淮南子・說山》：「聖人用物，若用朱絲約芻狗，若為土龍以求雨。」❻立土人舞僮二佾　豎立兩行列用泥土塑造的舞蹈的兒童。土人，即土偶。僮，同「童」。佾，古代樂舞的行列。古制，天子八佾，諸侯六，大夫四，士二。《論語・八佾》：「八佾舞於庭。」❼七日一變如故事　如果過了七日還沒有下雨的話，便要變換土龍和土人的位置以應故事。❽反拘朱索縈社　將縈綁社神的紅色繩索解開反束於他室。拘，縛也。❾伐朱鼓　擊打紅色的大鼓。❿禱賽以少牢如禮　依照禮儀用一羊一豕祈神報賽。禱賽，祈神報賽。少牢，舊時祭禮的犧牲牛、羊、豕俱用叫太牢，只用羊、豕二牲叫少牢。

【語　譯】自立春經立夏一直到立秋，各郡國要上報這半年多的降雨量。如果降雨少，郡縣就各自打掃清除土神穀神所在的祭壇以禱求降雨；如果久旱成災，朝中公卿官長就要依次行雩禮求雨，同時要壓閉陽剛的人和事，穿戴黑色服飾，塑造土龍和兩行列跳舞的兒童，每過七日要改變土龍兒童的位置，一如舊例規定。還要把社神身上的紅色繩索解下反束於他室，大擊朱鼓。祭祀供品按照一羊一豕的少牢之禮安排。

拜❶皇太子之儀：百官會，位定❷，謁者❸引皇太子當御坐殿下❹，北面；司空❺當太子西北，東面立。讀策書❻畢，中常侍❼持皇太子璽綬❽東向授太子。太子再拜❾，三稽首❿。謁者贊皇太子臣某，中謁者稱制⓫曰「可」。三公⓬升階上殿，賀壽萬歲⓭。因大赦天下。供賜禮⓮畢，罷⓯。

拜諸侯王公之儀：百官會，位定，謁者引光祿勳前⓰。謁者引當拜者⓱前，當坐伏⓲殿下。光祿勳前，一拜，舉手⓳曰：「制詔⓴其以某為某。」讀策書畢，謁者稱臣某再拜。尚書郎㉑以璽印㉒綬付侍御史㉓。侍御史前，東面立，授璽印綬。王公再拜頓首㉔三。贊謁者曰：「某王臣某新封，某公某初除㉕，謝。」中謁者報謹謝，贊者立曰：「皇帝為公興㉖。」重坐，受策者拜謝，起就位㉗。供賜禮畢，罷。

【章旨】以上介紹冊立皇太子、拜除諸侯王公的儀式。

【注釋】❶拜　封爵；冊封。❷位定　百官按照等級坐定。❸謁者　官名。掌賓贊受事，即為天子傳達旨意。❹當御坐殿下　到皇帝座位所在殿階下面。❺司空　官名。主造器械車服，及四方土木工程。❻策書　古代書寫帝王任免官員等命令的簡策。蔡邕《獨斷・上》：「其命令一曰策書，二曰制書，三曰詔書，四曰戒書。」❼中常侍　官名。本書〈百官志三〉：

「中常侍，千石。本注曰：宦者，無員。後增秩比二千石。掌侍左右，從入內宮，贊道內眾事，顧問應對給事。」❽璽綬　璽，印章。綬，繫在印章上的彩色絲繩。璽綬合稱代指印璽。❾再拜　一揖再揖。❿稽首　古代一種跪拜禮。磕頭至地，是九拜中最恭敬者。《周禮・春官・大祝》：「辨九拜，一曰稽首，二曰頓首，三曰空首，四曰振動，五曰吉拜，六曰凶拜，七曰奇拜，八曰褒拜，九曰肅拜。」賈公彥疏：「一曰稽首，其稽，稽留之字；頭至地多時，則為稽首者也。此三者，正拜也。稽首，拜中最重，臣拜君之拜。」⓫制　帝王詔令之一。《史記・秦始皇本紀》：「臣等昧死上尊號，王為『泰皇』。命為『制』，令為『詔』。」裴駰《集解》引蔡邕《獨斷》：「制書，帝者制度之命也，其文曰『制』。」⓬三公　古代中央三種最高官銜的合稱。東漢以太尉、司徒、司空為三公。⓭賀壽萬歲　賀壽，祝壽。萬歲，祝頌之詞。意為千秋萬世，永遠存在。清趙翼《陔餘叢考・萬歲》：「蓋古人飲酒必上壽稱慶曰萬歲，其始上下通用為慶賀之詞，猶俗所云萬福萬幸之類耳。」⓮供賜禮　朝中百官按照禮儀規定供獻禮品慶賀太子冊立，皇帝、皇后、皇太子要分別賞賜百官。⓯罷　停止；結束。⓰謁者引光祿勳前　謁者引導光祿勳到殿堂前面。光祿勳，官名。統領皇帝的顧問參議，宿衛侍從、傳達接待等官。⓱當拜者　應當拜授諸侯王公者。⓲坐伏　危坐俯首，表示嚴肅恭敬。⓳舉手　舉手齊額，表示喜悅慶幸。本書〈桓榮傳〉：「後榮入會庭中，詔賜奇果，受者皆懷之，榮獨舉手捧之以拜。帝笑指之曰：『此真儒生也』。」⓴制詔　皇帝的命令。㉑尚書郎　官名。蔡質《漢儀》：「尚書郎初從三署詣臺試，初上臺稱守尚書郎，中歲滿稱尚書郎，三年稱侍郎。」㉒璽印　諸侯王印章可稱璽，公以下印章稱印，合稱璽印。㉓侍御史　官名。掌受公卿奏事舉劾按章監察文武百官。㉔頓首　頭叩地而拜。是《周禮》「九拜」中僅次於「稽首」的一種跪拜禮。㉕除　拜官，授職。㉖皇帝為公興　指皇帝為被封者起身答禮。㉗起就位　諸侯王公起身就坐。

【語譯】冊立皇太子的禮儀是：百官朝會按照等級坐定，謁者引導皇太子在皇帝座位下面朝北坐下；司空則在太子座位的西北面朝東站立。宣讀皇帝策書完畢，中常侍手持皇太子璽印朝東授予太子。太子兩次作揖、三次跪下稽首，謁者朗聲讚唱「皇太子臣某」，中謁者代表皇帝回答曰「可」。然後三公代表百官拾級上殿，祝壽並高呼萬歲。為此還要大赦天下。賞賜禮畢，冊立儀式便告結束。

拜諸侯王、公的禮儀是：百官朝會，依序坐定，謁者引導光祿勳進前，又引被封的諸侯王、公進前，坐在正殿下面。光祿勳先走近諸侯王、公一揖，舉手宣布道：「皇帝下詔任命某某為某諸侯王或某某公。」宣讀冊封完畢，謁者在旁高喊兩遍「臣某某拜謝皇上」。尚書郎將璽印綬帶付給侍御史，侍御史進到被封人前面東站立，授給璽印綬。被封王公再拜三頓首，贊謁者道：「某某王臣某某新獲冊封，或某某新除某某公，特此拜謝。」中謁者向皇帝報告諸侯王、公的拜謝後，贊謁者接著又道：「皇帝特為您起身答禮。」皇帝重坐後，受策者再度拜謝，然後起身就坐。賞賜禮畢，拜除儀式結束。

仲夏之月❶，萬物方盛。日夏至，陰氣萌作❷，恐物不楙❸。其禮：以朱索連葷菜❹，彌牟朴蠱鍾❺。以桃印❻長六寸，方三寸，五色書文如法❼，以施門戶❽。代以所尚為飾❾。夏后氏金行❿，作葦茭⓫，言氣交⓬也。殷人水德，以螺首，慎其閉塞，使如螺也⓭。周人木德，以桃為更，言氣相更也⓮。漢兼用之⓯，故以五月五日，朱索五色印為門戶飾，以難止惡氣⓰。日夏至，禁舉大火，止炭鼓鑄⓱，消石冶皆絕止⓲。至立秋，如故事。是日浚井改水⓳，日冬至，鑽燧改火⓴云。

【章　旨】以上說到夏至日，肅殺之氣開始萌發，恐怕萬物不旺盛，須行的禮儀。這些禮儀體現了五行學說在當時政治生活和社會生活中的影響。

【注　釋】❶仲夏之月　夏季的第二個月，因處夏季之中，故稱。❷陰氣萌作　寒氣開始萌發。陰氣，寒氣；肅殺之氣。《管子．形勢解》：「秋者陰氣治下，故萬物收。」萌作，開始；發生。❸楙　茂盛。❹以朱索連葷菜　用紅色的繩索繫上葷辛的蔬菜。朱索，紅色的繩索。葷菜，帶有辛味的蔬菜，如蔥、蒜、薑、韭等。❺彌牟朴蠱鍾　用細紵布覆蓋在蠱鍾上。彌牟，細紵布。清方以智《通雅．布帛》：「彌牟，細紵也。彌牟，言細也。」❻桃印　用桃木刻成的辟邪印符。❼五色書文如法依舊法用五色彩筆書寫神荼、鬱壘形象、名字等文字。五色，青、赤、白、黑、黃五種顏色。古代以此五色為正。《尚書・益稷》：「以五彩彰施於五色，作服，汝明。」孫星衍疏：「五色，東方謂之青，南方謂之赤，西方謂之白，北方謂之黑，天謂之玄，地謂之黃，玄出於黑，故六者有黃無玄為五也。」古代的五色與五行相配。書文，即文字。❽施門戶　施設在門戶上。❾代以所尚為飾　各個世代用自己所崇尚的顏色作為裝飾。❿夏后氏金行　夏代帝王自認為是靠金德行運的。夏后氏，指禹受舜禪讓而建立的夏王朝。後人稱夏后氏，亦稱夏氏、夏后。⓫葦茭　用葦草編成的繩索。漢應劭《風俗通・祀典・桃梗葦茭畫虎》：「葦茭……用葦者，欲人之子孫蕃殖，不失其類，有如萑葦。茭者，交易，陰陽代興者也。」⓬言氣交　說是陰陽代興交替之意。⓭殷人水德四句　商朝統治者自認依仗水德行運，故用螺首避害，想慎重閉藏自己猶如螺螄。螺首，神話中龍子椒圖的頭像。相傳龍生九子，其一為椒圖，形似螺螄，好閉口，古代畫其形象為門上裝飾，以驅鬼辟邪。⓮周人木德三句　周人自誇木德，故用桃木替代，以使兩氣相取代。以桃為更，用桃木作為輪換的象徵物。言氣相更，說是有陳舊與新興之氣相互交替之意。⓯漢兼用之　漢代兼用三代遺法。⓰難止惡氣　防止邪惡陰氣的侵襲。難止，防止；驅除。惡氣，邪惡之氣。《呂氏春秋・審分》：「凡人主必審分，然後治可以至，奸偽邪辟之塗可以息，惡氣屙疾無自至。」⓱止炭鼓鑄　禁止用炭開爐鼓風鑄造各種器械。⓲消石冶皆絕止　燒石灰也在斷絕禁止之列。⓳浚井改水　深挖舊井、增大水量以抗禦亢旱。浚，疏浚；深挖。⓴鑽燧改火　古代鑽木取火，因季節不同而用不同的木材。《論語・陽貨》：「舊穀既沒，新穀既升，鑽燧改火，期可已矣。」何晏《集解》引馬融：「《周書・月令》有更火之文：春取榆柳之火，夏取棗杏之火，季夏取桑柘之火，秋取柞楢之火，冬取槐檀之火。一年之中，鑽火各異木，故曰改火。」

【語譯】仲夏五月，萬物正值茂盛。到夏至日，肅殺之氣開始萌發，應防止萬物不旺。其禮儀如下：先用紅色的繩索繫上葷辛野菜，再用細紵布覆蓋在蠱鍾上，然後在長六寸、方三寸的桃印上依舊法用五色彩筆寫神荼、鬱壘形象、名字，施於門戶之上。各朝代根據所崇尚的顏色作為裝飾。夏代崇尚金德，故製作葦茭裝飾門戶，以保持陰陽協調。殷人崇尚水德，故用螺首裝飾門戶，取其審慎閉藏之意。周人崇尚木德，故用桃木替代，取其陰陽兩氣相替之意。漢朝兼用三代遺法，故五月五日以朱索、五色桃木印作為門戶的飾物，來防止邪氣侵襲。到立夏這一天禁止燒大火、用炭鼓鑄，凡燒石、冶鐵都在禁止之列。直到立秋都是如此。夏至日還要深挖舊井，增加水量，冬至日，鑽燧則要改用槐榆之木取火。

1 先立秋十八日，郊黃帝❶。是日夜漏未盡五刻，京都百官皆衣黃。至立秋，迎氣於黃郊❷，樂奏黃鍾之宮❸，歌帝臨❹，冕❺而執干戚❻，舞雲翹、育命❼，所以養時訓也。

2 立秋之日，夜漏未盡五刻，京都百官皆衣白，施皁領緣中衣❽，迎氣於白郊❾。禮畢，皆衣絳❿，至立冬。

3 立秋之日，白郊禮畢，始揚威武⓫，斬牲⓬於郊東門，以薦陵廟⓭。其儀：乘輿御戎路，白馬朱鬣⓮，躬執弩射牲⓯。牲以鹿麛⓰。太宰令⓱、謁者各一人，載以獲車⓲，馳⓳送陵廟。於是乘輿還宮，遣使者齎束帛⓴以賜武官。武官肄兵㉑，習戰陣之儀、斬牲之禮，名曰貙劉㉒。兵、官皆肄孫、吳兵法㉓六十四陣，名曰乘之㉔。立春，遣使者齎束帛以賜文官。貙劉之禮：祠先虞㉕，執事㉖告先虞已，亨鮮㉗時，有司告㉘，乃逡巡㉙射牲。獲車畢㉚，有司告事畢。

【章　旨】以上介紹先立秋十八日郊祭黃帝、立秋之日郊祭白帝的禮儀。在末段介紹立秋日舉行「白郊」禮完畢之後，要舉行射牲、演練兵陣等活動，以宣揚軍威。

【注　釋】❶郊黃帝　祭祀黃帝。❷迎氣於黃郊　迎接秋氣於黃帝中兆。迎氣，迎接節氣。黃郊，郊祀中央黃帝所指定的中兆。❸黃鍾之宮　樂律十二律中的第一律。《禮記・月令》：「（季夏之月）其日戊巳，其帝黃帝，其神后土，其蟲倮，其音宮，律中黃鍾之宮。」孔穎達疏：「黃鍾宮最長，為聲調之始，十二宮之主。」❹帝臨 《漢書·禮樂志》有《郊祀歌》十九章，《帝臨》為第二章。❺冕 戴上帽子。❻干戚 盾和斧。❼雲翹育命 雲翹，樂舞名。《漢書·禮樂志》作《雲招》，「外郊祭員十三人，諸族樂人兼《雲招》給祠南郊用六十七人。」育命，樂舞名。魏氏繆襲議曰：「漢有《雲翹》、《育命》之舞，不知所出。舊以祀天，今可兼以《雲翹》祀圓丘，兼以《育命》祀方澤。」❽施皁領緣中衣 內穿黑領黑邊的中衣。皁領，黑色的衣領。中衣，古代穿在祭服、朝服內的裡衣。本書〈輿服志上〉：「大夫臺門旅樹反坫，繡黼丹朱中衣，鏤簋朱紘，此大夫之僭諸侯禮也。」❾白郊 白帝所在的西郊。❿衣絳 穿深紅色的衣服。⓫威武 軍威、武力。《漢書·西域傳下·車師國》：「詔遣長羅侯將張掖、酒泉騎出車師北千餘里，揚威武車師旁。」⓬斬牲 天子率領武官打獵，斬殺鹿麛。⓭薦陵廟 進獻給先帝陵墓與宗廟。⓮乘輿御戎路二句 天子坐上用紅鬣白毛馬拉的兵車。乘輿，原指古代帝王和諸侯乘坐的車子，後用作皇帝的代稱。御，駕馭。戎路，古代帝王軍中所乘的車，後泛指兵車。《周禮·春官·車僕》：「車僕，掌戎路之萃。」鄭玄注：「戎路，王在軍所乘也。」朱鬣，紅色的頸毛。⓯射牲 射殺供祭祀用的家畜。⓰鹿麛 大鹿和小鹿。⓱太宰令 本書〈百官志二〉：「太宰令一人，六百石。本注曰：掌宰工鼎俎饌具之物。凡國祭祀，掌陳饌具。」⓲獲車 載禽獸等獵獲物之車。⓳馳 猶馳騎。⓴齎束帛 手持著一束束生絹熟練。齎，持；攜帶。束帛，捆成一束的五匹帛。古代作為聘問、饋贈的禮物。㉑肄兵 練習武事。㉒貙劉 古代天子於立秋日射牲以祭宗廟之禮。《周禮·夏官·射人》：「祭祀則贊射牲。」鄭玄注：「《國語》曰：『禘郊之事，天子必自射其牲』，今立秋有貙劉云。」㉓孫吳兵法 孫武和吳起的兵法。孫武和吳起皆古代兵家。孫武著《兵法》十三篇，吳起著《吳子》四十八篇。㉔乘之 猶言壓倒一切之意。乘，同《尚書·西伯戡黎》「周人乘黎」之「乘」。㉕先虞 古代掌管山林苑囿的虞師。㉖執事 有職守之人，官員。㉗亨鮮 亨煮鳥獸。㉘有司告 掌管庖俎之官宣告烹鮮的時間已到。有司，古代設官分職，各有專司，故稱。㉙逡巡 卻行；恭順貌。㉚獲車畢 獲車載滿為止。

【語 譯】在立秋前十八日要郊祭黃帝。這天將要到五刻時，朝中百官都穿上黃色服飾。立秋時節到，便迎秋氣於黃帝中兆，樂器要奏洪亮的黃鍾宮調，歌曲要唱寓意黃帝降臨的《帝臨》之歌，頭戴帽子，手執干戚，舞蹈要跳《雲翹》、《育命》之舞，通過上述禮儀可以養成順應時氣的習慣。

2 立秋那天，快到五刻時，朝中百官都穿白衣服，內穿黑領黑邊的中衣，迎接秋氣於設置白帝神位的西郊。

行禮完畢，再改穿深紅衣服，直至立冬。

3 立秋日舉行「白郊」禮完畢，開始弘揚武威，斬牲於城郊東門外，以進獻先帝陵墓與宗廟。其禮儀如下，皇帝坐上染成紅色鬣毛的白馬牽引的兵車，親挽強弓射殺用於祭祀的活畜，活畜以鹿麛充當。太宰令、謁者各一人，迅速將獵物裝上備好的獲車，飛馳送往陵廟。皇帝坐車回宮，派遣使者攜一束束生絹賜給武官。武官們銜命帶兵操練技藝，演習戰陣之儀和斬牲之禮，這種禮儀被稱之為「貙劉」。士兵、武官們爭相演練孫、吳兵法六十四陣，這種禮儀被稱之為「乘之」。立春之時，天子別遣使者持一束束絹帛賞給文官。貙劉禮儀規定，祭祀專管山澤園囿的先虞神，要由執事宣告祭事完畢，烹鮮時，要由主管官員告知，然後相率馳騎獵射牲獸。等到獲車裝滿，有司便宣告貙劉之禮結束。

仲秋之月❶，縣道❷皆案戶比民❸。年始七十者，授之以王杖❹，餔之糜粥❺。八十九十，禮有加賜。王杖長九尺，端以鳩鳥為飾❻。鳩者，不噎之鳥也。欲老人不噎。是月也，祀老人星❼于國都南郊老人廟。

季秋之月❽，祠星于城南壇心星❾廟。

【章旨】以上介紹仲秋之月，按照禮儀賞賜老人並郊祀老人廟的儀式和季秋之月廟祭南極星的禮儀。

【注釋】❶仲秋之月　指秋季的第二個月。❷縣道　縣和道。漢制，邑有少數民族雜居者稱道，無者稱縣。《史記・司馬相如列傳》：「檄到，亟下縣道，使咸知陛下之意，唯毋忽也。」《漢書・百官表》：「縣有蠻夷曰道。」❸案戶比民　清理戶籍和人口。❹王杖　一作「玉杖」。飾以玉鳩的拐杖，漢時始以賜老人。《爾雅翼》：「刻玉為鳩，置之杖端，謂之鳩杖，亦曰玉杖。」❺餔之糜粥　請他們吃粥。餔，以食飼人。糜粥，粥。《禮記・問表》：「水漿不入口，三日不舉火，故鄰里為之糜粥，以飲食之。」孔穎達疏：「糜厚而粥薄也。」❻端以鳩鳥為飾　王杖上端以玉鳩鳥作為裝飾。❼老人星　即南極星。古人認為它象徵長壽，故又名壽星。《史記・天官書》：「狼比地有大星，曰南極老人。」❽季秋之月　秋季的第三個月。❾心星　星宿名。二十八宿之一。《詩・綢繆》：「綢繆束薪，三星在天。」鄭玄箋：「三星，謂心星也。」

【語譯】仲秋八月，各縣各道都要檢查戶籍統計人口。年屆七十的，授給以玉飾的手杖，供給以糜粥。年屆八十、九十的，賜齎之禮相應遞加。玉杖長度可達九尺，上端飾以玉琢鳩鳥。鳩是不噎之鳥，飾以鳩鳥是希望老人不要哽噎。這個月分，還要在京師南郊老人廟祭祀老人星。

秋季的末月，還要在城南壇心星廟祭祀南極星。

立冬之日❶，夜漏未盡五刻，京都百官皆衣皁❷，迎氣於黑郊❸。禮畢，皆衣絳❹，至冬至絕事❺。

冬至前後，君子安身靜體，百官絕事，不聽政，擇吉辰而後省事❻。絕事之日，夜漏未盡五刻❼，京都百官皆衣絳，至立春。諸五時❽變服，執事者先後其時皆一日❾。

【章旨】以上介紹立冬之日京都百官在北郊迎接冬至到來的儀式，冬至之日要停止辦公。這表明古人對冬至十分重視，人們認為冬至是陰陽二氣的自然轉化之機，是上天賜予的福氣。

【注釋】❶立冬之日　指立冬這一天。❷衣皁　穿黑衣服。❸黑郊　指黑帝所在之北郊。❹衣絳　改穿絳衣。漢朝君臣忌黑水滅絳火，故改衣絳壓勝之。❺絕事　停止公務活動。❻省事　視事；處理政務。❼未盡五刻　指絕事後最後一日晚上一點多。❽五時　謂春、夏、季夏、秋、冬五個時令。《呂氏春秋・任地》：「五時見生而數生，見死而獲死。」高誘注：「五時，五行生殺之時也。」❾先後其時皆一日　謂執事人在五時變服之時要比京師百官先一日或後一日變服。

【語譯】立冬這天，夜漏五刻之前，京師百官都要穿上黑色衣服，前往設有黑帝神位的北郊迎接冬氣的到來。行禮完畢，全都改穿深紅衣服，直到冬至停止公務活動。

冬至前後，士君子應安心靜養，百官應停止辦公，不處理公務，待另擇定吉日後才理事辦公。停止辦公那天，夜漏五刻之前，京城百官都要穿深紅色衣服，直到立春為止。五時季節變換服色時，執事者要比百官先一日或後一日變服。

日冬至、夏至，陰陽晷景長短之極❶，微氣❷之所生也。故使八能之士八人❸，或吹黃鍾之律間竽❹；或撞黃鍾之鍾；或度晷景❺，權水輕重，水一升，冬重十三兩；或擊黃鍾之磬；或鼓黃鍾之瑟，軫間❻九尺，二十五絃，宮處于中，左右為商、徵、角、羽❼；或擊黃鍾之鼓。先之三日，太史謁之❽。至日❾，夏時四孟❿，冬則四仲⓫，其氣至焉。

【章旨】以上講冬至日和夏至日要請八能之士測日影長短、權水之輕重以及調樂定音等儀式。

【注釋】❶日冬至夏至二句　冬至日至陰，日影最長；夏至日至陽，日影最短。晷景，亦作「晷影」。指日光在晷表上的投影。❷微氣　指剛剛萌發的陽氣或陰氣。❸八能之士八人　八種有特殊技能的人。指下文「吹律」、「吹竽」、「撞鍾」、「度晷」、「權水」、「擊磬」、「鼓瑟」、「擊鼓」之人。❹間竽　吹奏竽聲來間開前後音樂。❺度晷景　測量太陽在晷表上的投影。❻軫間　兩個軫柱之間。軫，絃樂器上繫絃絲的小柱，可調節絃的鬆緊。❼宮處于中二句　宮、商、角、徵、羽，古稱五聲、五音，加上變商、變徵稱七聲、七音。❽太史謁之　太史謁見太史令和八能之士布置準備工作。太史，官名。掌起草文書，冊命諸侯，兼管天文曆法，祭祀諸事。❾至日　指夏至、冬至兩個節氣。❿四孟　農曆四季中每季頭一個月的合稱。即孟春、孟夏、孟秋、孟冬。⓫四仲　農曆四季中每季第二個月的合稱。即仲春、仲夏、仲秋、仲冬。

【語譯】冬至日和夏至日，是日晷影最短和最長的一天，是陰陽二氣萌生的時刻。所以要使用八個樂律專才，有的吹奏黃鍾之律間竽；有的撞擊黃鍾之律的編鐘；有的測量日晷的影長，並檢測井水重量，水一升冬重十三兩；有的敲擊黃鍾之律的編磬，有的彈奏黃鍾之律的琴瑟，使軫柱相距九尺，二十五絃中間調為宮調，左右兩側調為商調、徵調和角調、羽調；有的敲響黃鍾之律的大鼓。在此之前三日，太史要謁見八能之士布置準備工作。到夏至日和冬至日，一年的四個孟月和四個仲月的氣候將交換到來。

先氣至五刻，太史令與八能之士即坐于端門左塾❶，大予❷具樂器，夏赤冬黑❸，列前殿之前西上❹，鍾為端❺。守宮設席于器南❻，北面東上，正德❼席，鼓南西面，令晷儀❽東北。三刻，中黃門❾持兵，引太史令、八能之士入自端門，就位。二刻，侍中❿、尚書⓫、御史⓬、謁者皆陛⓭。一刻，乘輿親御臨軒⓮，安體靜居以聽之。太史令前，當軒溜⓯北面跪。舉手曰：「八能之士以備，請行事。」制曰「可」。太史令稽首曰「諾」。起立少退，顧⓰令正德曰：「可行事。」正德曰「諾」。皆旋復位⓱。正德立，命八能士曰：「以次行事，間音以竽。」八能曰「諾」。五音各三十為闋⓲。正德曰：「合五音律。」先唱，五音並作，二十五闋⓳，皆音以竽。訖，正德曰：「八能士各言事。」八能士各書板⓴言事。文曰：「臣某言，今月若干日㉑甲乙日冬至，黃鍾之音調，君道得㉒，孝道褒㉓。」商臣，角民，徵事，羽物，各一板㉔。否則召太史令各板書㉕，封以皁囊，送西陛㉖，跪授尚書，施當軒㉗，北面稽首，拜上封事㉘。尚書授侍中常侍迎受，報聞㉙。以小黃門幡麾節度㉚。太史令前白禮畢。制曰「可」。太史令前稽首曰「諾」。太史命八能士詣太官㉛受賜。陛者以次罷㉜。日夏至禮亦如之。

【章　旨】以上講冬至來臨，要舉行隆重的樂舞，樂舞完畢，八能之士可以上書言事，並深刻揭示音樂與民事、政事的關係。

【注　釋】❶端門左塾　端門，正門。塾，宮門外兩側的房屋。❷大予　大予令。《漢官儀》：「大予樂令一人，秩六百石。」❸夏赤冬黑　夏用紅色的樂器與火帝應，冬用黑色的樂器與水帝應。❹前西上　殿前西面的桌案上。❺鍾為端　鍾擺在首位。❻守宮設席于器南　守宮官員的座位設置在樂器的南面。❼正德　管轄樂隊的正德官。❽晷儀　測日影以定時刻的儀器。❾中黃門　官名。兩漢少府屬官。以宦者為之，因其居禁中，在黃門內供事，故稱。❿侍中　官名。漢武帝以後，與聞朝政，顧問應對，平議尚書奏事。⓫尚書　官名。秦少府屬官，掌殿內文書，地位很低。西漢中期以後尚書職權漸重。成帝建始四年置尚書五人，一人為僕射，四人分曹治事，組成宮廷內政治機構，地位不高但已有相當權力。東漢的尚書臺正式成為總理國家政務的中樞。⓬御史　本書〈百官志三〉：「御史中丞一人，千石。本注曰：御史大夫之丞也。舊別監御史在殿中，密舉非法。及御史大夫轉為司空，因別留中，為御史臺率，後又屬少府。」⓭皆陛　都站立在正殿兩邊的臺階上。⓮臨軒　皇帝不坐正殿而御前殿。殿前堂陛之間近簷處兩邊有檻楯，如車之軒，故稱。⓯軒溜　殿堂簷下滴水處。⓰顧　回首；回視。⓱旋復位　於是折身回到原位。⓲五音各三十為闋　五音各以三十個樂調作為一個樂章。闋，一個樂章稱為一闋。⓳二十五闋　演奏完二十五個樂章。⓴書板　書寫於木牘。《說文》：「牘，書板也，長一尺。」㉑若干日　第幾日。㉒君道得　為君之道順應天時。㉓孝道褒　子女孝順父母的風氣得到宏揚。㉔商臣五句　商音調，臣忠謹；角音調，民安樂；徵音調，事興盛；

羽音調，物富足。分奏各音的能士各寫一板。㉕否則召太史令各板書　如果不是，就召太史令各寫一板。㉖西陛　西邊殿階尚書所在的位置。㉗施當軒　放置在當前的軒檻。㉘封事　密封的奏章。古代臣下上書奏事，為防止洩漏，用皂囊封緘，故稱。㉙報聞　向上彙報使聞知。㉚幡麾節度　揮揚旗幟用以節制調度。㉛太官　官名。掌皇帝飲食、宴會。㉜陛者以次罷　站立在殿階上的官員依次退出，禮儀結束。

【語　譯】冬至節氣到來的夜漏五刻之前，太史令和八能之士坐於端門左邊耳房，大予令準備好樂器，樂器夏飾赤色冬飾黑色，陳列於前殿之前西首桌案之上，鐘置於最前端。守宮官員在樂器之南擺設座席，北邊東首之上為正德官座位，鼓架南面西側，安排晷儀於東北方向。時至三刻，中黃門手持兵器，導引太史令、八能之士從端門進入，各就各位。時至二刻，侍中、尚書、御史、謁者立於前殿兩邊之陛。時至一刻，皇帝親臨前殿，落坐靜候行事。太史令上前面北跪於階簷之下，舉手報告道：「八能之士已準備好，請求行事。」皇帝下令說「可以進行」。太史令稽首應聲道「是」。起身稍微向後退，轉身命令正德官道：「可以行事了。」正德回答道「是」。均轉身回到原位，正德立定命令八能之士道：「按規定次序各行其事，用竽來隔斷上下樂曲。」八能士同聲回答道「是」。先用各類樂曲彈奏五個音階各三十個樂調，作為樂曲一章。接著正德下令道：「用五音配合六律再奏一章。」自己先唱六律，宮商角徵羽五音配合演奏，共奏二十五章，中間並用竽隔斷。奏樂終止，正德說：「八能士們可各自陳事。」八能士便寫手板陳事。文字內容是：「臣某某言：本月第幾日某干支日為冬至，屬高亢洪亮之黃鍾律音調，寓意著君道暢通、孝道弘揚。」商音寓意群臣，角音寓意民眾，徵音寓意百事，羽音寓意萬物，分奏各音的能士各寫一板。如果能士不寫則召太史令為他們各寫一板。用黑色帛囊密封，送上西階，跪送給尚書，擺在軒檻上，朝北面對皇帝稽首拜上封事。尚書授給侍中、常侍，他們上前迎受，並轉報給皇帝。其間過程，由小黃門揮動旗幟節制調度。太史令上前報告禮畢。皇帝發話道「可以休會了」。太史令上前跪地稽首道「是」。太史讓八能之士前往太官處接受賞賜。站在庭階上的百官依次退去。夏至時的禮儀也是如此。

季冬之月，星迴歲終❶，陰陽以交，勞農大享臘❷。

【章旨】以上講季冬之月臘祭先祖百神之禮儀。

【注釋】❶星迴歲終　二十八星宿運轉，至十二月回到原位，謂一年將盡。《禮記・月令》：「（季冬之月）是月也，日窮于次，月窮于紀，星回于天，數將幾終，歲且更始。」孔穎達疏曰：「謂二十八宿隨天而行，每日雖周天一匝，早晚不同，至於此月，復其故處。」❷勞農大享臘　勸勉農桑，舉行臘祭祭祀先祖百神，並舉行盛大的宴會。

【語譯】季冬十二月，意味著二十八宿運行一周，一歲時節將止，陰陽二氣開始交替，將要臘祭先祖百神，犒賞辛勤勞作的農民，舉行大宴享。

先臘一日，大儺❶，謂之逐疫。其儀：選中黃門子弟年十歲以上，十二以下，百二十人為侲子❷。皆赤幘皁製❸，執大鼗❹。方相氏黃金四目❺，蒙熊皮，玄衣朱裳，執戈揚盾。十二獸❻有衣毛角❼。中黃門行之，冗從僕射❽將之，以逐惡鬼于禁中❾。夜漏上水，朝臣會，侍中、尚書、御史、謁者、虎賁❿、羽林郎將⓫執事，皆赤幘陛衛⓬。乘輿御前殿。黃門令奏曰：「侲子備，請逐疫。」於是中黃門倡，侲子和⓭，曰：「甲作食殃，胇胃食虎，雄伯食魅，騰簡食不祥，攬諸食咎，伯奇食夢，強梁、祖明共食磔死寄生，委隨食觀，錯斷食巨，窮奇、騰根共食蠱。⓮凡使十二神追惡凶，赫女軀⓯，拉女幹⓰，節解女肉⓱，抽女肺腸。女不急去，後者為糧！」因作方相與十二獸儛。嚾呼⑱，周徧前後省三過⑲，持炬火，送疫出端門；門外騶騎⑳傳炬出宮，司馬㉑闕門㉒門外五營㉓騎士傳火棄雒水中。百官官府各以木面獸能㉔為儺人師㉕訖，設桃梗㉖、鬱櫑㉗、葦茭㉘畢，執事陛者罷。葦戟㉙、桃杖㉚以賜公、卿、將軍、特侯㉛、諸侯云。

【章旨】以上講臘祭前一天舉行大儺典禮，驅除瘟疫的儀式。

【注釋】❶先臘一日二句　臘祭的前一天，行大儺典禮，驅除瘟疫。❷侲子　即童子。❸赤幘皁製　紅色的包頭巾和黑色的服飾。幘，包頭巾。製，衣裳。《文選・張衡・東京賦》：「侲子萬童，丹首玄製。」薛綜注：「玄製，皁衣也。」❹大鼗　有長柄的搖鼓。❺方相氏黃金四目　方相氏的四隻眼睛飾以黃金。方相氏，周官名。夏官之屬，由武夫充任，執掌驅除疫鬼和山川精怪。《周書・夏官・方相氏》：「方相氏，掌蒙熊皮，黃金四目，玄衣朱裳，執戈揚盾，帥百隸而時難，以索室敺疫。」❻十二獸　方相氏所轄的食虎食魅等正神，詳見下文。❼衣毛角　披毛戴角。❽宂從僕射　散職侍從官。後漢有中黃門宂從僕射，以宦者充任。❾禁中　天子所居曰禁中。❿虎賁　掌侍衛國君及保衛王宮、王門之官。⓫羽林郎將　本書〈百官志二〉：「羽林中郎將，比二千石。本注曰：主羽林郎。羽林郎，比三百石。本注曰：無員。掌宿衛侍從。常選漢陽、隴西、安定、北地、上郡、西河凡六郡良家補。本武帝以便馬從獵，還宿殿陛巖下室中，故號巖郎。」⓬陛衛　在皇帝兩邊的陛階保衛。⓭中黃門倡二句　於是中黃門首唱，侲子一句一句應和。⓮甲作食殃十句　以下分列十二獸，甲作吃凶鬼，胇胃齧老虎，雄伯吞妖魅，騰簡食一切不祥之物，攬諸咬為非造孽之怪，伯奇清除嚇唬病人之惡夢，強梁、祖明撲殺磔死回生之僵屍，委隨掃滅兇險錯亂之幻象，錯斷斬攔路的巨鬼，窮奇、騰根殲蠱惑的魍魎。咎，災禍；災殃。磔死寄生，磔為古代祭祀時分裂牲畜肢體。《禮記・月令》：「（季春之月，）九門磔攘。」孫希旦《集解》：「磔，磔裂牲體也。……磔牲以祭國門之神，攘除凶災，禦止疫鬼，勿使復入也。」磔死寄生是說那些被肢解而死的惡鬼託生。觀，幻覺中的鬼魅。巨，巨鬼。⓯赫女軀　肢解你們的身軀。赫，肢解。女，通「汝」。⓰拉女幹　拉斷你們的腰幹。⓱節解女肉　割裂你們的肌肉。⓲嚾呼　大聲喊叫。⑲省三過　反覆省察。⑳騶騎　主駕車馬的騎從。本書〈輿服志上〉：「近小使車，蘭輿赤轂，白蓋赤帷。從騶騎四十人。」㉑司馬　此處指守宮司馬。㉒闕門　宮殿外兩觀之間的通道。㉓五營　指屯騎、越騎、步兵、長水、射聲五校尉所領部隊。㉔能　一種足似鹿的熊類猛獸。《國語・晉語》：「今夢黃能入於寢門。」㉕儺人師　由儺人組成的軍隊。㉖桃梗　桃木做的傀儡。㉗鬱櫑　用鬱李木製作的長劍。鬱，果木名。即鬱李。櫑，長劍。為櫑具劍的省稱。㉘葦茭　用葦草編製的繩索。㉙葦戟　用葦莖作的戟。古代用於驅邪。㉚桃杖　用桃木製作的手杖。㉛特侯　漢制，諸侯含王、公兩級，王一級又稱特侯。

【語　譯】臘祭的前一天，要舉行大儺典禮，這稱之為「逐疫」。其禮儀如下：選用中黃門官子弟十到十二歲的兒童一百二十名為侲子，全部頭戴紅巾，身穿黑衣，手執大鼗。方相氏四目飾以黃金，蒙上熊皮，身穿黑衣紅裳，手執長戈，高舉堅盾。十二獸神還要披毛戴角。由中黃門指揮他們，冗從僕射率領他們，於宮禁之中驅逐凶魔惡鬼。夜漏上水開始計時，接著朝中百官集合，侍中、尚書、御史、謁者、虎賁、羽林郎將各司其事，他們頭繫紅色包巾立於殿階護衛。皇帝駕臨前殿。黃門令啟奏報告：「侲子已經齊備，請求逐疫。」於是中黃門領頭高喊，侲子們齊聲應和，內容是：「甲作吃凶鬼，胇胃齧老虎，雄伯吞妖魅，騰簡食一切不祥之物，攬諸咬為非造孽之怪，伯奇清除嚇唬病人的惡夢，強梁、祖明一同撲殺磔死還魂之僵屍，委隨掃滅兇險錯亂的幻象，錯斷斬攔路的巨鬼，窮奇、騰根殲蠱惑的魍魎。共遣十二獸神追掃惡凶，肢解你們的身軀，拉斷你們的腰幹，割裂你們的肌肉，抽出你們的肺腸。爾輩如果不立刻逃走，逃遁遲緩的話便要成為十二獸神的糧食！」接著又讓方相氏同十二神獸舞蹈，圍繞宮禁前後搜索三遍，各持火炬驅送疫鬼出端門；門外騎士將火炬傳遞出宮，守宮司馬闕門門外五營騎士又將火炬傳遞出城，拋於洛水之中。待百官官府各用木製的獸能面具排好儺人之軍的行列，擺上桃製木杖、鬱櫑神和葦索之後，執事和立於庭階的武士百官便相繼退去。用過的葦戟、桃杖則賜給公、卿、將軍、特侯、諸侯以驅邪。

是月也，立土牛六頭於國都郡縣城外丑地❶，以送大寒❷。

【章　旨】以上講歲末立土牛送大寒的儀式。

【注　釋】❶丑地　丑為方位名，在東北方。❷送大寒　送卻大寒，促使陽氣上升。蔡邕《月令章句》：「是月建丑，丑為牛，寒將極。是故出其物類形象以示送達之，且以升陽也。」

【語　譯】本月，還要在國都郡縣城外的東北方向塑立土牛六頭，用以送走嚴寒季節。

饗遣故衛士儀❶：百官會，位定❷，謁者持節❸引故衛士入自端門。衛司馬執幡鉦護行❹。行定❺，侍御史持節慰勞❻，以詔恩問所疾苦❼，受其章奏所欲言❽。畢饗❾，賜作樂❿，觀以角抵⓫。樂闋罷⓬遣⓭，勸以農桑。

【章　旨】以上介紹設宴遣返退役衛士的儀式。老兵為國家的國防作出了貢獻，在遣散他們回家鄉之前，皇帝會下詔對他們進行慰勞和宴饗，並鼓勵他們努力從事農業勞動。這些舉措反映出古代對退伍老兵的優待。

【注　釋】❶饗遣故衛士儀　設宴款待後遣散退役衛士回鄉。故，原先。❷位定　各就各位。❸持節　手持符節為憑信。❹衛司馬執幡鉦護行　衛司馬，衛將軍府的司馬官。幡鉦，旌旗和鉦鼓。❺行定　列行位定。❻慰勞　慰問犒勞。❼以詔恩問所疾苦　以詔，以皇帝詔命名義。恩問，皇帝開恩詢問。所疾苦，感到憂慮困苦的事情。❽章奏所欲言　章奏的內官。章奏是臣下呈給皇帝的奏章。❾畢饗　宴享完。❿作樂　奏樂。⓫角抵　我國古代體育活動之一。起源於戰國，其稱始於秦漢。晉以後亦稱相撲、爭交，類似於現代的摔跤。⓬樂闋罷　奏樂章終止。《禮記・文王世子》：「有司告以樂闋。」鄭玄注：「闋，終也，告君以歌舞之樂終。」⓭遣　遣歸田里老家。

【語　譯】設宴款待退役衛士的禮儀是：百官集會，各就各位，謁者持節引導退役衛士從端門進入。衛司馬要手持旗幡和長柄鉦鼓，親自領隊而行。行至殿中立定，侍御史親手持節代表皇帝進行慰勞，詢問退役衛士的疾苦，以體現皇恩關懷，同時接受他們傾訴的章奏。宴享完畢，賜准他們欣賞樂舞演奏，觀看角抵比賽。演出結束，遣歸他們回家，鼓勵他們努力從事農桑生產。

每歲首正月，為大朝受賀❶。其儀：夜漏未盡七刻❷，鍾鳴，受賀。及贄❸，公、侯璧❹，中二千石、二千石羔，千石、六百石鴈，四百石以下雉❺。百官賀正月。二千石以上上殿稱萬歲❻。舉觴御坐前。司空奉羹❼，大司農奉飯，奏食舉之樂❽。百官受賜宴饗，大作樂。其每朔❾，唯十月旦❿從故事者⓫，高祖定秦之月，元年歲首也⓬。

【章　旨】以上介紹每年歲首舉行盛大的朝會接受群臣的慶賀的儀式。

【注　釋】❶為大朝受賀　舉行盛大的朝會接受群臣慶賀。❷未盡七刻　漏箭將要指向七刻，相當晚上三點半。❸及贄　到朝見皇帝進獻禮品時。贄，聘享的禮物。❹公侯璧　公或侯獻璧玉，省去「獻」字。下三句同。❺中二千石三句　中二千石指代月俸中二千石的太子太傅、太常、衛尉等九卿，月俸二千石的太子少傅、大長秋、京都尹等和比二千石的侍中、校尉、中郎將等官。千石六百石，俸千石的長史、司馬、大夫、令、僕，比千石的丞、僕射，六百石的從事中郎、太史令、祭酒和比六百石的軍候、中郎等。四百石以下，包括四百石的給事謁者、黃門署長等，比四百石的侍郎、禮樂長、衛士長等，三百石的家丞、縣道長等，比三百石的中黃門、郎中、羽林郎等，二百石的令史、園丞、果丞、諸陵校尉等，比二百石的節從虎賁等，一百石的三老、游徼等，比一百石的小侯家丞等以及斗食的吏胥月俸十一斛、最低的佐史月八斛的小員。❻稱萬歲　祝長壽萬年。古泛用，漢後專用作對皇帝皇后的祝福。❼奉羹　捧餚菜湯。奉，「捧」的本字。下「奉飯」同。羹，一種帶汁的肉。❽奏食舉之樂　古帝王公侯進餐或會宴時所奏的樂曲。《禮記・王制》：「天子食舉以樂」，《周官》：「王大食則令奏鐘鼓」。❾每朔　每月初一日。❿十月旦　承上省去「朔」，實指十月初一早晨。⓫從故事者　沿用舊例。舊例是公卿百官在每月初一早晨都要上朝慶賀。⓬高祖定秦之月二句　秦不取三代「建子」「建丑」「建寅」的規定，定十月為元年歲首，漢因之。

【語　譯】每年元旦舉行盛大朝會接受群臣朝賀。其禮儀如下：夜漏七刻之前，鳴鍾集會受賀。群臣進獻禮品時，公侯獻璧玉；月俸中二千石、二千石的官員獻羔羊；千石和六百石的官員獻雁；四百石以下的官員獻雉；百官要拜賀正月節。拜賀時，二千石以上的大臣上殿呼「萬歲」。給皇帝敬酒，可走到御座之旁。飲罷，司空捧羹獻上，大司農捧飯獻上，樂師奏起勸餐樂曲。然後百官受賜筵席，樂曲大作。以後每月初一的朝會停止，只有十月初一仍照舊例舉行，因為這是高祖定秦的月分，也是漢朝元年的歲首。

志第六

禮儀下

大喪　諸侯王列侯始封貴人公主薨

不豫❶，太醫令丞❷將醫入，就進所宜藥。嘗藥❸監、近臣❹中常侍❺、小黃門❻皆先嘗藥，過量十二。公卿朝臣問起居無間。太尉❼告請南郊，司徒、司空❽告請宗廟，告五嶽❾、四瀆❿、群祀⓫，並禱求福。疾病，公卿復如禮。

【章　旨】以上表明皇帝生病後，朝中百官按禮儀探問起居情況，並祭祀各路神靈為皇帝祈福。

【注　釋】❶不豫　不遊樂。此處是指皇帝身體不適。❷太醫令丞　秦、漢時所設，掌管宮廷醫藥的官員。❸嘗藥　古禮侍奉尊長服藥，先嘗後進。❹近臣　君主身邊的侍從臣子。❺中常侍　皇帝的侍從近臣，秦漢時設。❻小黃門　漢代低於黃門侍郎一級的宦官。❼太尉　官名。秦至西漢設置，為全國軍政首腦，與丞相、御史大夫並稱三公。漢武帝時改稱大司馬。東漢時太尉與司徒、司空並稱三公。❽司空　官名。相傳少昊時所置，周為六卿之一，即冬官大司空，掌管工程。漢改御史大夫為大司空，與大司徒、大司馬並列為三公，後去大字為司空，歷代因之，明廢。❾五嶽　我國五大名山的總稱。即東嶽泰山、南嶽衡山、西嶽華山、北嶽恆山、中嶽嵩山。❿四瀆　長江、黃河、淮河、濟水的總稱。《爾雅・釋水》：「江、河、淮、濟為四瀆。四瀆者，發源注海者也。」⓫群祀　古代大祀、中祀以下列在祀典的祭祀。《左傳・襄公十一年》：「名山名川，群神群祀。」

【語譯】皇帝身體不適，太醫令、丞要帶領御醫進宮，根據病情開出適用藥。嘗藥監、近臣中常侍、小黃門都要依次先嘗藥性，嘗試的劑量要超過十分之二。公卿大臣和在朝百官要不間斷地慰問皇帝起居。太尉要到南郊向天神禱告，司徒、司空要到宗廟向歷代先祖禱告，還要向五嶽、四瀆和各類神祇禱告，並祈求降福消災。皇帝病情加重，公卿百官要反覆依禮祈禱。

登遐❶，皇后詔三公典喪事。百官皆衣白單衣，白幘不冠。閉城門、宮門。近臣中黃門❷持兵，虎賁❸、羽林❹、郎中❺署皆嚴宿衛，宮府各警，北軍五校❻繞宮屯兵，黃門令❼、尚書、御史❽、謁者晝夜行陳。三公啟手足色膚如禮。皇后、皇太子、皇子哭踊❾如禮。沐浴如禮。守宮令❿兼東園匠⓫將女執事，黃緜、緹繒⓬、金縷玉柙如故事。飯唅珠玉⓭如禮。槃冰⓮如禮。百官哭臨殿下。是日夜，下竹使符告郡國二千石⓯、諸侯王。竹使符⓰到，皆伏哭盡哀。小斂⓱如禮。東園匠、考工令奏東園祕器⓲，表裡洞赤⓳，虡文⓴畫日、月、鳥、龜、龍、虎、連璧、偃月㉑，牙檜梓宮㉒如故事。大斂㉓于兩楹㉔之間。五官㉕、左右虎賁㉖、羽林五將㉗，各將所部，執虎賁戟，屯殿端門㉘陛㉙左右廂，中黃門持兵陛殿上。夜漏，群臣入。晝漏上水，大鴻臚設九賓，隨立殿下。謁者引諸侯王立殿下，西面北上；宗室諸侯、四姓小侯㉚在後，西面北上。治禮引三公就位，殿下北面；特進㉛次中二千石㉜；列侯㉝次二千石；六百石㉞、博士㉟在後；群臣陪位者皆重行㊱，西上。位定，大鴻臚言具，謁者以聞。皇后東向，貴人㊲、公主、宗室婦女以次立後；皇太子、皇子在東，西向；皇子少退在南，北面：皆伏哭。大鴻臚傳哭，群臣皆哭。三公升自阼階㊳，安梓宮內珪璋㊴諸物，近臣佐如故事。嗣子㊵哭踊如禮。東園匠、武士下釘衽㊶，截去牙㊷。太常上太牢㊸奠，太官食監、中黃門、尚食㊹次奠，執事者如禮。太常、大鴻臚傳哭如儀。

【章　旨】以上描述皇帝死後由三公主辦、百官協辦殯儀的情況。作者對各色人等的職責、哭祭禮儀以及皇帝葬禮所需用的一切物品作了詳盡的介紹。在舉行殯儀的過程中，各級官員所在的位置都是固定的，這顯示出漢代尊卑階級的森嚴。

【注　釋】❶登遐　指死者升天而去，後用來指對人死的諱稱。《墨子・節葬下》：「秦之西有儀渠之國者，其親戚死，取柴薪而焚之，燻上，謂之登遐。」❷中黃門　在宮廷服役的太監，屬少府。❸虎賁　官名。掌侍衛國君及保衛王宮、王門之官。漢武帝時置期門，平帝時改為虎賁中郎將，領虎賁郎，主宿衛。歷代因之，至唐始廢。❹羽林　禁衛軍名。漢武帝時選隴西、天水、安定、北地、上郡、西河等六郡良家子宿衛建章宮，稱建章營騎。後改名羽林騎，取為國羽翼，如林之盛之意；一說象天文羽林星，主車騎。❺郎中　官名。始於戰國，秦漢沿置。掌管門戶、車騎等事；內充侍衛，外從作戰。另尚書臺設郎中司詔策文書。❻北軍五校　漢代守衛京師的屯衛兵。未央宮在京城西南，其衛兵稱南軍；長樂宮在京城東面偏北，其衛兵稱北軍。文帝時合南北軍，其後宮室日增，南軍名沒，而北軍名存，東漢沿置，設北軍中候，掌監五營，稱為北軍五校。❼黃門令　東漢時在禁中服役的宦官。❽御史　官名。春秋戰國時代列國皆有御史，為國君親近之職，掌文書及記事。秦設御史大夫，職副丞相，位甚尊；並以御史監郡，遂有糾察彈劾之權，蓋因近臣使作耳目。漢以後，御史職銜累有變化，職責則專司糾彈，而文書記事乃歸太史掌管。❾哭踊　邊哭邊頓足。❿守宮令　守宮即守城的堡壘。⓫東園匠　官名。秦漢置。在東園主持製作皇陵器物的官員。⓬緹繒　丹黃色的絲織品。⓭飯唅珠玉　古喪禮，以珠、玉、貝、米等物納於死者之口。⓮槃冰　將屍體置於冰盤之中。⓯二千石　漢制，郡守俸祿為二千石，即月俸百二十斛。世因稱郡守為「二千石」。⓰竹使符　漢時竹製的信符。右留京師，左與郡國。凡發兵用銅虎符，其餘徵調用竹使符。《漢書・文帝紀》：「初與郡守為銅虎符，竹使符。」顏師古引應劭注：「竹使符皆以竹箭五枚，長五寸，鐫刻篆書，第一至第五。」⓱小斂　亦稱「小殮」。舊時喪禮之一，給死者沐浴、穿衣、覆衾等。⓲東園祕器　皇室、顯宦死後用的棺材。⓳洞赤　通紅。⓴虡文　懸掛鐘磬的木柱上的紋飾。㉑偃月　橫臥形的半弦月。㉒梓宮　皇帝、皇后的棺材。㉓大斂　喪禮之一，將已裝裹的屍體放入棺材。㉔楹　廳堂的前柱。㉕五官　指漢代的五官中郎將。㉖左右虎賁　左中郎、右中郎和虎賁中郎將。㉗羽林五將　指羽林中郎將。㉘端門　宮殿的正南門。㉙陛　侍立於陛側。㉚四姓小侯　樊、郭、陰、馬四姓外戚年幼封侯者。㉛特進　官名。始設於西漢末。授予列侯中地位特殊的人。位在三公下。東漢至南北朝僅為加官，無實職。㉜中二千石　漢官秩名。漢制，秩二千石者，一歲得一千四百石，實不滿二千石也。中二千石者，一歲得二千一百六十石，舉成數言之，曰中二千石。中者，滿也。漢制九卿皆中二千石，故用為九卿的代稱。㉝列侯　爵位名。秦制爵分二十級，徹侯位最高。漢承秦制，為避漢武帝劉徹諱，改徹侯為通侯，或稱「列侯」。㉞六百石　官秩等級。戰國秦置，秦、漢沿置，為中級官員等級，銅印墨綬，月俸七十斛。魏、晉、南北朝設品階後，成為俸祿等級。㉟博士　古代學官名。六國時有博士，秦因之，諸子、諸賦、術數、方伎皆立博士。漢文帝時置一經博士，武帝時置「五經博士」，職責是教授、課試，或奉使、議制。㊱重行　兩行排列。㊲貴人　女官名。後漢光武帝始置，地位僅次於皇后。歷代沿其名，而位尊卑不一。㊳阼階　東階。《尚書・顧命》：「大輅在賓階面，綴輅在阼階面。」㊴珪璋　玉製的禮器。古代用於朝聘、祭祀。《莊子・馬蹄》：「白玉不毀，孰為珪璋。」㊵嗣子　帝王或諸侯的承嗣子（多為嫡長子）。㊶釘衽　釘合腰棺。㊷截去牙　把原來隔開棺蓋棺牆的象牙板截去。㊸太牢　舊時祭祀牛、羊、豕俱用叫太牢。㊹尚食　官名。掌帝王膳食。秦始置。東漢以後，併其職於太官湯官。

【語　譯】皇帝駕崩，皇后下哀詔命太尉、司徒、司空三公主辦喪事。在朝百官都改穿白布單衣，脫帽束白布巾。緊閉城門、宮門。近臣中黃門手持兵械，虎賁、羽林、郎中各衙署嚴加防衛，皇宮和官府的警衛、北軍的五營校尉環繞皇宮屯紮，黃門令、尚書、御史、謁者晝夜巡行警戒。三公為皇帝遺體手足面容肌膚的整容清理要符合禮法。皇后、皇太子和其他皇子的痛哭哀號要符合禮法。遺體的沐浴要符合禮法。守宮令兼東園匠率領女執事人員，給遺體裹上黃紗紅絹，穿上金縷玉衣葬服，一如舊例。將米飯珠玉放入遺體口中，要符合禮法。按禮法要求，將屍體置於冰盤之中。百官齊赴殿下號哭。當日或當夜，驛傳通過竹製信符向各郡國牧守、諸侯王發出訃告。訃告所到之處，各地官員都要伏地啼哭致哀。小斂的穿衣、束絹、覆衾要依禮進行。東園匠、考工令奏獻棺材，棺木內外紅漆。懸掛鐘磬的木柱上紋飾畫日月、朱鳥、玄龜、青龍、白虎、連璧、偃月。槍木棺材要鑲嵌象牙，一如舊例。接著，在內殿東階兩楹之間進行大斂，給死者加裹衣衾，抬屍入棺。中郎將、左中郎、右中郎、虎賁中郎將、羽林中郎將各率所部，手持虎賁戟，分屯於端門階陛左右兩廂；中黃門則手持兵械於殿上守衛。夜漏開始，群臣陸續進入內殿，晝漏上水準備計時，大鴻臚設置九賓席位，九賓依次隨立殿下。謁者引導諸侯王立於殿下，面朝西站立於北階之上；宗室諸侯王和外戚四姓小侯站在內殿之後，面西北上。治禮郎引導三公就位於殿下北邊；特進立於中二千石之後，列侯立於二千石之後，六百石和博士站在最後。其餘群臣陪位者皆列為兩行，站在西邊臺階之上，各就各位站定，大鴻臚宣布準備完畢，謁者隨即將情況上報，於是皇后面向東，貴人、公主、宗室婦女依次站在後面；皇太子、皇子站在東邊面向西；皇子稍微退立南邊面向北：一起伏地痛哭。大鴻臚向另一邊傳話「都哭」，在殿百官便應聲同哭。三公自東階走近棺槨，向內棺放置各種玉器等物，近臣則在旁協助，一如舊例。皇太子等依照禮法啼哭頓足，隨後東園匠和專職武士用小栓釘合棺槨，截去隔開上蓋下牆的象牙板。太常獻上牛羊豕太牢致祭，太官食監、中黃門、尚食等近臣依次祭奠，執事的謁者、治禮郎等按禮儀行事。太常、大鴻臚又照舊例傳呼殿下群臣號哭。

三公奏尚書顧命，太子即日即天子位于柩前，請太子即皇帝位，皇后為皇太后。奏可。群臣皆出，吉服❶入會如儀。太尉升自阼階，當柩御坐北面稽首，讀策❷畢，以傳國玉璽綬東面跪授皇太子，即皇帝位。中黃門掌兵以玉具、隨侯珠❸、斬蛇寶劍❹授太尉，告令群臣，群臣皆伏稱萬歲。或大赦天下。遣使者詔開城門、宮門，罷屯衛兵。群臣百官罷，入成喪服❺如禮。兵官戎。三公、太常如禮。

【章旨】以上記述皇太子在先帝靈柩前繼位的過程。文中出現的「隨侯寶珠」、「斬蛇寶劍」都是新君登極的禮器，均有典故可尋。

【注釋】❶吉服　古代祭祀時所著之服。祭祀為吉禮，故稱。《周禮・春官・司服》：「王之吉服，祀昊天上帝，則服大裘而冕，祀五帝亦如之。」❷策　古代君王對臣下封土、授爵、免官或發布其他教令的文件。杜預：「策，賜命之書。」❸隨侯珠　傳說古代隨國姬姓諸侯見一大蛇傷斷，以藥敷之而癒；後蛇於江中銜明月珠以報德，因曰隨侯珠，又稱靈蛇珠。亦省作「隨珠」。❹斬蛇寶劍　漢劉邦起事前曾醉行澤中，遇大蛇當道，乃拔劍斬之。見《史記・高祖本紀》。後用以為典。❺喪服　居喪所穿的衣服。亦指服喪或服喪的期限。

【語譯】三公奏稟皇后、皇太子說：《尚書・顧命》記載成王死，太子當日就即皇帝位於靈柩之前，請皇太子立即即皇帝位，皇后改稱為皇太后。奏稟被批准。群臣都退出，照舊例改穿吉服入朝。太尉自東階拾級而上，面對靈柩前面的御座向北稽首叩拜，接著向殿下宣讀詔策，宣讀完畢，又面向東，將傳國玉璽綬帶跪授予皇太子，於是皇太子即帝位，坐於柩前御座。中黃門手持兵器，將玉杖玉匣、隨侯寶珠和斬蛇寶劍授給太尉，轉告群臣朝賀。群臣都伏地高呼「萬歲」。有時則由新皇帝宣布「大赦天下」。然後派遣使者持詔打開城門宮門，宣布解除戒嚴，撤走宮外駐軍。群臣百官罷會散去，新皇帝、皇太后則依照禮法入宮服喪。將領穿戎裝。三公和太常則依照禮法繼續持兵護衛新君。

故事：百官五日一會臨❶，故吏二千石、刺史❷、在京都郡國上計掾史❸皆五日一會。天下吏民發喪臨三日。先葬二日，皆旦晡❹臨。既葬，釋服❺，無禁嫁娶、祠祀。佐史❻以下，布衣冠幘，絰帶❼無過三寸，臨庭中。武吏布幘大冠。大司農❽出見錢穀，給六丈布直❾。以葬，大紅十五日，小紅十四日❿，纖七日，釋服。部刺史、二千石、列侯在國者及關內侯⓫、宗室長吏及因郵⓬奉奏，諸侯王遣大夫一人奉奏，弔⓭臣請驛馬露布⓮，奏可。

【章　旨】以上介紹大喪期間在京的各級官吏所需服喪的期限，並具體規定了各自需穿的喪服種類，這還是為了區分等級。

【注　釋】❶臨　哭弔死者。《史記．高祖本紀》：「漢王聞之，袒而大哭。遂為義帝發喪，臨三日。」❷刺史　古代官名。原為朝廷所派督察地方之官，後沿為地方官職名稱。漢武帝時，分全國為十三部（州），部置刺史。成帝改稱州牧，哀帝時復稱刺史。❸上計掾史　古代佐理州郡上計政事的官吏。上計，戰國、秦、漢時地方官於年終將境內戶口、賦稅、盜賊、獄訟等項編造計簿，遣吏逐級上報，奏呈朝廷，藉資考績。謂之上計。❹晡　下午三至五時。❺釋服　除去喪服，謂除喪。❻佐史　漢代地方官署內書佐和曹史的統稱。《漢書．百官公卿表》：「百石以下有斗食，佐史之秩，是為少吏。」❼絰帶　古代喪服所用的麻布帶子。❽大司農　官名。秦置治粟內史，漢景帝時改稱大農令，武帝太初元年更名為大司農。掌租稅錢穀鹽鐵和國家的財政收支，為九卿之一。❾直　價錢。❿大紅十五日二句　大紅，即「大功」。喪服名。小紅，亦是喪服名。纖，細紋織物。《史記．孝文本紀》：「已下，服大紅十五日，小紅十四日，纖七日，釋服。」裴駰《集解》引服虔曰：「當言大功、小功布也。纖，細布衣也。」⓫關內侯　封爵名。為封爵的第十九級，次於列侯。有爵無國色，寄食所在縣，民租多少，各有戶數為限。⓬郵　古代傳送文件或書信的人。⓭弔　祭奠死者或對遭喪事及不幸者給予慰問。⓮露布　泛指布告、通告之類。

【語譯】舊例：大喪停柩期間，在京百官每過五日要會合臨哭一次，舊官二千石、刺史和在京都的各郡國上計掾史也是五天會哭一次。天下吏民，得知皇帝駕崩訃告後，要在當地設靈位哭拜三天。下葬前兩天，都要從早到晚弔唁。下葬以後，解除喪服，不再禁止嫁娶、各種祭祀。佐史以下小吏在京者，穿布衣，戴布頭巾，喪服所用經帶不超過三寸，哭弔於外庭之中即可。武吏則束頭巾戴大冠。治喪期間大司農供應現成錢穀，每位官員只需付給六丈布價。下葬之後，群臣百官一律服大功布十五日，小功布十四日，纖布七日，此後便可解除喪服。各州刺史、祿秩為二千石的官員、列侯在國的以及關內侯、宗室長吏要通過郵傳奏弔，諸侯王則派遣大夫一人奏弔，弔臣請求使用驛馬和露布文書，應予奏准。

以木為重，高九尺，廣容八歷❶，裹以葦席。巾門、喪帳皆以簟❷。車皆去輔轓，疏布惡輪❸。走卒❹皆布構❺幘。太僕駕四輪輈❻為賓車，大練❼為屋幙。中黃門、虎賁各二十人執紼。司空擇土造穿❽。太史❾卜日。謁者二人，中謁者❿僕射、中謁者副將作，油緹帳⓫以覆坑。方石⓬治黃腸題湊⓭便房⓮如禮。

【章旨】以上內容為發喪前有條不紊地進行著的準備工作。「黃腸題湊」乃漢代帝王陵寢槨棺四周用柏木枋堆疊成的框形結構，了解此點對了解漢代喪儀很有幫助。

【注釋】❶八歷　八個排列的指頭。❷簟　竹席。❸疏布惡輪　粗布和不加雕飾的輪盤。❹走卒　供役使的卒吏。❺構袖狹而直。形狀如溝的單衣。❻輴　車轅。用於大車上的稱轅，用於兵車、田車、乘車上的稱輈。❼練　白色的絹。❽造穿　挖掘坑穴。這裡指挖掘墓道。❾太史　周、春秋時曰太史，掌記載史事、編寫史書、起草文書，兼管國家典籍和天文曆法等。秦漢曰太史令，漢屬太常，掌天時星曆。❿中謁者　官名。西漢置，掌奉引車駕，亦常奉使外出視疾護喪，初任用士人，後多以宦官充任。⓫油緹帳　用來防水的油布。⓬方石　方形條石。⓭黃腸題湊　漢時帝王陵寢槨棺四周用柏木枋堆疊成的框形結構。黃腸本謂柏木之心。柏木心黃，故稱。《漢書·霍光傳》：「光薨……賜金錢，繒絮，繡被百領，衣五十篋，璧珠璣玉衣，梓宮、便房、黃腸題湊各一具。」⓮便房　古代帝王、諸侯王等墓葬中象徵人臥居之處的建築，棺木即置其中。重臣死後，亦有受賜而享此殊遇者。

【語譯】用木板暫代神主牌，牌高九尺，寬可容八指，用葦席裹住。張掛的巾門、喪帳均以竹篾席製作。車輛均撤去兩邊的華麗屏幃，蒙上粗布，換上笨重的輪轂。承役的吏卒一律身穿粗布單衣，戴上粗麻頭巾。太僕駕馭四輪車作陪，車篷用白絹製成。中黃門、虎賁中郎將各二十人執紼，牽引靈車。司空選擇墳地挖掘墓壙。太史占卜以確定發喪日期。謁者兩人，中謁者僕射、中謁者協助營造陵墓，並用油緹帳幕覆蓋墓壙。方條石圍著黃腸題湊和便房，一如禮法規定。

大駕，太僕御。方相氏❶黃金四目，蒙熊皮，玄衣朱裳，執戈揚楯，立乘四馬先驅。旂❷之制，長三仞❸，十有二游，曳地，畫日、月、升龍，書旐❹曰「天子之柩」。謁者二人立乘六馬為次。大駕甘泉❺鹵簿❻，金根容車❼，蘭臺❽法駕❾。喪服大行❿載飾如金根車。皇帝從送如禮。太常上啟奠。夜漏二十刻，太尉冠長冠，衣齋衣，乘高車，詣殿止車門外。使者到，南向立，太尉進伏拜受詔。太尉詣南郊。未盡九刻，大鴻臚設九賓隨立，群臣入位，太尉行禮。執事皆冠長冠，衣齋衣。太祝令⑪跪讀謚策，太尉再拜稽首。治禮告事畢。太尉奉謚策，還詣殿端門。太常上祖奠⑫，中黃門尚衣奉衣登容根車。東園武士載大行，司徒卻行道立車前。治禮引太尉入就位，大行車西少南，東面奉謚策，太史令奉哀策⑬立後。太常跪曰「進」，皇帝進。太尉讀謚策，藏金匱⑭。皇帝次科藏于廟。太史奉哀策葦篋詣陵。太尉旋復公位，再拜立。太常跪曰「哭」，大鴻臚傳哭，十五⑮舉音⑯，止哭。太常行遣奠⑰皆如禮。請哭止哭如儀。

【章　旨】以上對發喪之日柩車未行前的情形予以詳細介紹。方相氏乃是周官之名，由武夫裝扮以驅除疫鬼；「旂」、「旐」都是為喪禮所用而特製的旗。「鹵簿」是帝王的車駕。柩車將行，各類策文依次被宣讀，哭祭之儀按次進行，以顯示皇帝喪儀的隆重。

【注　釋】❶方相氏　周官名。夏官之屬，由武夫充任，執掌驅除疫鬼和山川精怪。❷旂　上畫交龍、竿頭繫鈴的旗。❸仞　古代七或八尺為一仞。❹旐　古代畫有龜蛇圖像的旗。也指喪事用的一種魂幡。❺甘泉　宮名。故址在今陝西淳化西北甘泉山，本秦宮。漢武帝增築擴建，在此朝諸侯王，饗外國客；夏日亦作避暑之處。❻鹵簿　古代帝王駕出時扈從的儀仗隊。出行之目的不同，儀式亦各別。自漢以後亦用於后妃、太子、王公大臣。❼金根容車　飾以金飾用於送葬時載運死者衣冠畫像之車。根車，即用自然圓曲的樹木做車輪裝配成的車子。❽蘭臺　漢代宮內收藏典籍之處，因御史臺掌管蘭臺，亦用來指代御史臺。❾法駕　天子車駕的一種。天子的鹵簿分大駕、法駕、小駕三種，其儀衛之繁簡各有不同。❿大行　古代稱剛死尚未定謚號的皇帝、皇后。⓫太祝令　官名。商官有六太，其一為太祝。《周禮》春官宗伯之屬有太祝，掌祭祀祈禱之事。秦漢有太祝令丞，屬太常卿。歷代多因之。⑫祖奠　出殯前一天晚上的祭奠。⑬哀策　文體的一種。封建時代頌揚帝王、后妃生前功德的韻文，多書於玉石木竹之上。行葬禮時，由太史令讀後，埋於陵中。⑭金匱　銅製的櫃。古時用以收藏文獻或文物。⑮十五　即十五時。《淮南子・天文》分一日一夜為十五時。⑯舉音　為悼死者而放聲哀哭。⑰遣奠　古時稱將要下葬時的祭奠。

【語譯】皇帝靈柩出行，由太僕駕車。擔任驅除疫鬼的方相氏，飾以黃金四目，背蒙熊皮，黑衣紅裙，執戈揚盾，立於四馬並駕的車上，開路先驅。大旗的形制，長度超過三仞，十二條飄帶直拖地面，旗上繡有日、月和飛龍，招魂幡上書寫有「天子之柩」等字。兩位謁者並排立於六馬所拉的車上，緊隨其後。大駕出行採用的是甘泉宮儀仗扈從、金根容車和蘭臺法駕。故世皇帝的柩車，載具外飾仿照金根車。新皇帝跟在後面送葬，一如禮法規定。太常負責上前啟奏皇帝祭奠。夜漏二十刻，太尉戴上長冠，穿上齋衣，坐上高車，來到內殿，將車停在東門外。使者到達，面南而立，太尉近前伏地叩拜接受詔命。然後太尉直抵南郊。快到晚上九刻時，大鴻臚安排九賓就地站立，群臣各就各位，太尉開始行上謚禮。所有執事人員都頭戴長冠，身穿齋衣。太祝令跪讀給予謚號的策命，接著太尉再拜稽首。治禮郎宣告上謚結束。太尉捧持謚策回到內殿端門。太常負責上祖奠，中黃門尚衣官手捧逝者衣冠登上容根車。東園武士們抬起故皇帝靈車前行，司徒倒行立於柩車之前。治禮郎引導太尉入殿就位，站在故皇帝靈車西邊偏南，面朝東手捧謚策，太史令手捧哀策站在後面。太常跪稟道「請進」，於是皇帝進入。太尉宣讀謚策，隨後收藏於金櫃。皇帝謚策又依次分藏於太廟。太史手捧哀策和盛有臨時神主牌的葦篋直詣陵園寢殿收藏。行禮畢，太尉回到原來位置，向靈車再拜後肅立。太常向皇帝跪拜說「哭」，大鴻臚於是傳告在殿群臣「都哭」。人們大哭一日一夜，治禮郎高呼「止哭」後，哭泣停止。太常又行遣奠禮，其間請哭、止哭，都依固定禮儀進行。

晝漏上水，請發。司徒、河南尹先引車轉，太常跪曰「請拜送」。載車著白系縿繆紼，長三十丈，大七寸為輓❶，六行，行五十人。公卿以下子弟凡三百人，皆素幘委貌冠❷，衣素裳。校尉三百人，皆赤幘不冠，絳科單衣，持幢幡。候司馬丞為行首，皆銜枚。羽林孤兒❸、巴俞擢歌者❹六十人，為六列。鐸❺司馬八人，執鐸先。大鴻臚設九賓，隨立陵南羨門❻道東，北面；諸侯、王公、特進道西，北面東上；中二千石、二千石、列侯直九賓東，北面西上。皇帝白布幕素裡，夾羨道東，西向如禮。容車幄坐羨道❼西，南向，車當坐，南向，中黃門尚衣奉衣就幄坐。車少前，太祝進醴獻如禮。司徒跪曰「大駕請舍」，太史令自車南，北面讀哀策，掌故❽在後，已哀哭。太常跪曰「哭」，大鴻臚傳哭如儀。司徒跪曰「請就下位」，東園武士奉下車。司徒跪曰「請就下房」，都導東園武士奉車入房。司徒、太史令奉謚、哀策。

東園武士執事下明器❾。筲八盛❿，容⓫三升，黍一，稷一，麥一，梁一，稻一，麻一，菽一，小豆一。甕⓬三，容三升，醯⓭一，醢⓮一，屑⓯一。黍飴⓰。載以木桁⓱，覆以疏布⓲。甒⓳二，容三升，醴⓴一，酒一。載以木桁，覆以功布㉑。瓦鐙㉒一。彤矢㉓四，軒輖㉔中，亦短衛。彤矢四，骨，短衛。彤弓一。卮㉕八，牟㉖八，豆㉗八，籩㉘八，形方酒壺八。槃匜㉙一具。杖、几各一。蓋一。鍾㉚十六，無虡㉛。鎛㉜四，無虡。磬㉝十六，無虡。塤㉞一，簫四，笙一，篪㉟一，柷㊱一，敔㊲一，瑟六，琴一，竽一，筑一，坎侯㊳一。干㊴、戈㊵各一，笮㊶一，甲一，胄㊷一。輓車九乘，芻靈㊸三十六匹。瓦竈㊹二，瓦釜㊺二，瓦甑㊻一。瓦鼎十二，容五升。瓦勺㊼一，容一升。瓦案九。瓦大杯十六，容三升。瓦小杯二十，容二升。瓦飯槃十。瓦酒樽二，容五斗。瓦勺二，容一升。

【章旨】以上介紹護送先帝靈柩的車隊和各種冥器。在護柩車隊行進過程中，百官仍然依次序排列，不得亂了次序。而冥器的豐富可佐證帝王葬儀的莊嚴肅穆，其中包括各類農作物、生活用品以及各種樂器。

【注釋】❶輓　這裡指牽引喪車的繩索。❷委貌冠　周時冠名。《荀子・哀公》：「魯哀公問於孔子曰：紳委章甫，有益於仁乎？」楊倞注：「紳，大帶也。委，委貌，周之冠也。」❸羽林孤兒　漢武帝建羽林騎，取從軍死事之子孫養於羽林，官教以五兵，號曰「羽林孤兒」。❹巴俞擢歌者　巴俞，古樂舞名；蜀古地名。擢歌，櫂歌。古代巴人相互牽手邊跳邊唱的一種民歌。顏師古：「巴俞之人剛勇好武，初高祖用之，克平三秦，美其功力，後使樂府習之，因名《巴俞舞》也。」❺鐸　古代樂器。大鈴的一種。古代宣布政教法令或遇戰事時用之。也指鐸舞。❻羨門　墓門。❼羨道　墓道。❽掌故　亦作「掌固」。官名。漢置，太常屬官，掌管禮樂制度等的故實。❾明器　即冥器。專為隨葬而製作的器物，一般用竹、木或陶土製成。❿筲八盛　筲裡放了八種供祭祀用的糧食。筲，一種竹器。盛，放在容器裡用來祭祀的穀類。⓫容　容納。⓬甕　一種盛水、酒等的陶器。⓭醯　醋。⓮醢　肉醬。⓯屑　肉末。⓰飴　用米、麥製成的糖漿、糖稀。⓱桁　檁子。⓲疏布　粗布。⓳甒　酒器。⓴醴　甜酒。㉑功布　細布。㉒鐙　古代盛放熟食的器具。㉓彤矢　朱漆箭。古代天子用以賜有功的諸侯或大臣專征伐。㉔軒輖　車前高後低叫軒，前低後高叫輖。引申為高低、優劣。㉕卮　古代盛酒器。㉖牟　大麥。㉗豆　古代一種盛食物的器皿，形似高腳盤。㉘籩　古代祭祀或宴會時盛食品用的一種竹器。㉙槃匜　古代盥洗用具，注水用匜，承水用槃。㉚鍾　酒器。㉛無虡　沒有立柱。古時懸鐘鼓木架的兩側立柱。㉜鎛　大鍾。㉝磬　古代一種石製的敲擊樂器，形似曲尺。㉞壎　古代用陶土燒製的一種樂器。㉟箎　一種竹製樂器。㊱柷　一種打擊樂器，奏樂開始時擊柷。㊲敔　樂曲終了時擊敔。㊳坎侯　樂器名。即箜篌，也稱空侯。漢武帝令樂人侯調依琴作「坎坎之樂」。坎坎，形容聲應節奏，侯是以姓冠樂章，故稱「坎侯」。㊴干　盾牌。㊵戈　兵器的一種。㊶笮　盛箭的竹器。㊷冑　頭盔。㊸芻靈　用茅草紮成的人馬，為古人送葬之物。㊹瓦竈　即瓦灶。㊺釜　古炊器，斂口，圓底，或有二耳。其用如鬲，置於灶口，上置甑以蒸煮。盛行於漢代。有鐵製的，也有銅和陶製的。㊻甑　古代做飯用的一種陶器。㊼匏勺　用葫蘆作的瓢勺。匏，匏瓜；瓢葫蘆。

【語　譯】晝漏上水準備計時，請靈車出發上陵。司徒和河南尹先引靈車轉動，太常跪稟皇帝說「請拜送」。載柩靈車掛滿了纏於紼上的白布條，紼長三十丈、寬七寸，是牽引靈車的輓索，車前輓紼的人員分為六行，每行五十人。第一批為公卿以下子弟總共三百人，都是白頭巾，黑禮帽，穿白裙。第二批是三百校尉官，都是紅頭巾，不戴帽，深紅色罩衣，手持旗幟。由候司馬丞打頭，均口中啣枚。從羽林衛署孤兒、《巴俞》樂舞選歌手六十人為六列，排在後面。鐸司馬八人，在前振鐸開道。大鴻臚指定九賓所站位置，隨立於陵南羨門道東，面朝北；諸侯王、三公以及特進站在羨道西，面朝北站立於東側上首位，中二千石、二千石官和列侯則站在九賓之東，面朝北站立於西側上首位。皇帝的帳篷用白布作幕帘，白裡，夾羨道東側而設，方向面西，一如禮法。載有故皇帝木主畫像的容車幄擺設於羨道西側，面向南；執事人員也在車上捧著遺像面向南，中黃門尚衣官手捧逝者衣冠坐於幄中。靈車稍移前，太祝依舊例向死者靈柩獻甜酒。司徒跪告說「請先帝大駕暫停休息」，太史令便從柩車南邊，面朝北宣讀哀策；掌管禮樂制度的掌故陪立在後，讓大家停止啼哭。哀策讀畢，太常跪說「哭」，大鴻臚按慣例立即應聲傳呼「都哭」。接著司徒跪向靈柩說「請先帝靈柩落地就位」，於是東園武士們將靈柩抬下靈車。司徒又跪稟說「請靈柩下葬墓室」，都導官於是指揮武士們將靈柩放入墓室。司徒、太史令又相繼放入謚書、哀策。

接著，東園武士和執事人員將柩車上的明器全部置入墓室。放入筲籠八種供祭祀用的糧食，各容三升，其中盛黍一件、盛稷一件、盛麥一件、盛粱一件、盛稻一件、盛麻一件、盛菽一件、盛小豆一件；陶甕三個，各容三升，其中盛醋醯一件、盛肉醬一件、盛肉屑一件。還有黍米製成的米糖。上述諸物，均裝進木箱，用粗布覆蓋。還有瓦甒兩壺，各容三升，其中內盛甜酒一件、盛米酒一件均裝進木箱，用細布覆蓋。瓦燈一盞。朱漆箭四枝，長短合適，垂羽不長。又朱漆箭四枝，鑲有骨鏃，垂羽也短。朱漆弓一張。酒盅八個，酒壇八個，木盤八個，竹盤八個，方形酒壺八個。洗臉盆、漱口匜一套。手杖、憑几各一。傘蓋一具。鍾大小十六口，無座架。鎛鍾四口，無座架。石磬十六個，無座架。陶塤一件，簫四件，笙一件，篪一件，柷一件，敔一件，瑟六件，琴一件，竽一件，筑一件，箜篌一件。盾、戈各一件，箭袋一件，甲衣一襲，胄鍪一頂。牽引的車馬九乘；茅草紮成的人馬三十六組。瓦灶二件，瓦鍋二件，瓦甑一件。瓦鼎十二件，各容五升。匏勺一件，容一升。瓦案九件。瓦大碗十六個，各容三升。瓦小碗二十個，各容兩升。瓦飯桶十個。瓦酒樽二件，各容五斗。匏勺二件，各容一升。

1 祭服衣送訖畢，東園匠曰「可哭」，在房中者皆哭。太常、大鴻臚請哭止哭如儀。司徒曰：「百官事畢，臣請罷。」從入房者皆再拜，出，就位。太常導皇帝就贈位。司徒跪曰：「請進贈。」侍中奉持鴻洞❶。贈玉珪長尺四寸，薦❷以紫巾，廣袤❸各三寸，緹裡，赤纁❹周緣；贈幣❺，玄三纁二，各長尺二寸，廣充幅❻。皇帝進跪，臨羨道房戶，西向，手下贈，投鴻洞中，三。東園匠奉封入藏房❼中。太常跪曰：「皇帝敬再拜，請哭。」大鴻臚傳哭如儀。太常跪曰：「贈事畢。」皇帝促就位。容根車游載容衣。司徒至便殿❽，并騶騎❾皆從容車玉帳下。司徒跪曰：「請就幄。」導登。尚衣奉衣，以次奉器衣物，藏於便殿。太祝進醴獻⑩。凡下，用漏十刻⑪。禮畢，司空將校復土⑫。

2 皇帝、皇后以下皆去麤服，服大紅，還宮反廬，立主如禮。桑木主尺二寸，不書謚。虞禮⑬畢，祔⑭於廟，如禮。

3 先大駕日游冠衣于諸宮諸殿⑮，群臣皆吉服從會如儀。皇帝近臣喪服如禮。醳⑯大紅，服小紅，十一升⑰都布⑱練冠⑲。醳小紅，服纖。醳纖，服留黃⑳，冠常冠。近臣及二千石以下皆服留黃冠。百官衣皁。每變服，從哭詣陵會如儀。祭以特牲，不進毛血首㉑。司徒、光祿勳㉒備三爵㉓如禮。

【章旨】上述所記的是先帝喪儀結束後的活動。分別有進贈禮、醴獻、虞禮、更換喪服等等。各種活動所需的禮器不同，參與的官員也有所不同。承接前文而言，此內容是喪禮的終結。

【注釋】❶鴻洞　收藏帝王皇后在隧道所受先皇帝贈品的禮器。❷薦　墊。❸廣袤　指土地面積，從東到西的長度叫「廣」，從南到北的長度叫「袤」。❹纁　淺絳色。❺幣　繒帛。古常用為贈品的禮物。❻廣充幅　東西廣度照原織布廣度不減。幅，布帛的寬度。古制一幅為二尺二寸。❼藏房　即東園藏房，是專藏帝后祕器的倉庫。❽便殿　正殿以外的別殿。古時帝王休息消閒之處。❾轝騎　指車馬。轝，通「轂」。❿醴獻　向帝、后獻上甜酒。⓫用漏十刻　在早上五點。⓬復土　掘穴下棺，以所出土覆於棺上為墳，建陵墓。⓭虞禮　葬後安神的祭禮。⓮祔　祭名。原指古代帝王在宗廟內將後死者神位附於先祖旁而舉行的祭祀。⓯先大駕句　在祔祭前一日，天子乘輿載死者冠、衣遍遊各宮殿。⓰醳　通「釋」。釋放；脫去。⓱十一升　布八十縷為升。《禮記・雜記》：「朝服十五升。」此比朝服布縷粗疏。⓲都布　即荅布。一種質地粗厚的布。⓳練冠　厚繒或粗布之冠。古禮親喪一週年祭禮時著練冠。⑳留黃　黑黃色。㉑不進毛血首　不獻所殺特牲的皮毛、鮮血和牲首。㉒光祿勳　西漢太初元年（西元前一〇四年）改郎中令置，秩中二千石，位列九卿。掌宮殿門戶宿衛，兼侍從皇帝左右，宮中宿衛、侍從、傳達諸官皆隸屬之。又典期門（虎賁）、羽林諸禁衛軍。署設宮禁中，宮中設獄，稱光祿外部。屬官眾多，機構龐大。新莽改名司中，東漢復舊。以掌宮殿門戶宿衛為主，罷郎中三將及五官、左、右中郎將署，分領中郎、侍郎、郎中，名為宿衛，實為官員儲備之所。㉓三爵　三盅酒。

【語　譯】穿祭服送到山陵寢殿以後，東園匠宣布「可哭」，於是在墓室中的人員都要哭泣。太常、大鴻臚依舊例相繼傳呼「哭」和「止哭」。司徒向皇帝啟奏道：「百官各項任務完成，臣請求罷止。」於是跟從進入墓室的人員兩拜之後退出，各就原位站定。太常導引皇帝立於贈位。司徒跪奏道：「請行進贈禮。」侍中手捧贈品鴻洞寶器在旁侍立。司徒取出長一尺四寸、藍紅絹巾墊底、底面長寬各三寸、桔紅質料、淺紅邊長方玉珪和三塊天青色、兩塊淺紅色，各寬二尺二寸、長一尺二寸的繒帛交給皇帝。皇帝進跪至羨道墓室門口，轉身向西，親手將三類贈品一一投進鴻洞中。東園匠再將鴻洞封好收進寢殿裡。隨後太常下跪宣布：「皇帝敬謹再拜謝，請哀哭。」大鴻臚即照例傳呼「大家隨哭」。哭罷，太常跪稟：「贈事結束。」皇帝迅即回到原位。容根車便載著死者遺像、御衣。皇帝輦從和司徒回到園陵寢殿，都從玉飾的寶帳車前下車。司徒跪奏：「請皇帝坐進幄篷。」並起身扶皇帝登上幄篷。尚衣官捧上故皇帝衣服器物等遺物，藏於便殿。太祝進前向皇太后、皇帝獻上甜酒。隨後，人員統統下來，用時十刻。禮儀完畢，司空和將校隨即覆土埋棺。

2 於是皇帝、皇后以下親人都卸去粗麻喪服，改穿大功服，還宮後重返墓廬迎回死者魂靈，在宮中舉行安放神主的虞祭禮。桑木神主高一尺二寸，只寫名諱不寫謚號。虞祭完畢，再將神主祔祭於廟，一如禮儀。

3 在帝后穿戴禮服遍遊各宮殿的前一天，群臣都穿上吉服按朝會禮儀拜謁皇帝。凡皇帝近臣親信，都得依禮儀服喪。依次卸下大功服，穿小功服，戴布縷粗疏的白疊布帽。再卸下小功服，穿上最輕的喪服。卸下最輕的喪服，再穿羅縠衣和褐黃色衣，戴平時的便帽。近臣及二千石以下官員都戴褐黃帽，百官穿黑衣。每過一定時間換一次服色，都要跟從帝后到故皇帝陵墓祭奠一番，一如禮法。其間祭祀陵墓，只用一牛，不獻牲首毛血。司徒、光祿勳則依舊例另備三盅酒附祭。

太皇太后、皇太后崩，司空以特牲告謚于祖廟如儀。長樂❶太僕❷、少府❸、大長秋❹典❺喪事，三公奉制度，他皆如禮儀。

【章旨】以上講述太皇太后、皇后的喪事。由於古代社會輕視女性，連貴如國母者的喪禮都要比皇帝喪禮簡省。

【注釋】❶長樂　指長樂宮。西漢高帝時，就秦興樂宮改建而成，為西漢主要宮殿之一。漢初皇帝在此視朝。惠帝後，為太后居所。故址在今陝西西安西北郊漢長安故城東南隅。❷太僕　官名。周官有太僕，掌正王之服位，出入王命，為王左馭而前驅。秦漢沿置，為九卿之一，為天子執御，掌輿馬畜牧之事。❸少府　官名。九卿之一。東漢時掌管宮中服御諸物。卿一人，秩中二千石。❹大長秋　官名。漢置，為皇后近侍，多由宦官充任。其職掌為宣達皇后旨意，管理宮中事宜。❺典　主持。

【語譯】太皇太后、皇太后去世，司空依例用一牛致祭於祖廟，並稟告禮官議定的謚號。長樂宮太僕、少府、大長秋主辦喪事，三公依據制度辦理，其他百官都遵循禮儀行事。

合葬：羨道開通，皇帝謁便房，太常導至羨道，去杖，中常侍❶受，至柩前，謁，伏哭止如儀。辭，太常導出，中常侍授杖，升車歸宮。已下，反虞立主如禮。諸郊廟祭服皆下便房。五時朝服❷各一襲在陵寢，其餘❸及宴服皆封以篋笥，藏宮殿後閤室❹。

【章旨】以上講述太皇太后或皇后與先帝合葬時的禮儀。重點描述了皇帝對先帝的謁拜以及回宮之後的虞祭。

【注釋】❶中常侍　官名。西漢元帝時置，為加官，諸侯、將軍、卿大夫、尚書、郎中等官員，凡加常侍者，即可出入禁中，常侍皇帝左右。無定員，可多至數十人，任用士人。元帝以後稱中常侍。東漢改為專職，侍從皇帝左右，顧問應對，贊導宮中諸事。❷五時朝服　死者四時朝會和因重大事故召開朝會的五類朝服。❸其餘　包括死者大婚禮服、常服、畋獵武服等。❹閤室　夾室。

【語譯】合葬的禮儀是：把地下羨道打通，皇帝先謁拜先帝寢殿便房，由太常引導至地下羨道，放下手杖，交中常侍暫時保管，然後進至靈柩前，拜謁，伏地哀哭、止哭，一如禮儀。辭靈時，由太常引導而出，中常侍奉還手杖，接著升車回宮。下車返回內殿，再舉行迎神安神的虞祭，按禮儀樹立神主牌位。以後便把死者郊祭、廟祭的禮服都收進各郊社祖祠的便房。五時朝服各一套收在陵園寢宮；其餘常穿衣服和宴會服飾都用篋笥封好，存放於宮殿之後的夾室。

諸侯王、列侯、始封貴人、公主薨，皆令贈印璽、玉柙銀縷❶；大貴人、長公主❷銅縷❸；諸侯王、貴人、公主、公❹、將軍、特進皆賜器，官中二十四物❺。使者治喪，穿作❻，柏椁❼，百官會送，如故事。諸侯王、公主、貴人皆樟棺，洞朱❽，雲氣畫。公、特進樟棺黑漆。中二千石以下坎侯漆。朝臣中二千石、將軍，使者弔祭，郡國二千石、六百石以至黃綬，皆賜常車❾驛牛贈祭。宜自佐史以上達❿，大斂皆以朝服。君臨弔若遣使者，主人免絰去杖⓫望馬首如禮。免絰去杖，不敢以戚凶服當尊者。自王、主、貴人以下至佐史，送車騎導從吏卒，各如其官府⓬。載飾以蓋，龍首魚尾，華布牆⓭，纁上周⓮，交絡前後，雲氣畫帷裳。中二千石以上有輜⓯，左龍右虎，朱鳥玄武⓰；公侯以上加倚鹿伏熊。千石以下，緇布蓋牆，魚龍首尾而已。二百石黃綬以下至于處士⓱，皆以簟席為牆蓋。其正妃、夫人、妻皆如之。諸侯王，傅、相、中尉⓲、內史典喪事，大鴻臚奏諡⓳，天子使者贈璧帛，載日⓴命諡如禮。下陵㉑，群臣釋麤服如儀，主人如禮。

【章　旨】以上對諸侯王、列侯、始封貴人、一般貴人、公主、公、將軍、特進等人死後的喪儀規格進行了介紹。由於等級不同，他們所用的棺槨、柩車、喪服裝飾都各不相同。

【注　釋】❶玉柙銀縷　用銀線連綴玉片而成的死者葬服。❷長公主　公主之尊崇者為長公主。西漢時多封皇帝長女或封皇帝長姐。東漢諸帝多封長女為長公主，惟順帝、桓帝之女皆封為長公主。❸銅縷　用銅絲穿玉片為葬衣。前有「金縷」、「銀縷」之說。❹公　爵名。西周時定為五等。爵制第一等，僅次於王，位在侯上。秦統一後罷，東漢末復置，有封邑，置官署。❺官中二十四物　各官常服用的二十四件器物，因人而異。❻穿作　穿羨道，作墓室。❼椁　同「槨」。古代套於棺外的大棺。❽洞朱　用透明的朱漆塗飾樟木棺材。❾常車　儀仗車。以車上插有畫著日月圖像的大常旗，故名。❿達　向朝廷報喪。⓫免絰去杖　取下束在腰間或頭上的麻帶，放下喪杖。⓬如其官府　符合各官等級的規定。⓭牆　古時出殯時柩車上覆棺的裝飾性帷幔。⓮纁上周　兩側上端用淺紅絹帛裝飾。⓯輜　一種有幃蓋的車子。⓰左龍二句　此從《禮記・曲禮上》：「前朱鳥而後玄武，左青龍右白虎。」「玄武」象龜，為太陰神。四物分表南火、北水、東木、西金之神。⑰處士　閒居未仕或不仕之人。《荀子・非十二子》：「古之所謂處士者，德盛者也。」⑱中尉　秦置，掌京城治安。西漢初，置為將兵武職。後遂常置，主京師治安事務，又稱備盜賊中尉，為九卿之一，秩中二千石。太初元年（西元前一〇四年）改稱執金吾。東漢末復改為中尉，官三品。⑲奏謚　議定死者謚號上奏皇帝。⑳載日　祭祀之日。載，祭祀。《國語・晉語四》：重耳若獲集德而歸載，使主晉民，成封國，其何實不從！韋昭注：載，祀也。㉑下陵　送葬禮畢離開陵墓。

【語譯】諸侯王、列侯、始封貴人、公主去世，一律敕命贈給印璽和葬服銀縷玉衣；大貴人、長公主去世，則贈葬服銅縷玉衣；諸侯王、貴人、公主、公、將軍、特進去世，特賜給禮器和官中二十四件器物。派使者主持喪事；穿地作墓、柏樹棺槨、在京百官集會送喪，都照慣例行事。棺槨使用的規定是，諸侯王、公主、貴人用樟樹棺槨，內外朱漆，棺壁繪雲氣畫。公、特進用樟木棺，黑漆。中二千石以下官員使用繪有箜篌的棺材。在朝的中二千石、將軍死，皇帝專派使者弔唁祭奠；地方郡國二千石以下至六百石至黃綬官死，均賜給常車驛牛助祭。佐史以上死者，都當上報，百官一律用朝服大殮。皇帝臨弔或者派使者代弔，喪主人須依禮規免去經帶，放下哀杖，朝馬首拜謝。其所以要免經放下喪杖，是表示不敢因哀服喪而冒犯上尊。給王、公主、貴人以下至佐史死者家贈送車騎、導從、吏卒，各與其官府等級相合。載柩車蓋一般飾龍首魚尾；車幕可罩花布，上端可飾淺紅絹帛，繩索緊紮柩車前後；帷幗上繪雲氣畫。中二千石以上官員可用有帷布的輜車，靈柩左右前後可飾青龍、白虎、朱鳥、玄武；公侯以上可另加飾立鹿和伏熊的圖案。千石以下官員，柩車用青布罩蓋，前後飾龍首魚尾。自二百石黃綬以下吏胥直至山林處士，棺木一律用葦席為帷。諸侯王的正妃、官員的夫人、處士的妻子去世，其喪儀各與其丈夫身分相合。諸侯王的傅、相、執金吾和內史主治喪事；大鴻臚奏上謚號；天子派專使贈助璧玉絹帛；祭祀之日，按規定頒定謚號。葬罷禮畢，離開陵墓，群臣依例脫去粗服；喪主人則按禮儀規定服喪。

贊曰：大禮雖簡，鴻儀則容❶。天尊地卑，君莊臣恭。質文❷通變，哀敬交從。元序❸斯立，家邦迺隆。

【章　旨】作者強調禮儀規範於治國大業的重要性。

【注　釋】❶容　確切恰當。❷質文　質，樸實；缺乏文采。文，有文采。兩者相對。❸元序　最根本的秩序，指禮儀。

【語　譯】史官評議說：朝廷的大禮雖然簡易，但儀禮恢弘而恰當。禮儀體現的是天尊地卑的威嚴、君莊臣恭的精神。禮儀充滿了由簡到繁的變化，具備著孝親與忠君相輔相成的功用。禮儀作為基本規範的確立，預示著理家治國大業的興隆。

【研　析】中國歷來被稱為「禮儀之邦」，禮儀在古代社會的政治文化生活中有著極其重要的地位，閃耀著古代文明的燦爛光華。中國古代有「五禮」之說，祭祀之事為吉禮，冠婚之事為嘉禮，賓客之事為賓禮，軍旅之事為軍禮，喪葬之事為凶禮。實際上禮儀可分為政治與生活兩大部類。政治類包括祭天、祭地、宗廟之祭，祭先師先聖、尊師鄉飲酒禮、相見禮、軍禮等。在政治禮儀中，等差是古代禮儀最重要的特性之一，也是禮與俗的主要區別之一。不同等級的人，行不同等級的禮，如郊天、大雩為天子之禮，諸侯、大夫不得僭越。彼此的禮數有嚴格的等差。而生活類有如天子榮養三老、五更的「養老」以及「冠」禮和「祓禊」禮等。上述各類禮儀曲折地反映了漢代敬天重農的社會思潮和現實，體現了農耕社會中人們既倚重天命、又寄希望於人事的雙重心態，而敬天是由於科學知識的匱乏，重農則表明農業是國家的命脈。這些禮儀還反映出漢代對孝道的推崇和對教化的重視，即使是尊貴如皇帝，也必須敬養三老、五更以顯示自己對孝道的身體力行；從中央到地方，各級學校都供奉聖人周公和孔子，又恰恰反映出當時普遍重視教化的情形。既重視農業生產，又注重教化庶民，這是封建帝王維持國家長治久安必須具備的兩個基本手段。

禮儀的本質是治人之道，是鬼神信仰的派生物。人們認為一切事物都有看不見的鬼神在操縱，履行禮儀即是向鬼神討好求福。因此，禮儀起源於鬼神信仰，也是鬼神信仰的一種特殊體現形式。

喪禮是古代凶禮的一種。即安葬和悼念死者時所必須遵循的一整套禮儀制度。我國漢族喪禮，根源於上古社會的喪葬習俗，與靈魂不滅的觀念有關。隨著階級社會的出現，習俗逐漸禮儀化，經統治階級的推廣實行，至周代大致定型，成為人生禮儀中的重要組成部分。由秦漢及隋唐，喪禮臻於完備。主要包括喪葬儀規、喪服制度、祭祀活動三個方面。其核心為喪服制度。它具有重嫡系輕旁系，重長子輕庶子，重男輕女的顯著特點，為儒家肯定和堅持，表現了對宗族內尊卑長幼秩序的維護，具有用宗法倫理道德思想教育族人，團結宗族的作用。其影響廣泛涉及到政治、法律、婚姻等各方面，歷來受到統治階級的重視。

皇帝的喪禮可謂極盡奢華之能事，從大喪停柩期間的戒備森嚴，到發喪之日豪華的隨葬隊伍，都體現出皇帝作為天下共主的優越地位。更遑論那些充滿宗教意味的繁瑣禮儀和超乎我們想像力的各類冥器。凡此種種，無不是神化皇帝、維護皇權的舉動。這些在今日看來十分可笑的喪葬禮儀，在漢代是循「禮」的表現，是對前代禮儀的繼承與發揚，是值得褒獎的行為。而一旦逾越或達不到『禮』的標準，則被視為大逆不道的表現。

從本書〈禮儀志〉所記漢代國家的主要禮儀來看，大多與宗教活動和宗教儀式有關，祭神是禮的本質所在。禮儀的功能在於藉鬼神的權威神化政治，穩定社會。如果我們在信仰的層面看到的大多是抽象的思想運動的話，在禮儀層面我們所看到的是活生生的模式化的行為和活動。因而，只有把漢代的政治信仰與政治禮儀聯繫起來，我們才能更深刻地理解禮儀本身所具有的精神內涵。（孫繼民、陳瑞青、張春蘭注譯）

志第七

祭祀上

光武即位告天　郊　封禪

【題解】《祭祀志》三卷，即司馬彪《續漢書》的八志之一，記載了東漢一代的祭祀制度和有關事跡。

上卷主要記述光武帝時期即位告天的情況以及舉行南郊和封禪這兩項重大的祭祀制度和活動，從本卷移錄的光武帝《即位告天文》、《登封泰山刻石文》中，不僅可以看到光武帝極力宣傳的君權神授思想，而且還能看到讖諱學說對東漢政治的深刻影響。

中卷主要記述東漢的北郊和迎氣制度，附帶記述了迎氣、增祀、六宗、老子等四項祭祀制度。光武帝建立北郊，涉及到貶呂后而尊薄后的問題，因而具有很強的政治色彩。在明堂祭祀五帝，則為東漢明帝首創。

下卷主要記述東漢的宗廟制度。將西漢與東漢的朝代接續起來，以符合讖緯中所謂「九世」中興、天命有歸的君權神授思想，既要體現光武帝的中興之功，但又不能嚴重違反親疏有別的傳統宗廟制度規定，是光武帝建立宗廟制度要解決的主要問題。因此，本卷用了大量的篇幅對東漢在雒陽建立高廟、親廟，改建長安故高廟，在南陽舂陵祭祀故園，調整宗廟昭穆和禘祫之禮形式、新立世祖廟等事情作了較為詳細的交代。

祭祀❶之道❷，自生民❸以來則有之矣。豺獺知祭祀❹，而況人乎！故人知之至於念想❺，猶豺獺之自然也，顧古質略❻而後文飾❼耳。自古以來，王公❽所為群祀❾，至於王莽❿，漢書郊祀志既著矣，故今但列自中興⓫以來所修用⓬者，以為祭祀志。

【章　旨】以上為整個〈祭祀志〉上、中、下的序言。概要說明祭祀制度的緣起、演變，交代本書〈祭祀志〉的撰寫原則。

【注　釋】❶祭祀　祀神供祖的儀式。❷道　施行；舉行。❸生民　指人類誕生。❹豺獺知祭祀　指豺祭和獺祭。豺，獸名。形似狗而殘猛如狼，俗名豺狗。豺於深秋時多捕殺野獸以備冬，陳列於洞內四周，如同人陳物而祭，故稱「祭獸」或「豺祭」。獺，獸名。哺乳動物，棲息水邊，善游泳，主食魚類。初春，河水解凍，獺常捕魚陳列水邊，如同陳列供品祭祀，故稱「獺祭」或「獺祭魚」。豺、獺的活動，純屬本能，也就是下文的「豺獺之自然」。古人因以附會其為捕獵前的祭祀。❺念想　想念。這裡指念念不忘上天神明、故去的親人等。❻質略　質樸簡略。❼文飾　彩飾；形式華美。❽王公　指被封為王爵和公爵者。亦泛指達官貴人。❾群祀　古代大祀、中祀以下列在祀典的祭祀。這裡泛指各種類型的祭祀。❿王莽　（西元前四五－前二三年），字巨君。漢元帝皇后姪。以外戚封新都侯。平帝立，元后臨朝稱制，委政於王莽，封其為安漢公。後王莽殺平帝，立孺子嬰。初始元年（西元八年）稱帝，改國號為新。在位期間實行「改制」，將全國土地改稱「王田」，奴婢改稱「私屬」，均不得買賣。推行「五均六管」，控制和壟斷工商業，增加國家稅收。又屢改幣制。法令苛細，徭役繁重，吏治腐敗，社會矛盾日益激化。天鳳四年（西元一七年）爆發全國性的農民大暴動。更始元年（西元二三年），在赤眉、綠林軍的打擊下，新朝滅亡，王莽被殺。⓫中興　由衰落重新興盛。這裡指東漢建立。⓬修用　增修和使用。

【語　譯】祭祀的舉行，自人類誕生以來就已經有了。連豺獺都知祭祀，更何況人呢！因此，人們知道祭祀以至於念想，就如同豺獺一樣出於自然，只不過是古代的祭祀質樸簡略，而後來的祭祀更加講究而已。自古以來，王公所舉行的種種形式的祭祀，一直到王莽時期，《漢書・郊祀志》已經寫得很清楚了，所以，現在只是列舉自光武帝中興以來所增修和行用的祭祀，寫成〈祭祀志〉。

建武❶元年，光武❷即位于鄗❸，為壇營於鄗之陽。祭告❹天地，采用元始❺中郊祭❻故事。六宗❼群神皆從，未以祖配❽。天地共犢，餘牲尚約。其文曰：「皇天上帝❾，后土神祇❿，睠顧降命⓫，屬秀⓬黎元⓭，為民父母，秀不敢當。群下百僚⓮，不謀同辭，咸曰王莽篡弒竊位，秀發憤興義兵，破王邑⓯百萬眾於昆陽⓰，誅王郎⓱、銅馬⓲、赤眉⓳、青犢⓴賊，平定天下，海內蒙恩，上當天心，下為元元㉑所歸。讖記㉒曰：『劉秀發兵捕不道㉓，卯金㉔修德㉕為天子。』秀猶固辭，至于再，至于三。群下曰：『皇天㉖大命，不可稽留㉗。』敢不敬承！」

【章旨】以上記載光武帝即位時告天的情況。

【注釋】❶建武　東漢光武帝劉秀年號，西元二五—五六年。❷光武　東漢世祖劉秀之謚號。❸鄗　即鄗縣（今河北柏鄉北）。西元二五年，劉秀在縣南千秋亭五成陌即帝位，建立東漢政權，遂改名高邑。❹祭告　祭祀時向被祭祀的對象傾訴心聲。❺元始　西漢平帝劉衎年號，西元一—五年。❻郊祭　郊祀。古代帝王在郊外祭祀天地。郊，為大祀。祀，為群祀。❼六宗　古代尊祀的六神。六宗是何神？說法不一，詳見〈祭祀中・六宗〉注。漢平帝元始中，謂六宗為《易》卦六子之氣，即水、火、雷、風、山、澤。光武中興，遵而不改。❽配　配享。古代帝王祭天，以先祖配祭。❾皇天上帝　泛指天帝、上天。❿后土神祇　指地上諸神。⓫降命　降下大命。指授予皇帝之位。⓬秀　這裡是光武帝劉秀自謂。⓭黎元　老百姓。⓮群下百僚群臣百官。⑮王邑　西漢末人。王莽時為大司空，封成都侯、隆新公。劉玄更始元年（西元二三年），在昆陽為劉秀擊敗。⑯昆陽　即昆陽縣（今河南葉縣）。⑰王郎　一名昌。王莽新朝時趙國邯鄲（今河北邯鄲）人。為卜者，精於星曆，常以為河北有天子氣。趙繆王之子劉林好奇數，更始元年（西元二三年），劉林與趙國大豪李育、張參等通謀，詐稱王郎為成帝之子劉子輿，率車騎數百入邯鄲城，以王郎為天子，劉林自為丞相。次年，為劉秀所敗。王郎乘夜逃走，死於道上。⑱銅馬　王莽末年河北的農民暴動武裝稱號。當時河北暴動武裝或以山川土地為名，或以軍容強盛為號，計有銅馬、大彤、高湖等十餘支，共數百萬人。其中以銅馬為最強大，領袖有東山荒禿、上淮況等。西元二四年暴動武裝被劉秀陸續擊破，銅馬部眾多被收編。後來銅馬、青犢、尤來餘眾共立孫登為帝，不久失敗。⑲赤眉　指當時樊崇領導的農民暴動武裝。因其將士皆染眉為赤，以為標誌，故稱赤眉。⑳青犢　王莽末年主要活動於河內郡（今河南武陟西南）一帶的暴動武裝的稱號。㉑元元　庶民；民眾。㉒讖記　預言未來事象的文字圖錄。㉓不道　大逆不道。這裡指王莽。㉔卯金　即劉字。劉字析之為卯金刀，或省刀稱卯金，用作劉姓的代稱。㉕修德　美好品德。㉖皇天　古人對天的尊稱。㉗稽留　遲疑不決。

【語譯】建武元年，光武帝在鄗縣即位，在鄗縣的城南修築了祭壇。祭告天地，採用平帝元始中郊祀的既定制度，六宗和群神都隨同天地受祭，但沒有配享祖先。天地共用一頭牛犢祭祀，其餘用於祭祀的犧牲品也崇尚節儉。光武帝的祭文說：「皇天上帝，大地之神，垂愛照顧，降下大命，把民眾託付給我劉秀，讓我做百姓的父母，劉秀不敢承當。群臣百官，事先沒有商議，但卻眾口一詞，都說王莽弒殺君主、篡奪皇位，劉秀發憤興起義兵，擊破王邑百萬之眾於昆陽，誅殺王郎、銅馬、赤眉、青犢各路賊寇，平定天下，海內蒙受恩惠，對上符合天意，在下受到百姓的衷心擁戴。讖記說：『劉秀發兵捕不道，卯金修德為天子。』我還是堅決推辭，一而再，再而三。群臣都說：『這是皇天至高無上的命令，不可遲疑不決。』我哪敢不恭敬地接受天命呢！」

1 二年正月，初制郊兆❶於雒陽❷城南七里，依鄗。采元始中故事。為圓壇八陛❸，中又為重壇，天地位其上，皆南鄉，西上。其外壇上為五帝❹位。青帝位在甲寅之地，赤帝位在丙巳之地，黃帝位在丁未之地，白帝位在庚申之地，黑帝位在壬亥之地。❺其外為壝❻，重營❼皆紫，以像紫宮❽；有四通道以為門。日月在中營內南道，日在東，月在西，北斗❾在北道之西，皆別位，不在群神列中。八陛，陛五十八醊❿，合四百六十四醊。五帝陛郭⓫，帝七十二醊，合三百六十醊。中營⓬四門，門五十四神，合二百一十六神。外營四門，門百八神，合四百三十二神。皆背營內鄉。中營四門，門封神四，外營四門，門封神四，合三十二神。凡千五百一十四神。營即壝也。封，封土築也。背中營神，五星⓭也，及中官宿五官神及五嶽⓮之屬也。背外營神，二十八宿外官星，雷公⓯、先農⓰、風伯⓱、雨師⓲、四海⓳、四瀆⓴、名山、大川之屬也。

2 至七年五月，詔三公㉑曰：「漢當郊堯㉒。其與卿大夫㉓、博士㉔議。」時侍御史㉕杜林㉖上疏，以為「漢起不因緣堯，與殷㉗周㉘異宜，而舊制以高帝配。方軍師在外，且可如元年郊祀故事」。上從之。語在林傳。

3 隴㉙、蜀㉚平後，乃增廣郊祀，高帝配食㉛，位在中壇上，西面北上。天、地、高帝、黃帝各用犢一頭，青帝、赤帝共用犢一頭，白帝、黑帝共用犢一頭，凡用犢六頭。日、月、北斗共用牛一頭，四營群神共用牛四頭，凡用牛五頭。凡樂，奏青陽㉜、朱明㉝、西皓㉞、玄冥㉟，及雲翹㊱、育命㊲舞。中營四門，門用席十八枚，外營四門，門用席三十六枚，凡用席二百一十六枚，皆莞簟㊳，率一席三神。日、月、北斗無陛郭醊。既送神，燔俎實㊴於壇南巳地㊵。

【章旨】以上記載建武二年南郊制度的創建、建武七年有關郊祀內容的爭議、建武九年以後南郊制度內容和形式的增加和擴大。

【注釋】❶郊兆　設在郊外祭天的祭祀壇。❷雒陽　即洛陽。東漢都城。故城在今洛陽白馬寺東洛水北岸，南北近五公里，東西三公里有餘。❸八陛　八層臺階。❹五帝　指五方之帝，即東方蒼帝靈威仰，南方赤帝赤熛怒，中央黃帝含樞紐，西方白帝白招矩，北方黑帝汁光紀。❺青帝位在甲寅之地五句　甲寅之地謂東方，丙巳之地謂南方，丁未之地亦南方，庚申之地謂西方，壬亥之地謂北方。古人以天干、地支配五方。天干方位：東方，甲乙，屬木，其色青，青帝居之；南方，丙丁，屬火，其色赤，赤帝居之；西方，庚辛，屬金，其色白，白帝居之；北方，壬癸，屬水，其色黑，黑帝居之；中央戊巳，屬土，其色黃，黃帝居之。地支方位：東方，寅卯辰；南方，巳午未；西方，申酉戌；北方，亥子丑。一說：東方，寅卯；南方，巳午；西方，申酉；北方，亥子；中央，辰戌丑未。取天干之甲，取地支之寅，故以東方為「甲寅之地」。取天干之丙，取地支之巳，故以南方為「丙巳之地」。取天干之庚，取地支之申，故以西方為「庚申之地」。取天干之壬，取地支之亥，故以北方為「壬亥之地」。黃帝為中央之帝，在五帝中為尊，應在中央。因所建之壇為「圓壇八陛」，中央又建一壇，安放天地之位。五帝之位在中央壇的外圍。中央已無地安放黃帝，故將黃帝之位安放在南方的「丁未之地」。南方並列二帝，赤帝在「丙巳之地」，居東，黃帝在「丁未之地」居西。西邊為上，故安放黃帝之位，以體現黃帝之尊。❻壝　環繞祭壇四周的矮土牆。❼重營　多重矮牆。❽紫宮　星區名。古人參照五行將星空分為東南西北中五宮。紫宮即紫微中宮，又稱紫微垣。包括拱極區諸星。它們繞天極旋轉，永不落地平。有星官三十七，一百六十三星。古人以紫宮象徵帝宮。❾北斗　星官名。北斗七星簡稱。

屬紫垣。有星七：一天樞，二天璿，三天璣，四天權，五玉衡，六開陽，七搖光。全是二至三等。在今大熊座。❿豳　相連的祭祀。此指相連續的神位。⓫陛郭　圓壇臺面。⓬中營　中牆與內牆之間的區域。中牆與外牆之間則為外營。⓭五星　水、金、火、木、土五大行星總稱。亦稱五緯。⓮五嶽　東嶽泰山、南嶽衡山、西嶽華山、北嶽恆山、中嶽嵩山，史稱「五嶽」。傳說五嶽為群神所居，從秦至清歷代帝王多往祭祀，遇登基等大典時也遙祭五嶽。⓯雷公　亦稱「雷神」、「雷師」。中國古代神話中司雷之神。⓰先農　古代傳說中最先教民耕種之人，祀之以為神。或謂即神農氏，或謂指后稷。⓱風伯　神話中的風神。⓲雨師　中國古代神話中司雨之神。⓳四海　指東海、南海、西海、北海。⓴四瀆　自秦漢起，古人稱長江、黃河、淮河、濟水四大河流為四瀆。因為江、淮、河、濟皆獨流入海，故名曰瀆。㉑三公　官名。周代三公，一說指太師、太傅、太保三官；一說指司馬、司徒、司空三官。戰國迄秦，三公作為天子之下最高官吏的通稱。西漢成帝時三公成為法定正式官名，指大司馬、大司徒、大司空。東漢建武二十七年（西元五一年）改大司馬為太尉、大司徒為司徒、大司空為司空，去「大」號。東漢三公爵皆列侯，位高祿厚，名義上還分轄九卿，但軍國要務，多由皇帝近臣尚書辦理，實權削弱，即所謂「雖置三公，事歸臺閣」。㉒堯　姓伊祁氏，一作伊耆氏，名放勳，史稱唐堯。遠古傳說中的傑出帝王。實為陶唐氏部落長，炎黃聯盟首領。帝嚳之子，黃帝後裔，初居冀方，後徙晉陽，任聯盟首領後再遷至平陽。曾設天文官，命羲、和專司其職；命鯀治理洪水。因子丹朱不肖，選舜為繼承人。一說為舜所囚，被迫讓位。㉓卿大夫　泛指高級官員。㉔博士　官名。春秋戰國前，已有博士之號，但非官名，泛指博學之士。六國已出現博士官。秦統一，置博士官，掌通古今，備顧問。漢承秦制，置博士官。漢武帝時，設《五經》博士，掌教授經學，國有疑事，掌承問對。東漢因置。㉕侍御史　官名。為御史大夫屬官，秩六百石，其中十五人由御史中丞領錄，給事殿中，執掌監察，檢舉非法或奉使出外執行指定任務。㉖杜林　（？—西元四七年），字伯山，扶風茂陵（今陝西興平）人。博洽多聞，時稱通儒。建武六年（西元三〇年），徵拜侍御史。歷任大司徒司直、光祿勳、東海王傅、少府。二十二年，復為光祿勳。不久，代朱浮為大司空。次年，卒於任上。事詳本書卷二十七。㉗殷　即殷朝。因商王盤庚從奄（今山東曲阜）遷都至殷（今河南安陽西北），直至商朝被周所滅而都城未改，故後人以殷代稱商，又稱殷商。㉘周　朝代名。西元前十一世紀周武王滅商後建立。建都於鎬（今陝西長安灃河以東）。分為西周和東周兩個時期。西周從西元前十一世紀周武王滅商至西元前七七一年周幽王被犬戎兵所殺。東周從西元前七七〇年周平王東遷洛邑至西元前二五六年被秦國所滅。東周又可分為春秋、戰國兩個時期。周朝共歷三十四王，八百多年。㉙隴　地區名。即今甘肅東南部以及與陝西交界一帶。新莽末，隗囂割據此地，漢光武帝於建武九年（西元三三年）平定之。㉚蜀　地區名。今四川中部偏西一帶為古蜀國，新莽末，公孫述稱帝於此。建武十二年（西元三六年）為光武帝遣將所滅。㉛配食 侑食；祔祭。猶言「配享」、「配饗」。㉜青陽 樂歌名。漢武帝時所作《郊祀歌》十九章的第三章。青陽為春，意在祈求主春之神的保佑，使萬物萌生，眾庶歡樂。㉝朱明 樂歌名。漢武帝時所作《郊祀歌》十九章的第四章。朱明為夏，意在祈求主夏之神的保佑，使萬物繁茂，大田豐登。㉞西皓 樂歌名。漢武帝時所作《郊祀歌》十九章的第五章。西皓，即西顥，指西方少昊之神，主秋。意在祈求主秋之神的保佑，使糧食獲得豐收，四境安定。㉟玄冥 樂歌名。漢武帝時所作《郊祀歌》十九章之一。玄冥本北方之神，主冬。意在祈求主冬之神的保佑，使人心純潔，易亂除邪，革正異俗。㊱雲翹 古時樂舞名。漢代用以祭祀天地、五郊、明堂。參加舞蹈者冠冕而執干戚。㊲育命 漢代樂舞之一。用以祭祀天地、五郊、明堂。參加舞蹈者均戴建華冠。㊳莞簟 用蒲草和簟竹混編而成的竹席。莞，蒲草。簟，簟竹；竹席。㊴燌俎實 俎實，焚燒俎上所盛祭獻的犧牲品。燌，同「焚」。燒。㊵巳地 南偏東的方位。

【語譯】建武二年正月，首次依照鄗縣的樣式，在雒陽城南七里創立了郊兆。採用平帝元始年間的舊規格。建為八層圓壇，最上面的一層當中又建一壇，天地的位置擺放在上面，都是朝向南方，以西邊為上位。其外面一層的壇上是五帝的神位。青帝的神位安放在東方「甲寅之地」，赤帝的神位安放在南方的「丙巳之地」，黃帝的神位安放在南方的「丁未之地」，白帝的神位安放在西方「庚申之地」，黑帝的神位安放在北方「壬亥之地」。在這之外是矮牆，重重牆壁都是紫色，以象徵紫宮；有四處通道作為門。日和月在中牆內的南道上，日在東，月在西，北斗在北道的西面，都另設位置，不在群神行列中。八層臺階，每層相連有五十八個祭位，總共有四百六十四個祭位。五帝那一層的臺階外側，與每帝相連的有七十二個祭位，總共有三百六十個祭位。中牆有四門，每門有五十四個神位，總共有二百一十六個神位。外牆有四門，每門有一百零八個神位，總共有四百三十二個神位，都背靠牆向內。中牆有四門，每門堆築有四個神位，外牆有四門，每門堆築有四個神位，總共有三十二個神位。全部加起來共有一千五百一十四個神位。「營」就是「壝」。「封」就是壘土堆築。背靠中牆的神，是五星，以及中宮星宿，金木水火土五官神及五嶽之類的神靈。背靠外牆的神，是二十八宿以外的星宿以及雷公、先農、風伯、雨師、四海、四瀆、名山、大川之類的神靈。

2　到建武七年五月，光武帝詔令三公說：「漢朝應當在郊外祭祀堯。可與卿大夫、博士討論。」當時，侍御史杜林呈上奏疏，認為「漢朝的興起與堯沒有關係，與殷朝和周朝不同也是應該的，因而舊時的制度以高帝配享。現在軍隊在外作戰，可暫且依照建武元年郊祀的舊例」。皇上聽從了他的意見。這些內容在〈杜林傳〉中有記載。

3　隴、蜀平定後，便增加和擴大了郊祀的內容和形式，高帝配享，神位在中壇上，正面朝西，以北為上。天、地、高帝、黃帝各用牛犢一頭，青帝、赤帝共用牛犢一頭，白帝、黑帝共用牛犢一頭，總共使用牛犢六頭。日、月、北斗共用牛一頭，四牆的群神共用牛四頭，總共使用牛五頭。樂舞，演奏《青陽》、《朱明》、《西皓》、《玄冥》曲，表演《雲翹》、《育命》舞。中牆有四門，每門使用竹席十八張，外牆有四門，每門使用竹席三十六張，總共使用竹席二百一十六張，都是用蒲草和簟竹混編而成的竹席，平均三神共用一席。日、月、北斗所在的臺階外側沒有相連祭祀的群神。送神完畢，在祭壇南面偏東的地方焚燒祭品。

1　建武三十年二月，群臣上言，即位三十年，宜封禪❶泰山❷。詔書曰：「即位三十年，百姓怨氣滿腹，吾誰欺，欺天乎？『曾謂泰山不如林放❸』，何事汙七十二代❹之編錄！桓公❺欲封，管仲❻非之。若郡縣遠遣吏上壽，盛稱虛美，必髡❼，兼令屯田❽。」從此群臣不敢復言。三月，上幸魯❾，過泰山，告太守❿以上過故，承詔祭山及梁父⓫。時虎賁中郎將⓬梁松⓭等議：「記⓮曰『齊⓯將有事⓰泰山，先有事配林⓱』，蓋諸侯⓲之禮也。河⓳嶽⓴視公侯，王者祭焉。宜無即事之漸㉑，不祭配林。」

2 三十二年正月，上齋㉒，夜讀河圖會昌符㉓，曰「赤劉之九㉔，會命㉕岱宗㉖。不慎克用㉗，何益於承？誠善用之，姦偽不萌」。感此文，乃詔松等復案索河㉘雒㉙讖文言九世封禪事者。松等列奏㉚，乃許焉。

3 初，孝武帝㉛欲求神仙，以扶㉜方者㉝言黃帝由封禪而後僊，於是欲封禪。封禪不常，時人莫知。元封㉞元年，上以方士言作封禪器㉟，以示群儒，多言不合古，於是罷諸儒不用。三月，上東上泰山，乃上石㊱立之泰山顛。遂東巡海上，求僊人，無所見而還。四月，封泰山。恐所施用㊲非是，乃祕其事。語在漢書郊祀志。

4 上許梁松等奏，乃求元封時封禪故事，議封禪所施用。有司奏當用方石再累置壇中，皆方五尺，厚一尺，用玉牒書藏方石㊳。牒厚五寸，長尺三寸，廣五寸，有玉檢㊴。又用石檢十枚，列於石傍，東西各三，南北各二，皆長三尺，廣一尺，厚七寸。檢中刻三處，深四寸，方五寸，有蓋。檢用金縷五周，以水銀和金以為泥㊵。玉璽㊶一方寸二分，一枚方五寸。方石四角又有距石㊷，皆再累。枚長一丈，厚一尺，廣二尺，皆在圓壇上。其下用距石十八枚，皆高三尺，厚一尺，廣二尺，如小碑，環壇立之，去壇三步。距石下皆有石跗㊸，入地四尺。又用石碑，高九尺，廣二尺五寸，厚尺二寸，立壇丙地㊹，去壇三丈以上，以刻書。上以用石功難，又欲及二月封，故詔松欲因故封石空檢，更加封而已。松上疏爭之，以為「登封之禮，告功皇天，垂後無窮，以為萬民也。承天之敬，尤宜章明；奉圖書之瑞，尤宜顯著。今因舊封，竄寄㊺玉牒故石下，恐非重命㊻之義。受命中興，宜當特異，以明天意」。遂使泰山郡㊼及魯趣石工，宜取完青石㊽，無必五色㊾。時以印工不能刻玉牒，欲用丹漆書之；會求得能刻玉者，遂書。書祕刻。方石中，命容㊿玉牒。

二月，上至奉高(51)，遣侍御史與蘭臺令史(52)，將工先上山刻石。文曰：「維建武三十有二年二月，皇帝東巡狩，至于岱宗，柴望(53)，秩(54)於山川，班(55)于群神，遂覲東后(56)。從臣太尉(57)憙(58)、行(59)司徒(60)事特進(61)高密侯禹(62)等。漢賓二王之後(63)在位。孔子之後褒成侯(64)，序在東后。蕃王十二，咸來助祭。河圖赤伏符(65)曰：『劉秀發兵捕不道，四夷(66)雲集龍鬭野，四七之際火為主(67)。』河圖會昌符曰：『赤帝九世，巡省(68)得中。治平則封，誠合帝道孔矩(69)，則天文靈出，地祇瑞興。帝劉之九，會命岱宗，誠善用之，姦偽不萌。赤漢德興，九世會昌，巡岱皆當。天地扶九，崇經之常。漢大興之道，在九世之王。封于泰山，刻石著紀，禪于梁父，退省考五[70]。』河圖合古篇[71]曰：『帝劉之秀，九名之世，帝行德，封刻政。』河圖提劉予[72]曰：『九世之帝，方明聖，持衡拒，九州平，天下予。』雒書甄曜度[73]曰：『赤三德，昌九世，會修符，合帝際，勉刻封。』孝經鉤命決[74]曰：『予誰行？赤劉用帝。三建孝，九會修，專茲竭行封岱青[75]。』河雒命后，經讖所傳。昔在帝堯，聰明密微，讓與舜庶[76]，後裔握機[77]。王莽以舅后之家三司鼎足、冢宰之權勢，依託周公[78]、霍光[79]輔幼歸政之義，遂以篡叛，僭號自立。宗廟墮壞，社稷[80]喪亡，不得血食[81]，十有八年。揚[82]、徐[83]、青[84]三州首亂，兵革橫行，延及荊州[85]，豪傑并兼，百里屯聚，往往僭號。北夷[86]作寇，千里無煙，無雞鳴狗吠之聲。皇天睠顧皇帝，以匹庶受命中興，年二十八載興兵，以次誅討，十有餘年，罪人斯得。黎庶得居爾田，安爾宅。書同文，車同軌，人同倫。舟輿所通，人迹所至，靡不貢職。建明堂[87]，立辟雍[88]，起靈臺[89]，設庠序[90]。同律、度、量、衡。修五禮[91]，五玉[92]，三帛[93]，二牲[94]，一死[95]，贄[96]。吏各修職，復于舊典。在位三十有二年，年六十二。乾乾日昃，不敢荒寧[97]，涉危歷險，親巡黎元，恭肅神祇，惠恤耆老，理庶遵古，聰允[98]明恕。皇帝唯慎河圖、雒書正文，是月辛卯，柴，登封泰山。甲午，禪于梁陰[99]。以承靈瑞，以為兆民，永茲一宇，垂于後昆，百寮從臣，郡守師尹[100]，咸蒙祉福，永永無極。秦相李斯[101]燔詩書，樂崩禮壞。建武元年已前，文書散亡，舊典不具，不能明經文。以章句細微相況[102]八十一卷，明者為驗；又其十卷，皆不昭晢。子貢[103]欲去告朔[104]之餼羊[105]，子曰：『賜也，爾愛其羊，我愛其禮。』後有聖人正失誤，刻石記！」

6 二十二日辛卯晨，燎[106]祭天於泰山下南方，群神皆從，用樂如南郊[107]。諸王、王者後二公[108]、孔子後褒成君[109]，皆助祭[110]位事也。事畢，將升封[111]。或曰：「泰山雖已從食[112]於柴祭，今親升告功，宜有禮祭。」於是使謁者[113]以一特牲[114]於常祠泰山處，告祠泰山，如親耕[115]、貙劉[116]、先祠[117]、先農、先虞[118]故事。至食時，御輦[119]升山，日中後到山上更衣，早晡[120]時即位于壇，北面。群臣以次陳後，西上，畢位[121]升壇。尚書令[122]奉玉牒檢，皇帝以寸二分璽親封之，訖，太常[123]命人發壇上石，尚書令藏玉牒已，復石[124]覆訖，尚書令以五寸印封石檢。事畢，皇帝再拜，群臣稱萬歲。命人立所刻石碑，乃復道下。

7 二十五日甲午，禪，祭地于梁陰，以高后[125]配，山川群神從，如元始中北郊[126]故事。

8 四月己卯，大赦天下，以建武三十二年為建武中元[127]元年，復博[128]、奉高、嬴[129]勿出元年租、芻稾[130]。以吉日刻玉牒書，函藏[131]金匱，璽印封之。乙酉，使太尉行事[132]，以特告[133]至高廟[134]。太尉奉匱以告高廟，藏于廟室西壁石室高主[135]室之下。

【章旨】以上記述光武帝建武三十二年泰山封禪的起因及其過程。

【注釋】❶封禪　古代帝王祭祀天地的大典之一。登泰山築壇祭天曰「封」，於山南梁父山的北面平整場地祭地曰「禪」。❷泰山　山名。一名岱山、岱宗、岱嶽，又名東嶽、東岱，又作太山。為五嶽之一，即我國五大名山之一。在今山東中部、泰安北。從東平湖東岸向東北延伸至淄博南和魯山相接，長約二〇〇公里。主峰玉皇頂在泰安城北，海拔一五二四公尺。古稱泰山，多指此。❸曾謂泰山不如林放　語出《論語・八佾》：「季氏旅（祭祀山川為旅）於泰山，子謂冉有曰：『女（汝）弗能救（勸阻）與？』對曰：『不能。』子曰：『嗚呼！曾謂泰山不如林放乎？』」林放，春秋魯國人。因見世人之為禮者專事繁文，從而懷疑其已喪失了本原，故問禮於孔子。曾，竟然。句意謂：「難道泰山之神不如林放知禮（竟然會接受季氏越禮的祭祀）嗎？」當時按規定，只有天子和諸侯有祭祀泰山的資格，季氏是大夫，也去祭祀泰山，孔子認為是一種越禮的行為。光武帝這樣說，好像是謙虛，以為自己德薄，不能舉行封禪。但在二年後，他卻改變了態度，多引讖緯之言，作為舉行封禪的依據。❹七十二代　據《史記・封禪書》記載：在漢武帝之前，據古代傳說，易姓而王，封於泰山、禪於梁父者，共有七十二位君王。許慎《說文・序》亦曰：「以迄五帝、三王之世，改易殊體，封於泰山者七十有二代，靡有同焉。」❺桓公　即齊桓公（?—西元前六四三年），姜姓，名小白。春秋時齊國君。任用管仲進行改革，國力富強。以「尊王攘夷」相號召，幫助燕國打敗北戎；營救邢衛兩國，制止了戎狄對中原的進攻；聯合中原諸侯進攻蔡楚，和楚國會盟於召陵（今河南郾城東北）；還安定東周王室的內亂，多次大會諸侯，訂立盟約，成為春秋時第一個霸主。❻管仲　即管敬仲（?—西元前六四五年），名夷吾，字仲，潁上（今安徽阜陽）人。春秋初期政治家。因鮑叔牙推薦，被齊桓公任命為卿，尊稱「仲父」。他輔佐齊桓公，進行改革，使齊國國力大振，使齊桓公成為春秋時第一個霸主。❼髡　古代剃髮之刑。❽屯田　自漢以來，政府利用軍隊或農民商人墾種土地，徵取收成以為軍餉，稱屯田。❾魯　國名。建都今山東曲阜。⑩太守　一郡之最高行政長官，秩二千石，故亦別稱二千石。⑪梁父　也作「梁甫」。山名。泰山下的一座小山，在今山東泰安東南。⑫虎賁中郎將　官名。西漢武帝建元三年（西元前一三八年）初置期門郎，掌儀仗護衛。平帝元始元年更名為虎賁郎，置中郎將統領虎賁中郎、侍郎、郎中，掌宿衛侍從，秩比二千石，職屬光祿勳。⑬梁松　字伯孫，安定烏氏（今寧夏固原）人。梁統之子。少為郎，尚光武女舞陰長公主，遷虎賁中郎將。光武帝臨終，受遺詔輔政。明帝永平元年（西元五八年）遷太僕。因暗地寫信請託郡縣，免官。後以寫匿名信誹謗朝廷，下獄死。事見本書卷三十四。⑭記　《禮記》。⑮齊　古國名。西元前十一世紀周分封的諸侯國。姜姓。開國君主是呂尚，建都營丘，在今山東北部。春秋初期，疆土擴到山東東部。春秋末年，君權逐漸為大臣陳氏（即田氏）所奪。戰國時期，長期與秦東西對峙。西元前二二一年，為秦國所滅。⑯有事　祭祀。⑰配林　泰山山麓的樹林名。泰山配祀。諸侯祭泰山，先須祭配林。應劭《風俗通》曰：「配林在太山西南五、六里。」⑱諸侯　古代稱列國之君主。我國自西周開始實行分封制。其所封之公、侯、伯、子、男各封國，對周天子而言，都是諸侯國，其國君即為諸侯。春秋戰國時期，周天子的權力日益削弱，但並列的各國，仍稱諸侯國。漢代所封的諸侯王，僅食封邑的租稅，已不掌握政治權力，習慣上仍稱諸侯。⑲河　即黃河。⑳嶽　即泰山。㉑即事之漸　事情由小及大。㉒齋　齋戒。古人在祭祀前沐浴更衣，不飲酒，不食葷，不與妻妾同寢，整潔心身，以示虔誠。㉓河圖會昌符　簡稱《會昌符》。傳自黃帝至周文王所受本文，又謂出自孔子。實為漢人所作。已佚。有明孫瑴《古微書》、清黃奭《漢學堂叢書》輯本。㉔赤劉之九　即漢朝九世之意。漢朝尚赤，劉姓，故曰「赤劉」。㉕會命　符合天命。㉖岱宗　即泰山。㉗不慎克用　不順從天命而用之。慎，通「順」。㉘河　書名。《河圖》之簡稱。相傳出自黃河。《易．繫辭上》：「河出《圖》，洛出《書》，聖人則之。」孔安國謂《河圖》即八卦。據稱伏羲氏時，有龍馬從黃河出，背負《河圖》；有神龜自洛水出，背負《洛書》。伏羲依此《圖》、《書》而畫成八卦，此即《周易》之起源。又傳是書一部分乃黃帝至周文王所受本文，一部分最初出於孔子之手。經考訂，實由漢代讖緯學者依據神話歷史傳說，附會有關儒家經義雜撰而成。流行於東漢。隋以後散佚。清黃奭、殷元正各有輯本一卷，分別收入《黃氏逸書考》和《緯書》。㉙雒　書名。一作《洛》。《雒書》、《洛書》的簡稱。舊傳是書出自雒（洛）水。又傳乃夏禹治水時，上帝所賜之書。一說是書一部分乃黃帝至周文王所受本文，一部分最初出於孔子之手。經考訂，實由漢代讖緯學者依據神話歷史傳說，附會有關儒家經義雜撰而成。已佚。清黃奭、殷元正各有輯本一卷，分別收入《黃氏逸書考》和《緯書》。王仁俊輯有《洛書鄭注》一卷，見《玉函山房輯佚書續編》。㉚列奏　多人多次上奏。㉛孝武帝　即漢武帝（西元前一五六－前八七年），名徹。西漢皇帝。景帝子，母王美人。在位期間，政治上削弱王國的割據勢力，思想上採納董仲舒

「罷黜百家，獨尊儒術」的建議，以鞏固中央集權。經濟上將冶鐵、煮鹽收歸官營，以充實國家經濟實力。外交上派張騫等出使西域。軍事上任用衛青、霍去病等大將，連續發動大規模反擊匈奴的戰爭，其統治期間，漢朝臻於極盛。後元二年（西元前八七年）卒，葬茂陵。廟號世宗，謚孝武。㉜扶　通「循」。這裡引申為相信之意。㉝方者　即方士。指古代求仙、煉丹，自言能長生不老之人。㉞元封　西漢武帝劉徹年號，西元前一一〇－前一〇五年。因始封泰山，故改元為元封。㉟封禪器　封禪禮器。㊱上石　送上刻石。㊲施用　行用；所作所為。這裡指舉行的封禪儀式。㊳有司奏四句　有司，指有關官員。設官分職，事各有司，故稱有司。方石再累，王先謙《後漢書集解》引黃山曰：「《舊唐書·禮儀志》房元齡等奏封禪儀：『請方石三枚，以為再累』，是再累乃用方石三枚也。後文梁松疏言『窴寄玉牒故石下』，是此文當作『用玉牒書藏方石下』。奪『下』字。」三枚方石累放在一起，厚度為三尺，正與封方石的石檢長度一致。玉牒，古代帝王封禪、郊祀所用的寫在玉板上的文書。㊴玉檢　盛裝玉牒書的封篋。《說文·木部》「檢」段玉裁注曰：「玉牒檢者，玉牒之玉函也，所謂玉檢也。」㊵又用石檢十枚十三句　石檢，古代帝王舉行封禪時，置於封禪壇方石旁用以封方石的石條。即在封方石時，石檢立置於方石旁，東西各三枚，南北各二枚，圍繞每塊方石與石檢各纏金縷五周，在每枚石檢的刻處加封。每枚石檢刻三處，配合三塊方石。也就是用金縷把十枚石檢與三塊方石捆綁在一起，在石檢刻「深四寸，方五寸」處，填滿「水銀和金」的封泥，在封泥上加蓋方五寸的玉璽印記，以封方石。故石檢刻處方五寸，與方五寸的玉璽相配。《集解》又說：「石檢又加蓋者，玉檢并牒封置石下，石覆其上，自不外露，石檢以封方石，不加蓋則封不固也。」又說：「十枚石檢，東西各二（應為三）檢，南北各二檢，上有石蓋。」㊶玉璽　皇帝的玉印。㊷距石　柱石；基石。㊸石跗　碑下石基座。㊹丙地　南面。㊺窴寄　更改並混入。㊻重命　重視天命。㊼泰山郡　又作太山郡。秦置濟北郡，後分其東境改置博陽郡。西漢高帝劉邦改博陽置泰山郡，初治今山東泰安東南。後治今山東泰安東。東漢同。㊽完青石　純青色的石頭。㊾五色　五種顏色。㊿命容　放置。命，置。(51)奉高　縣名。漢武帝元封元年（西元前一一〇年）置。故治在今山東泰安東。(52)蘭臺令史　官名。蘭臺本為漢代宮廷藏書處，由御史中丞管理。後設蘭臺令史，掌書奏及印工文書，秩六百石。(53)柴望　古代的兩種祭禮。柴，指燒柴祭天。望，指遙祭名山大川和群神。亦泛指祭祀。這裡指燒柴祭天和遙祭名山大川及群神。(54)秩　按秩次進行祭祀。《尚書·堯典》：「望秩于山川。」清孫星衍《尚書今古文注疏·堯典》注引鄭玄曰：「望秩于山川者，遍以尊卑祭之。五嶽視三公，四瀆視諸侯，其餘小者或視卿大夫，或視伯子男矣。秩，次也。」(55)班　布；遍。(56)東后　東方的國君。這裡指東方各國的諸侯。(57)太尉　官名。秦置，金印紫綬，掌軍事。漢因之，尊與丞相等，並御史大夫合稱三公。其執掌武事，但無發兵、領兵之權，僅作為武將的最高榮譽銜，為皇帝軍事顧問。武帝元狩四年（西元前一一九年）改名為大司馬。東漢建武二十七年（西元五一年）復稱太尉，綜理軍政，職權漸重，與司徒、司空合稱三公，地位最尊。

[58]憙　即趙憙（西元前四－八〇年），字伯陽，南陽宛（今河南南陽）人。更始時，為郎中，行偏將軍事，以功拜五威偏將軍。曾與劉秀共擊王尋、王邑於昆陽。更始敗，遂投劉秀，拜懷令，遷平原太守，歷任太僕、太尉，賜爵關內侯。明帝時更封節鄉侯，代行太尉事。章帝即位，進太傅，錄尚書事。卒諡正侯。事見本書卷二十六。

[59]行　漢代以低級官職行使高級官職職權稱「行」。

[60]司徒　官名。西周始置，春秋沿置。執掌治理民事、掌握戶口、官司籍田、徵發徒役及收納財賦。秦罷司徒而置丞相，漢因之。哀帝元壽二年（西元前一年）改丞相為大司徒，為三公之一。東漢去「大」，稱司徒，主教化。

[61]特進　官名。漢制，凡大臣中功德高重為朝廷所敬重者，賜位特進，以示恩寵。其地位在三公下，二千石上。

[62]高密侯禹　即鄧禹（西元二－五八年），字仲華，南陽新野（今河南新野）人。少受業長安，與劉秀相結識。更始帝時，從劉秀平定河北。更始二年（西元二四年），拜前將軍，率軍入河東，擊破赤眉軍王匡、成丹等部。劉秀稱帝後，拜為大司徒，封酇侯。建武二年（西元二六年），更封禹為梁侯。建武三年，拜右將軍。十三年，定封高密侯，食四縣。中元元年（西元五六年），復行司徒事。明帝即位，拜太傅。卒諡元侯。事見本書卷十六。

[63]漢賓二王之後　作為漢朝嘉賓的殷王、周王的後裔。這裡指殷朝後裔孔安和周朝後裔姬常。建武二年（西元二六年）封殷朝後裔孔安為殷紹嘉公，封周朝後裔姬常為周承休公。建武十三年，又改封姬常為衛公，孔安為宋公，以為漢賓，位在三公之上。

[64]褒成侯　即孔子的後代孔志。東漢初人。孔子後裔。光武建武十四年（西元三八年），封褒成侯。

[65]河圖赤伏符　簡稱《赤伏符》。解說《河圖》的一部緯書。當時緯書流行，多藉儒家經典附會人事吉凶禍福，以預言治亂興廢。久佚。清喬松年、黃奭、殷元正各輯有一卷。

[66]四夷　中國古代將四邊少數民族泛稱為「四夷」。這裡借指四方。

[67]四七之際火為主　此句暗隱著以下意思：四七，二十八也。自高祖至光武初起，合二百二十八年，即四七之際也。漢為火德，故言「火為主」。

[68]巡省　巡行視察。

[69]孔矩　即孔規。應遵守的規則、程式。

[70]退省考五　意為返回後要認真思考成就五帝的業績。退省，反省。這裡指返回後進行思考。考，成就。五，指五帝。

[71]河圖合古篇　簡稱《合古篇》。解說《河圖》的一部緯書。撰人不詳。當由漢代讖緯學者雜揉而成，主要宣揚天人感應與讖緯迷信，流行於東漢。已佚。清喬松年、黃奭、殷元正各有輯本，分別收入《喬勤恪公全集》、《黃氏逸書考》、《緯書》。

[72]河圖提劉予　簡稱《提劉予》。解說《河圖》的一部緯書。作者不詳。東漢翟酺解詁，三國魏宋均注。主要宣揚天人感應與讖緯迷信之說，流行於東漢。已佚。明孫瑴、清喬松年、黃奭、殷元正各有輯本，分別收入《喬勤恪公全集》、《黃氏逸書考》、《緯書》。

[73]雒書甄曜度　亦稱《雒書乾曜度》、《洛書甄曜度》、《甄曜度》、《乾曜度》。用讖緯

迷信之學解說《雒書》的緯書。流行於東漢，隋以後散佚。明孫瑴、清劉學寵、喬松年、黃奭各有輯本，分別見《古微書》、《青照堂叢書》、《喬勤恪公全集》、《黃氏逸書考》。74孝經鉤命決　書名，亦稱《鉤命決》、《勾命決》、《鉤命》。《孝經》緯書之一。六卷。作者不詳。流行於東漢。隋朝已佚。明孫瑴、清馬國翰、黃奭、王仁俊各有輯本，分別見《古微書》、《玉函山房輯佚書》、《漢學堂叢書》、《玉函山房輯佚書續編》。75岱青　借指泰山。岱，泰山別稱。青，即青州。古「九州」之一。泰山在其境內。76舜庶　沒有嫡親關係的舜。舜，名重華，姚姓，一說嬀姓。居虞（今河南虞城北），史稱虞舜。傳說中五帝之一。為有虞氏部落及炎黃聯盟首領。有德，堯嫁以二女，禪位於他。舜剪除鯀、共工、驩兜和三苗「四凶」，使禹治水，契管人民，益掌山澤，皋陶理刑，並選用各部落人才，擴充官職。後讓位於禹。77後裔握機　後裔掌握大權。據《史記・五帝本紀》記載：黃帝之孫為顓頊高陽氏。高陽氏有才子八人，謂之「八愷」，即蒼舒、隤敳、檮戭、大臨、尨降、庭堅、仲容、叔達。帝堯之父為帝嚳高辛氏。高辛氏有才子八人，世謂之「八元」，即伯奮、仲堪、叔獻、季仲、伯虎、仲熊、叔豹、季貍。堯帝時期，這十六族都未能舉用，而帝舜任用八愷，使主后土，又任用八元，使布五教於四方。78周公　姬姓，名旦，亦稱叔旦。因采邑在周（今陝西岐山縣北），故稱周公。西周武王之弟。武王死後，成王年幼，遂攝政。其兄弟管叔、蔡叔、霍叔等人不服，起兵反叛。周公遂出師東征，平定反叛。79霍光　（？—西元前六八年），字子孟，河東平陽（今山西臨汾）人。驃騎將軍霍去病異母弟。西漢武帝時，任奉車都尉、光祿大夫，封博陸侯。後元二年（西元前八七年），任大司馬大將軍，受遺詔輔佐少主昭帝。昭帝死，因應當繼承帝位的昌邑王劉賀淫亂，霍光遂廢劉賀不立而改立宣帝。宣帝地節二年（西元前六八年），卒於官，諡宣成侯。80社稷　古代帝王、諸侯所祭的土神和穀神。舊時用作國家的代稱。81血食　指受享祭品。古代殺牲取血以祭，故名。82揚　州名。漢武帝所置「十三刺史部」之一。東漢治今安徽和縣，東漢末年移治今安徽壽縣、合肥西北。83徐　即徐州。漢武帝所置「十三刺史部」之一。故治今山東郯城。84青　即青州。漢武帝所置「十三刺史部」之一。故治今山東淄博臨淄北。85荊州　州名。漢武帝所置「十三刺史部」之一。故治漢壽（今湖南常德東北）。86北夷　族名。古代北方少數民族的總稱，或專指其中的夷族。有時也特指北方少數民族中的某一支。87明堂　古代天子宣明政教之所，凡朝會、祭祀、慶賞、選士、養老、教學等大典，均舉行於此。88辟雍　本為西周天子所置大學。以圓如璧，四周雍以水得名。漢都城長安、洛陽皆有辟雍。東漢辟雍位於今河南洛陽東郊故洛陽城東南。東漢以後，歷代皆有辟雍，除宋代外，均僅為祭祀之所，為都城禮制建築之一。89靈臺　觀測天象的高臺。靈臺類似今天文臺，屬太史令管轄。東漢靈臺高三丈、有十二門。故址在東漢洛陽宮城外附近南部，即今河南洛陽東白馬寺一帶。90庠序　古代學校名。《孟子・滕文公上》：「設為庠、序、學、校以教之。庠者養也，校者教也，序者射也。夏曰校，殷曰序，周曰庠，學則三代共之，皆所以明人倫也。」後世因通釋庠序為鄉學。[91]五禮　五等諸侯（公、侯、伯、子、男）朝聘之禮。一說為吉禮、凶禮、賓禮、軍禮、嘉禮。[92]五玉　古代公、侯、伯、子、男五等諸侯作符信用的五種玉器。即璜、璧、璋、珪、琮。班固《白虎通．文質》：「五玉者何施？蓋以為璜以徵召，璧以聘問，璋以發兵，珪以信質，琮以起土功之事也。」五玉，又名五瑞。[93]三帛　指玄、纁、黃三種顏色的帛。古代制度：諸侯世子執纁，公之孤執玄，附庸之君執黃。[94]二牲　指羊羔、大雁。古代制度：卿執羔，大夫執雁。[95]一死　指野雞。古代制度：士執雉。[96]贄　初次見人時所執的禮物。[97]荒寧　荒廢懈怠，貪圖安逸。[98]聰允　明察而公平。[99]梁陰　梁父山的北面。山北水南為陰。[100]師尹　百官之長。語出《尚書．洪範》：「卿士惟月，師尹惟日。」這裡泛指朝廷大臣。[101]李斯　秦朝大臣。楚上蔡（今河南上蔡西）。受業於荀卿。戰國末年入秦，獻滅六國之計，被拜為長史，上書諫止逐客，遷廷尉，秦統一天下後官至丞相。力主廢分封，設郡縣；焚《詩》《書》，禁私學；以法為教，以吏為師。以小篆為標準，統一文字。始皇卒（西元前二〇一年），與宦官趙高合謀，立少子胡亥為二世。不久，遭趙高誣陷，以謀反罪被腰斬於咸陽。[102]相況　對比。[103]子貢　即端木賜（西元前五二〇—？年），春秋末衛國人。孔子弟子。以言語見稱。曾仕於衛、魯，遊說齊、吳等國，名聞諸侯。又經商曹、魯間，富至千金。後死於齊。[104]告朔　周制，天子於每年季冬把第二年的曆書頒發給諸侯，叫「告朔」。諸侯藏於祖廟，月朔日（初一），以特羊告廟，請而行之。[105]餼羊　周制，舉行告朔之禮時告廟所用的公羊。[106]燎　祭名。通「尞」。燒柴祭天之禮。[107]南郊　即南郊之禮。古代帝王在都城南郊所舉行的祭天之禮。[108]王者後二公　即漢賓二王之後。指殷王、周王後裔中被東漢封為殷紹嘉公的孔安、周承休公的姬常。建武十三年，又改封姬常為衛公，孔安為宋公。[109]褒成君　即褒成侯孔志。[110]助祭　古代由臣子出資、陪位或獻樂佐助君主祭祀。[111]升封　登上泰山頂舉行封石儀式。[112]從食　隨同享受祭祀。[113]謁者　官名。為光祿勳的屬官。掌賓贊受事，秩比六百石。東漢又有常侍謁者、給事謁者、灌謁者之分。謁者僕射為其主管官，秩比千石。[114]特牲　古代祭禮或賓禮只用一種牲畜，稱特牲。另，特牲亦指雄性牲畜。[115]親耕　古代禮儀之一。天子於每年正月親自到田間耕作，以示重視農業。[116]貙劉　古代天子於立秋日射牲以祭祀宗廟之禮。[117]先祠　即先祀。祭祀祖先。[118]先虞　古代祭祀名。即在立秋日所舉行的祭祀先虞之禮。祭祀時，天子讓謁者以一特牲先祭先虞於壇，隨後舉行貙劉之禮。先虞即舜帝時擔任「虞」的益（伯翳），後人祀之，以其為神。虞，上古掌山林川澤之官。[119]輦　輦車。用人力挽拉的車。[120]早晡　晡，申時。相當於下午三至五時。早晡，即剛交申時不久。[121]畢位　全部到位。[122]尚書令　官名。秦置，漢因之，秩六百石，屬少府。武帝始用宦者任之，成帝時則專用士人。東漢為尚書臺長官，總典綱紀，無所不統，職權極重。123太常　官名。秦置奉常。漢初因之。景帝中元六年（西元前一五一年）改名為太常。王莽時曾改名秩宗。東漢又復名太常，為諸卿之首。執掌宗廟祭祀禮儀，兼選試博士。秩中二千石。124復石　蓋石。125高后　即呂太后（西元前二四一——前一八〇年），漢高祖皇后，名雉，字娥姁，單父（今山東單縣）人呂公之女，漢高祖微時妻。「呂后為人剛毅，佐高祖定天下，所誅大臣多呂后力」。高祖崩，太子劉盈即位，尊為太后。呂太后性情殘忍，手腕毒辣。殘殺高祖寵姬戚夫人、趙王如意及其他皇族。劉盈死，立少帝，號令一出太后，臨朝稱制。為鞏固自己的統治，排斥高祖舊臣，大封呂氏子姪為王、侯。呂后八年七月，病卒，周勃、陳平等盡滅諸呂，擁立文帝。事見《史記・呂太后本紀》、《漢書・高后紀》。126北郊　古代帝王在北郊建方壇，夏至日在此祭地，冬至日在此迎冬。127建武中元　或略作「中元」。東漢光武帝劉秀年號，西元五六—五七年。128博　縣名。屬泰山郡。治今山東泰安東南。129嬴　縣名。屬泰山郡。治今山東萊蕪西北。130芻稾　飼牲畜之乾草。芻，飼牲畜之草料。稾，亦作「稿」。麥、稻之稈。131函藏　封藏。132行事　主持操辦事務。133特告　用特牲告祭。134高廟　宗廟名。即兩漢帝王祭祀祖宗之廟堂。其故址有三：其一是西漢在長安所建的高廟（今陝西西安西北郊）。其二是東漢在沛縣（今江蘇沛縣）所建的高原廟。其三是東漢在都城洛陽所建的高廟（今河南洛陽東白馬寺一帶）。135高主　漢高祖劉邦。

【語　譯】建武三十年二月，群臣向光武帝提出建議，說皇上即位三十年了，應當到泰山舉行封禪大禮。光武帝在詔書中說：「即位三十年，百姓怨氣滿腹，我在欺騙誰呢，欺騙上天嗎？『難道說泰山之神竟然不如林放知禮』，為什麼要玷汙七十二代君主封禪的歷史記載呢！齊桓公想要封禪，管仲就對他提出了批評。如果郡縣派遣官吏從遠道趕來祝壽，滿口虛假的讚美，那必定要被處以髡刑，還要罰他們去屯田。」從此，群臣不敢再提封禪了。三月，皇上去魯國，經過泰山，告訴太守，因為皇上經過的緣故，讓他奉詔祭祀泰山和梁父山。當時，虎賁中郎將梁松等建議說：「《禮記》說『齊國在祭祀泰山前，先祭祀配林』，這是諸侯的禮儀。黃河、泰山，在人們的心目中相當於公侯，由君王祭祀它們。應當沒有由小祭到大的規矩，不要祭祀配林。」

2 建武三十二年正月，皇上齋戒，夜晚閱讀《河圖會昌符》，上面說「尚赤劉姓的九世，承受天命，當祭封泰山。如果不能順從天命而用之，那對承繼天命又有什麼益處呢？如果能夠善於運用它，那詭詐虛假就不會萌生了」。光武帝讀了這段文字很有感觸，於是詔令梁松等人再次檢索《河圖》、《雒書》讖文中談論九世封禪事情的內容。梁松等人多次上奏，於是光武帝便同意了。

3 當初，孝武帝想求訪神仙，因相信方士所謂黃帝由於舉行封禪後而成了仙人的說法，於是想要封禪。封禪不是經常做的事情，所以當時人們不知道封禪大典到底該怎樣舉行。元封元年，孝武帝採用方士的說法，製作了封禪禮器，將它展示給各位儒生觀看，大多數儒生都說它不符合古代制度，於是孝武帝罷免了各位儒生不再任用他們了。三月，孝武帝去東方登上泰山，於是送上刻石，豎立在泰山之巔。再向東去，到海上巡視，尋找仙人，什麼也沒看到，於是返回。四月，在泰山頂上築壇祭天。孝武帝擔心其舉行的禮儀有錯誤，於是對這件事情嚴加保密。有關內容記載在《漢書・郊祀志》中。

4 光武帝同意了梁松等人上奏的建議，於是探討元封時的封禪舊例，商議舉行封禪的禮儀制度。有關機構上奏說應當用方石三塊重疊放在祭壇中，每塊方石都是五尺見方，厚一尺，將玉牒書藏在方石下。玉牒厚五寸，長一尺三寸，寬五寸，有玉製的玉牒封篋。又需用石檢十枚，分列在方石旁邊，東西各三枚，南北各二枚，每枚都是長三尺，寬一尺，厚七寸。每枚石檢中刻三個凹槽，每個深四寸，方五寸，有蓋板。每枚石檢用金線纏繞五圈，用水銀拌和金粉作為封泥。玉璽一枚為一寸二分見方，一枚為五寸見方。方石的四角又有柱石，都重疊壘砌。每根長一丈，厚一尺，寬二尺，都在圓壇上。在圓壇下需用柱石十八根，都高三尺，厚一尺，寬二尺，如同小碑一樣，環繞圓壇樹立，距離圓壇三步遠。柱石下面都有石基座，埋入地下四尺。又需要用石碑，高九尺，寬三尺五寸，厚一尺二寸，樹立在圓壇的南面，距離圓壇三丈以外，用來銘刻文字。皇上認為需要動用石頭的工程太難，又想到二月就在泰山頂上築壇祭天，因此詔令梁松打算利用以前的封石和空檢，重新加以封緘就可以了。梁松上奏章諫諍，認為「登上泰山頂築壇祭天的大禮，是向上天報告功績，永遠流傳給後世，是為了億萬民眾。應承天命的敬意，尤其應該昭明；奉行《河圖》、《雒書》的祥瑞，尤其應該宣揚。現今利用舊時的封石，將玉牒混雜在舊石之下，恐怕不是重視天命的禮儀。接受天命中興漢朝，應當特別不同於一般，以便昭示上天的意願」。於是，讓泰山郡和魯中督促石匠，可以選用純青色的石頭，不必用五種顏色的彩石。當時因刻印工匠不能刻玉牒，曾打算用紅漆書寫；後來正好找到了能刻玉的人，於是便書寫刻製。玉牒書祕密刻製。方石中，放置玉牒。

二月，皇上到達奉高，派遣侍御史和蘭臺令史，率領工匠先行上山刻石。刻石的文字是：「建武三十二年二月，皇帝來東方巡視，到了泰山，舉行燒柴望祭，按等級祭祀山川，遍祀群神。在這之後，又會見了東方各國的諸侯。隨從前來的大臣有太尉趙憙和行司徒事、特進、高密侯鄧禹等人。作為漢朝嘉賓的殷王、周王的後裔也在這一行列中。孔子的後裔褒成侯，位置排在東方各國諸侯之後。藩國的十二位國王，都前來幫助朕舉行祭祀。《河圖赤伏符》說：『劉秀發兵，捕捉大逆不道的人，豪傑從四面八方，迅速會合，展開龍爭虎鬥，遇到四七的時候，火為主子。』《河圖會昌符》說：『赤帝的第九世，巡視正是時候。天下太平就可以在泰山頂上築壇祭天，確實符合帝王之道的規則，這樣一來，天象有靈應出現，大地有瑞兆興起。劉姓帝王的九代，承受天命，當祭封泰山，如果能夠善於運用它，那詭詐虛假就不會萌生了。崇尚赤色的漢朝因天命而興起，在九世的時候正好遇到繁榮昌盛，巡視泰山都很得當。天地都扶助九這個數字，這是尊崇最普遍的法則。漢朝大興盛的實現，在九世的君王。在泰山頂上築壇祭天，刻石以記載政績；在梁父山上平整場地祭地，返回後認真思考成就五帝的業績。』《河圖合古篇》說：『皇帝劉秀，九代帝王，皇帝施行仁德，在泰山頂上築壇祭天，刻石記載德政。』《河圖提劉予》說：『九代帝王，法度聖明，保持公平，九州太平，天下讚譽。』《雒書甄曜度》說：『崇尚赤色的漢家有三德，在第九世有昌盛，與美好的符文相符，與帝王的世代相合，在泰山頂上築壇祭天刻石，刻寫勉勵之詞。』《孝經鉤命決》說：『天下應該讓誰執掌？崇尚赤色的劉姓奉行天命為帝王。再三提倡孝道，第九世正好遇到了美好昌盛，於是專心致志竭誠在泰山舉行了封禪。』《河圖》、《雒書》告訴帝王的話，是由經書讖文所傳播的。從前，堯帝聰明細緻，將天下讓給非嫡親的虞舜，但他的後裔卻也掌握著權柄。王莽憑藉皇后舅家三公鼎立以及掌朝政，統百官的權勢，依託周公、霍光輔助幼主而等其長大成人後再歸還朝政的名義，篡權叛逆，冒用君王稱號自立為帝。宗廟被拆毀，社稷被鏟平，祖宗和神明有十八年得不到血食。揚、徐、青三州首先動亂，刀槍橫行，戰火蔓延到了荊州，豪傑相互兼併，在方圓百里的地域屯聚兵馬，往往有稱帝稱王的人。北方的夷狄出兵侵犯，千里沒有人煙，沒有雞鳴狗叫的聲音。上天垂愛顧念皇帝，他以平民的身分接受天命而中興漢朝，二十八歲開始起兵，逐漸討伐和誅滅敵人，經過十多年，有罪的人終於被捕獲。黎民百姓有田地耕種，有住宅安居。書籍的文字相同，車輛的軌距相同，人們的倫理相同。車船能夠通達、人們足跡能夠到達的地方，沒有不進獻貢品安分守職的。修建明堂，建立辟雍，築起靈臺，設立學校。統一音律和度量衡。修訂五等諸侯的朝聘之禮和五等諸侯國所執符信，將人們初次見人時所送的禮物定為三帛、二牲、一死。官吏各自都盡職盡責，恢復了舊日的典章制度。皇帝在位三十二年，年紀六十二歲。整日恭敬小心、自強不息，不敢荒廢懈怠、貪圖安逸，穿越艱難險阻，親自巡視百姓，對神靈恭恭敬敬，照顧愛護年邁的老人，管理民眾遵循古代制度，明斷而公平，明察而寬恕。皇帝慎重對待《河圖》、《雒書》的正文，在本月辛卯日，燒柴祭天，登上泰山頂而築壇祭天。甲午日，在梁父山的北面平整場地以祭地。這樣做，是為了應承上天所顯示的祥瑞，是為了億萬民眾，是為了讓江山永遠一統、傳給後世子孫，是為了讓百官和隨從臣子、郡守和朝廷大臣都蒙受福祉，永遠沒有終極。秦朝丞相李斯焚燒《詩》《書》，使禮樂制度遭到毀壞。在建武元年以前，檔案文書已經散失，舊時的典章制度不完備，不能準確理解經書的內容。能用注釋仔細作對比的有八十一卷，取意思明白無疑義的作為制定封禪儀式的憑據；另外還有十卷，內容都不清晰。子貢想要去掉用於告朔之禮的公羊，孔子說：『端木賜呵，你愛的是那隻羊，我更看重那祭祀的禮儀。』以後如果有聖人，能改正失誤，那就請刻石記錄下來吧！」

6 二十二日辛卯早晨，在泰山下的南方燒柴祭祀上天，群神都隨從受祭，演奏的音樂如同南郊祭天一樣。各位藩王、王者後裔二公、孔子後裔褒成君，都站在助祭的位置上。事情完畢，將要登上泰山頂封石。有人說：「泰山雖然已經在燒柴祭天時隨從受祭，但如今是皇上親自登頂向上天報功，所以也應該有祭祀泰山的禮儀。」於是，皇上派謁者用一頭特牲在平常祭祀泰山的地方，告祭泰山，如同親耕、貙劉、先祠、先農、先虞的祭祀慣例。到吃飯的時候，御輦登山，中午以後到達山上更換了衣服，剛交申時不久，皇帝就位於壇，面向北方。群臣依次序排列在皇上後面，以西面為上，全部登上祭壇排列好了位置。尚書令手捧玉牒函篋，皇帝用一寸二分的印璽親自加封，完畢，太常命令有關人員打開祭壇上的封石，尚書令藏好玉牒後，又把方石蓋好，尚書令用五寸印章加封石檢。事情完畢，皇帝再拜，群臣呼喊萬歲。皇上命令有關人員樹立所刻石碑，才沿著原道下山。

7 二十五日甲午，在梁父山的北面平整場地，祭祀大地，以高后配享，山川群神隨同受祭，如同元始年間北郊祭地的制度一樣。

8 四月己卯日，大赦天下，將建武三十二年改為建武中元元年，免除博縣、奉高縣、嬴縣建武中元元年的田租、草料。選定吉利的日子刻製玉牒書，封藏在金匱中，用玉璽蓋印加封。乙酉日，讓太尉主持，用特牲到高廟告祭。太尉手捧金匱以告高廟，將金匱藏在廟室西壁石室高主室的下面。

志第八

祭祀中

北郊　明堂　辟雍　靈臺　迎氣　增祀　六宗　老子

是年初營北郊❶，明堂❷、辟雍❸、靈臺❹未用事。遷呂太后❺于園❻。上薄太后❼尊號曰高皇后，當配❽地郊高廟❾。語在光武紀。

北郊在雒陽❿城北四里，為方壇四陛⓫。三十三年正月辛未，郊⓬，別祀地祇⓭，位南面西上，高皇后⓮配，西面北上，皆在壇上；地理⓯群神從食，皆在壇下，如元始⓰中故事⓱。中嶽⓲在未⓳，四嶽⓴各在其方孟辰之地㉑，中營㉒內。海在東；四瀆㉓河西，濟北，淮東，江南；他山川各如其方，皆在外營內。四陛醊㉔及中外營門封神㉕如南郊。地祇、高后㉖用犢各一頭，五嶽共牛一頭，海、四瀆共牛一頭，群神共二頭。奏樂亦如南郊。既送神，瘞俎實㉗于壇北。

【章　旨】以上記述東漢的北郊制度。

【注　釋】❶北郊　指北郊祭壇。古代皇帝在南郊祭天，在北郊祭地。❷明堂　古代天子宣明政教之所，凡朝會、祭祀、慶賞、選士、養老、教學等大典，均舉行於此。❸辟雍　本為西周天子所置大學。以圓如璧，四周雍以水得名。漢都城長安、洛陽皆有辟雍。東漢辟雍位於今河南洛陽東郊故洛陽城東南。東漢以後，歷代皆有辟雍，除宋代外，均僅為祭祀之所，為都城禮制建築之一。❹靈臺　觀測天象的高臺。靈臺類似今天文臺，屬太史令管轄。東漢靈臺高三丈、有十二門。故址在東漢雒陽宮城外附近南部，即今河南洛陽東白馬寺一帶。❺呂太后　漢高祖皇后。見〈祭祀上〉「高后」注。❻園　園寢，即建在帝王陵墓之正殿。古代帝陵建有殿堂，為祭祀之所。漢帝陵皆有園寢，稱寢殿。殿中放置死者生前衣物。❼薄太后　（?—西元前一五五年），吳（今江蘇蘇州）人。西漢高祖劉邦妃，文帝母。劉邦為漢王時納入後宮，文帝即位後尊為皇太后。西元前一五五年卒，葬南陵。中元元年（西元五六年），光武帝下詔追尊其為高皇后。❽配　配享，一作「配饗」。即侑食、祔祭。古代帝王祭天祭神，以先祖配祭。❾高廟　宗廟名。見〈祭祀上〉「高廟」注。❿雒陽　即洛陽。周成王時周公營雒邑，此為成周城所在。戰國時改稱雒陽，因在雒水之北得名。秦置縣，為三川郡治所。西漢為河南郡，東漢為河南尹治所。新莽時為陪都。綠林軍所立的更始帝曾建都於此。劉秀定都於此，建立東漢。故城在今洛陽白馬寺東洛水北岸，南北近五公里，東西三公里有餘。⓫四陛　四層。陛，原指帝王宮殿臺階，這裡指層面。⓬郊　在郊外舉行的祭祀之禮。⓭地祇　地神。⓮高皇后　即薄太后。⓯地理　土地。⓰元始　西漢平帝劉衎年號，西元一—五年。⓱故事　舊例；昔日的典章制度。⓲中嶽　五嶽之一。一名嵩山、嵩高。五嶽制始於漢武帝。漢宣帝確定以今河南的嵩山為中嶽，山東的泰山為東嶽，安徽的天柱山為南嶽，陝西的華山為西嶽，河北的恆山（位於曲陽西北）為北嶽，合稱「五嶽」。中嶽位於今河南登封北。⓳未　指未地。南偏西的方位。⓴四嶽　此處指五嶽中除中嶽之外的四嶽。㉑孟辰之地　每季首月之地。依照夏曆，即東嶽在春正月（建寅之月）之地（東北方向），南嶽在夏四月（巳之月）之地（東南方向），西嶽在秋七月（申之月）之地（西南方向），北嶽在冬十月（亥之月）之地（西北方向）。㉒中營　中牆與內牆之間的區域。中牆與外牆之間則為外營。㉓四瀆　自秦漢起，古人稱長江、黃河、淮河、濟水四大河流為四瀆。因為江、淮、河、濟皆獨流入海，故名曰瀆。唐始以淮河稱東瀆，長江稱南瀆，黃河稱西瀆，濟水稱北瀆。後歷代沿其說。東漢時，濟水在今博興東北入於海。後經歷屢次變遷，故道現已湮廢。㉔醊　相連的祭祀。㉕封神　用土石堆築的神位。㉖高后　即高皇后。㉗瘞俎實　埋藏祭祀的犧牲品。古人在祭祀後，要將犧牲品掩埋。瘞，埋。

【語　譯】這一年，初次營建北郊祭壇，但明堂、辟雍、靈臺建成後卻沒有使用。將呂太后神主遷到園寢。上薄太后尊號，稱高皇后，應當配享地神和高廟。其具體內容在〈光武紀〉中有記載。

北郊祭壇在雒陽城北四里，是四層的方壇。建武三十三年正月辛未日，在郊外舉行了祭祀，另祭地神，地神朝南，以西面為上，高皇后配享，朝西，以北面為上，都在祭壇上；地上的群神隨從受祭，都在祭壇下，如同元始年間的舊例一樣。中嶽的位置在南偏西的方位，四嶽各在其方位每季首月的地方，都在中牆內。大海位置在東面；四瀆中的黃河在西方，濟河在北方，淮河在東方，長江在南方；其他山川各自按照自己所在的方位排列，都在外牆內。四個層面附帶受祭以及中牆外牆門的封神如同南郊的樣式。地神、高皇后各自享用牛犢一頭，五嶽共同享用牛一頭，大海、四瀆共同享用牛一頭，群神共同享用牛兩頭。演奏的音樂也如同南郊一樣。送神完畢，在壇北掩埋祭祀的犧牲品。

明帝❶即位，永平❷二年正月辛未，初祀五帝❸於明堂，光武帝配。五帝坐位堂上，各處其方。黃帝❹在未，皆如南郊之位。光武帝位在青帝❺之南少退，西面。牲各一犢，奏樂如南郊。卒事，遂升靈臺，以望雲物❻。

【章　旨】以上記述東漢在明堂祭祀五帝的制度。

【注　釋】❶明帝　即劉莊（西元二八－七五年）。光武帝第四子，生母為陰皇后。在位期間，遵奉光武帝所立各項制度，注重刑理，法令分明。尊儒學，親臨辟雍講學。又注意發展經濟，減免賦稅，天下安平。❷永平　東漢明帝劉莊年號，西元五八－七五年。❸五帝　指五方之帝。即東方蒼帝靈威仰，南方赤帝赤熛怒，中央黃帝含樞紐，西方白帝白招矩，北方黑帝汁光紀。❹黃帝　中國古代神話五方天帝之一。係中央之神。❺青帝　中國古代神話五方天帝之一。東方之神。亦作「蒼帝」。❻雲物　泛指各類天象。古人認為雲物代表氣色災變。通過望雲物，可以事先察知妖祥，預為之備。

【語譯】明帝即位，永平二年正月辛未日，首次在明堂祭祀五帝，以光武帝配享。五帝牌位擺放在堂上，各自處於自己的方位。黃帝在南偏西的方位，都如同南郊的位置一樣。光武帝的位置在青帝的南面稍後一點的地方，面朝西。犧牲各用一頭牛犢，演奏的音樂如同南郊一樣。祭事結束後，又登上靈臺，以觀望雲物。

1 迎時氣，五郊❶之兆❷。自永平中，以禮讖❸及月令❹有五郊迎氣服色❺，因采元始中故事，兆五郊于雒陽四方。中兆在未，壇皆三尺，階無等❻。

2 立春❼之日，迎春于東郊，祭青帝❽、句芒❾。車旗服飾皆青。歌青陽❿，八佾⓫舞雲翹⓬之舞。及因賜文官太傅⓭、司徒⓮以下縑⓯各有差。

3 立夏⓰之日，迎夏于南郊，祭赤帝⓱、祝融⓲。車旗服飾皆赤。歌朱明⓳，八佾舞雲翹之舞。

4 先立秋⓴十八日，迎黃靈㉑于中兆㉒，祭黃帝㉓、后土㉔。車旗服飾皆黃。歌朱明，八佾舞雲翹、育命㉕之舞。

5 立秋之日，迎秋于西郊，祭白帝㉖、蓐收㉗。車旗服飾皆白。歌西皓㉘，八佾舞育命之舞。使謁者㉙以一特牲先祭先虞㉚于壇，有事㉛，天子入囿射牲，以祭宗廟，名曰貙劉㉜。語在禮儀志。

6 立冬㉝之日，迎冬于北郊，祭黑帝㉞、玄冥㉟。車旗服飾皆黑。歌玄冥㊱，八佾舞育命之舞。

【章　旨】以上記述東漢的四郊迎五氣的制度、所祭之五方帝名、五行和四季神名及其儀式的內容。

【注　釋】❶五郊　古代皇帝迎接節氣的場所。立春之日，迎春於東郊；立夏之日，迎夏於南郊；先立秋十八日，迎黃靈於中兆；立秋之日，迎秋於西郊；立冬之日，迎冬於北郊。❷兆　設在四郊及中兆的祭壇。❸禮讖　書名。又稱《禮緯》。傳為孔子作，實出自漢人之手，約起於漢哀帝、平帝之間。為有關《禮經》的讖緯之書。說《禮》而大量吸收圖讖之說，多怪誕無稽。有〈含文嘉〉、〈稽命徵〉、〈斗威儀〉等篇。《隋書・經籍志》著錄《禮緯》三卷。有鄭玄、宋均注。已佚。有清黃奭《漢學堂叢書》輯本等。❹月令　《禮記》篇名。相傳為周公撰，一說為秦漢間人彙抄《呂氏春秋》十二紀首章，收入《禮記》而題名〈月令〉。記述夏曆全年各月之時令及其相關事物與活動，並將其納入五行相生體系。❺服色　服裝、車馬、祭牲的顏色。❻階無等　有斜面上行的坡道但沒有臺階。階，上升。這裡引申為上行坡道。等，臺階。❼立春　節氣名。二十四節氣之一。正月節氣。每年西曆二月四日前後，太陽運行到黃經三百一十五度時，農曆謂之立春。是冬至和春分的中點，春季的開始。❽青帝　即東方蒼帝靈威仰。❾句芒　神名。木神。因木盛在春，故又稱木神為句芒。句芒相傳亦為古代主管樹木的官。❿青陽　樂歌名。漢武帝時所作《郊祀歌》十九章的第三章。青陽為春，意在祈求主春之神的保佑，使萬物萌生，眾庶歡樂。⓫八佾　樂舞名。古時天子所用。佾，行列。參加舞蹈者排列成八行，縱橫都是八人，共六十四人。而其餘諸侯為六行，行六人；大夫為四行，行四人。⓬雲翹　古時樂舞名。漢代用以祭祀天地、五郊、明堂。參加舞蹈者冠冕而執干戚。⓭太傅　官名。與太師、太保並為上公，位三公上。東漢時，上公僅置太傅，其錄尚書事者，參與朝政，不加錄尚書事者則無常職。⓮司徒　官名。西周始置，春秋沿置。執掌治理民事、掌握戶口、官司籍田、徵發徒役及收納財賦。秦罷司徒而置丞相，漢因之。哀帝元壽二年（西元前一年）改丞相為大司徒，為三公之一。東漢去「大」，稱司徒，主教化。⓯縑　雙絲織的微帶黃色的細絹。⓰立夏　節氣名。二十四節氣之一。四月節氣。每年西曆五月六日前後，太陽運行到黃經四十五度時，農曆謂之立夏。是春分和夏至的中點，夏季的開始。⓱赤帝　即南方赤帝赤熛怒。⓲祝融　傳說中的人物。高辛氏火正。史書中又作祝誦、祝和，為顓頊後裔。因其以火施惠民眾，後世奉為火神。⓳朱明　樂歌名。漢武帝時所作《郊祀歌》十九章的第四章。朱明為夏，意在祈求主夏之神的保佑，使萬物繁茂，大田豐登。⓴立秋　節氣名。二十四節氣之一。七月節氣。每年西曆八月七、八日，太陽運行到黃經一百三十五度時，農曆謂之立秋。是夏至和秋分的中點，秋季的開始。㉑黃靈　本書〈張衡列傳〉李賢注曰：「黃靈，黃帝神也。」王先謙《後漢書集解・祭祀中》案曰：《漢書・郊祀志下》：「王莽議郊祀，稱天神曰皇天上帝，而易五帝之西為黃靈、青靈、赤靈、白靈、黑靈。」「黃靈」既為中央之神，據上下文，「迎黃靈」可理解為「迎地氣」。地氣，土地山川所賦的靈氣。㉒中兆　五郊之禮中祭祀黃帝、后土的祭壇。東漢的中兆，建在洛陽城南偏西的方位。㉓黃帝　即中央黃帝含樞紐。㉔后土　古人對地神的尊稱。㉕育命　漢代樂舞之一。用以祭祀天地、五郊、明堂。參加舞蹈者均戴建華冠。㉖白帝　即西方白帝白招矩。㉗蓐收　古代傳說中的金神和西方之神，司秋。㉘西皓　樂歌名。漢武帝時所作《郊祀歌》十九章的第五章。西皓（顥），指西方少昊之神。㉙謁者　官名。為光祿勳的屬官。掌賓贊受事，秩比六百石。東漢又有常侍謁者、給事謁者、灌謁者之分。謁者僕射為其主管官，秩比千石。㉚先虞　即在立秋日所舉行的祭祀先虞之禮。祭祀時，天子讓謁者以一特牲先祭先虞於壇，隨後舉行貙劉之禮。先虞即舜帝時擔任「虞」的益（伯翳），後人祀之，以其為神。虞，上古掌山林川澤之官。㉛有事　祭祀。㉜貙劉　古代天子於立秋日射牲以祭祀宗廟之禮。㉝立冬　節氣名。二十四節氣之一。十月節氣。每年西曆十一月七、八日太陽運行到黃經二百二十五度時，農曆謂之立冬。是秋分和冬至的中點，冬季的開始。㉞黑帝　即北方黑帝汁光紀。一作叶光紀。㉟玄冥　古代傳說中的水神和北方之神，司冬。㊱玄冥　樂歌名。漢武帝時所作《郊祀歌》十九章之一。玄冥本北方之神。

【語譯】迎時氣，在五郊建立祭壇。自永平年間，認為《禮讖》和〈月令〉中有五郊迎氣服色的說法，因而採用元始年間的舊制度，從此開始在雒陽的四方修建五郊祭壇。中央的祭壇設在南偏西的方位，所有祭壇都高三尺，有坡道但沒有臺階。

2 在立春的這一天，在東郊迎接春氣，祭祀青帝和句芒。車輛旗幟服飾都用青色。歌唱《青陽》，用八佾舞的形式表演《雲翹》之舞。利用這個場合，賞賜縑給太傅、司徒以下的文官，因其級別不同而各有數量差別。

3 在立夏的這一天，在南郊迎接夏氣，祭祀赤帝和祝融。車輛旗幟服飾都用赤色。歌唱《朱明》，用八佾舞的形式表演《雲翹》之舞。

4 在立秋之前的十八天，在中兆迎接地氣，祭祀黃帝和后土。車輛旗幟服飾都用黃色。歌唱《朱明》，用八佾舞的形式表演《雲翹》、《育命》之舞。

5 在立秋的這一天，在西郊迎接秋氣，祭祀白帝和蓐收。車輛旗幟服飾都用白色。歌唱《西皓》，用八佾舞的形式表演《育命》之舞。派謁者用一頭特牲首先在祭壇祭祀先虞，在這件事情結束之後，天子進入圜囿射殺犧牲，用來祭祀宗廟，稱為「貙劉」。其具體內容記載在〈禮儀志〉中。

6 在立冬的這一天，在北郊迎接冬氣，祭祀黑帝和玄冥。車輛旗幟服飾都用黑色。歌唱《玄冥》，用八佾舞的形式表演《育命》之舞。

章帝❶即位，元和❷二年正月，詔曰：「山川百神，應祀者未盡。其議增修群祀宜享祀者。」

二月，上東巡狩，將至泰山❸，道使使者奉一太牢❹祠帝堯❺於濟陰❻成陽❼靈臺。上至泰山，修光武山南壇兆。辛未，柴❽祭天地群神如故事。壬申，宗祀❾五帝於孝武所作汶上❿明堂，光武帝配，如雒陽明堂禮。癸酉，更告祀高祖⓫、太宗⓬、世宗⓭、中宗⓮、世祖⓯、顯宗⓰於明堂，各一太牢。卒事，遂覲東后⓱，饗賜王侯群臣。因行郡國，幸魯⓲，祠東海恭王⓳，及孔子、七十二弟子。四月，還京都。庚申，告至⓴，祠高廟、世祖，各一特牛。又為靈臺㉑十二門作詩，各以其月祀而奏之。和帝㉒無所增改。

【章旨】以上記述東漢章帝增加群祀對象及其利用東巡在泰山柴祭天地群神、祭祀汶上明堂等情況。

【注釋】❶章帝　東漢章帝劉炟（西元五六—八八年）。明帝第五子，生母為賈貴人。永平三年，被立為皇太子，十八年即皇帝位。在位期間，一反明帝的苛切之政，事從寬厚。平傜簡賦，刪簡酷刑五十餘條。尤其注重禮制建設。建初四年（西元七九年）令諸儒會於白虎觀，討論《五經》異同。編成《白虎通義》。後又詔曹褒定《漢禮》，共一百五十篇。❷元和　東漢章帝劉炟年號，西元八四—八七年。❸泰山　一名岱山、岱宗、岱嶽，又名東嶽、東岱，又作太山。為五嶽之一，即我國五大名山之一。在今山東中部、泰安北。從東平湖東岸向東北延伸至淄博南和魯山相接，長約二〇〇公里。主峰玉皇頂在泰安城北，海拔一五二四公尺。古稱泰山，多指此。❹太牢　古代帝王、諸侯祭祀社稷時，牛、羊、豕三牲全備為「太牢」。亦作「大牢」。也有專指牛的。豕、羊也稱「少牢」。❺帝堯　姓伊祁氏，一作伊耆氏，名放勳，史稱唐堯。遠古傳說中的傑出帝王。實為陶唐氏部落長，炎黃聯盟首領。帝嚳之子，黃帝後裔，初居冀方，後徙晉陽，任聯盟首領後再遷至平陽。曾設天文官，命羲、和專司其職；命鯀治理洪水。因子丹朱不肖，選舜為繼承人。一說為舜所囚，被迫讓位。❻濟陰　郡名。治今山東定陶西北。❼成陽　縣名。屬濟陰郡。故治在今山東菏澤東北。❽柴　燒柴祭天及群神。❾宗祀　祭祀祖宗。亦泛指各種祭祀。❿汶上　地區名。即汶水流域，古齊地。一為亭邑名，春秋時為魯中都邑。汶水即今山東西部大汶河，自今東平西南流注入濟水。⓫高祖　即漢高祖。⓬太宗　即西漢文帝（西元前二〇二—前一五七年），名恆。高祖子，母薄姬。初立為代王，後周勃等誅滅諸呂，遂迎立為帝。繼續執行漢初與民休息和輕傜薄賦政策，加強中央集權，景帝即位後因之，史稱「文景之治」。後元七年卒，葬霸陵。廟號太宗，諡孝文。⓭世宗　即漢武帝。⓮中宗　即西漢孝宣皇帝劉詢（西元前九一—前四九年）。漢武帝曾孫，父為史皇孫，生母為王夫人。昭帝死，霍光迎入為帝。卒葬杜陵。廟號中宗，諡孝宣。《漢官儀》：「光武第雖十二，于父子之次，于成帝為兄弟，于哀帝為諸父，于平帝為祖父，皆不可為之後。上至元帝于光武為父，故上繼元帝而為九代。故《河圖》：『赤九會昌』，謂光武也。」光武帝本為西漢皇室疏族，其追尊漢宣帝，是為了附會讖緯符命的「九世」之說，以提高自己的地位。⓯世祖　即光武帝。⓰顯宗　即東漢明帝劉莊。⓱東后　東方的國君。指諸侯。⓲魯　國名。都今山東曲阜。東漢轄境約相當於今山東滕縣、曲阜、泗水縣等地。⓳東海恭王　劉彊。光武帝長子，生母為郭皇后。建武二年（西元二六年），立為皇太子。十七年，因其母郭皇后被廢，常不自安，數因人上告，願降為藩王。建武十九年，降封為東海王。永平元年（西元五八年）病卒，諡為恭王。⓴告至　古代天子、諸侯外出返回時，祭告祖廟並與群臣一起飲酒的禮儀。㉑靈臺　東漢靈臺有多處。此處指洛陽之靈臺，高約三丈，有十二門，是觀測天象之處。㉒和帝　即東漢和帝劉肇（西元七九－一〇五年）。章帝第四子，生母為梁貴人。建初七年（西元八二年），立為皇太子。章和二年（西元八八年），即皇帝位，年僅十歲。竇太后臨朝，外戚竇氏專權。永元四年（西元九二年）與宦官鄭眾定計，誅滅竇氏，遂得以親政。元興元年（西元一〇五年）卒，葬慎陵。廟號穆宗，諡孝和。

【語譯】章帝即位後，在元和二年正月下詔說：「山川百神，應該被祭祀者中還有沒受到祭祀的。現令商議增補在群祀中應該享受祭祀的神明。」

二月，皇上去東方巡視，快到泰山時，在路上派遣使者獻上一太牢到濟陰郡成陽縣的靈臺祭祀堯帝。皇上到達泰山後，維修了光武帝建在山南的祭壇。辛未日，按照慣例燒柴祭祀天地群神。壬申日，在孝武帝所建的汶上明堂中祭祀五方天帝，以光武帝配享，儀式如同雒陽的明堂祭祀一樣。癸酉日，又在明堂中告祭高祖、太宗、世宗、中宗、世祖、顯宗，各用一具太牢。祭事結束後，又接見了東方各國的諸侯王，賜宴款待王侯群臣。皇上又藉此機會去郡國巡視，到達魯國，祭祀東海恭王，以及孔子和他的七十二弟子。四月，返回京都。庚申日，向祖宗報告回京，祭祀了高廟、世祖，各用一頭公牛。又為靈臺的十二門作詩，各門在其祭祀之月舉行祭祀時演奏其詩。和帝時期，在祭祀制度上沒有任何增加和修改。

安帝❶即位，元初❷六年，以尚書❸歐陽家❹說，謂六宗❺者，在天地四方之中，為上下四方之宗。以元始中故事，謂六宗易❻六子❼之氣，日、月、雷公❽、風伯❾、山、澤者為非是。三月庚辰，初更立六宗，祀於雒陽西北戌亥之地❿，禮比太社⓫也。

延光⓬三年，上東巡狩，至泰山，柴祭，及祠汶上明堂，如元和二年故事。

順帝⑬即位，修奉常祀⑭。

【章旨】以上記述東漢安帝重新確立六宗，並祭祀六宗，及其東巡在泰山柴祭天地群神、祭祀汶上明堂等情況。

【注釋】❶安帝　即劉祜（西元九四—一二五年）。章帝孫，和帝姪，殤帝堂兄。其父為清河孝王劉慶，生母為左姬。延平元年（西元一〇六年），殤帝死，奉鄧太后詔，至洛陽即皇帝位。初由鄧太后執政，外戚鄧騭為大將軍。建光元年（西元一二一年）鄧太后卒，始親政。在位期間，社會危機日益加深。延光四年（西元一二五年），病死於出巡途中。葬恭陵。廟號恭宗，諡孝安。❷元初　東漢安帝劉祜年號，西元一一四—一二〇年。❸尚書　原名《書》，亦稱《書經》。「尚」通「上」。以其記上古之事，故名。係夏、商、周時期部分歷史檔案與歷史記述的彙編。為儒家經典之一。❹歐陽家　西漢時《尚書》學派之一。開創者為千乘人歐陽生。他是伏生的嫡傳弟子，家中世代相傳，其曾孫歐陽高被立為博士，所以人們稱之為「歐陽家」。其著作有《歐陽章句》、《歐陽說義》等，已佚。清陳喬樅有《尚書歐陽夏侯遺說考》，收入《皇清經解續編》。❺六宗　古代尊祀的六神，但究竟為哪六神，眾說紛紜。漢平帝元始中，王莽認為六宗是《易》卦六子之氣。至東漢光武時，廢六宗不祭。其後，對六宗的解說更加紛繁。有稱「六宗者，上不及天，下不及地，傍不及四方，在六合之中，助陰陽，化成萬物」者，有認為六宗即為天、地、春、夏、秋、冬者，有指時、寒暑、日、月、星、水旱為六宗者，有稱日宗、月宗、星宗、岱宗、海宗、河宗為六宗者，有稱六宗即水、火、雷、風、山、澤者，還有認為六宗即星、辰、司中、司命、風伯、雨師者，亦有稱說六宗就是宗廟中的三昭三穆者。《風俗通》：「《周禮》以為槱燎，祀司命、司命，文昌上六星也。槱者，積薪燔柴也。今民猶祠司命耳，刻木長尺二寸為人像，行者署篋中，居者別作小居。齊地大尊重之，汝南諸郡亦多有者，皆祀以豬，率以春秋之月。」這個記載大概最接近於漢代六宗祭祀的情況。❻易　《周易》的簡稱。❼六子　指《周易》八卦中的震、巽、坎、離、艮、兌六卦。《漢書．郊祀志下》顏師古注曰：「乾為父，坤為母。震為長男，巽為長女，坎為中男，離為中女，艮為少男，兌為少女，故云六子也。」六子之氣，謂形成六子的本原。❽雷公　亦稱「雷神」、「雷師」。中國古代神話中司雷之神。❾風伯　神話中的風神。❿戌亥之地　指戌地、亥地之間的「乾」位。戌地、亥地均在西北方位，但戌地稍偏南，亥地稍偏北。在其之間為乾位。⓫太社　亦作「大社」。即社稷。古代天子為天下祈福、報功而設立的祭祀土神、穀神的場所。

⑫延光　東漢安帝劉祜年號，西元一二二—一二五年。⑬順帝　即劉保（西元一一五—一四四年）。安帝子。永寧元年（西元一二〇年），立為皇太子，延光三年（西元一二四年），被閻皇后廢為濟陰王。四年，被宦官孫程等迎立，即位為帝。其在位期間，宦官專權，朝政腐敗。建康元年卒，葬憲陵。廟號敬宗，諡孝順。⑭常祀　規模固定不變的正常祭祀。

【語　譯】安帝即位後，在元初六年，採用《尚書》歐陽家的說法，認為六宗是在天地四方之中，是上下四方的核心。認為元始年間的舊規定稱六宗是《周易》六子之氣，是指日、月、雷公、風伯、山、澤，則是錯誤的。三月庚辰日，首次重新確立六宗，在雒陽西北戌亥之地設立祭壇進行祭祀，禮儀規格與太社相同。

延光三年，皇上去東方巡視，到達泰山，燒柴祭天，又在汶上明堂舉行祭祀，如同元和二年的舊例。順帝即位後，只是遵循正常祭祀而已。

桓帝❶即位十八年，好神僊事。延熹❷八年，初使中常侍❸之陳國❹苦縣❺祠老子❻。九年，親祠老子於濯龍❼。文罽❽為壇，飾淳金釦器❾，設華蓋之坐❿，用郊天樂也。

【章　旨】以上記述東漢桓帝祭祀老子的事情。

【注　釋】❶桓帝　即劉志（西元一三二—一六七年）。章帝曾孫，其父為蠡吾侯劉翼，生母為匽氏。本初元年（西元一四六年），質帝死，梁太后迎入洛陽，即皇帝位。梁太后臨朝稱制，外戚梁冀掌據軍政大權。延熹二年（西元一五九年），他與宦官單超等合謀誅滅梁氏，遂得以親政，但大權旁落於宦官之手。九年，因外戚、官僚與太學生聯合反對宦官，他詔令逮捕李膺等二百餘人，史稱「黨錮之禍」。永康元年卒，葬宣陵。廟號威宗，諡孝桓。❷延熹　東漢桓帝劉志年號。西元一五八—一六七年。❸中常侍　官名。秦置。西漢中常侍為加官，加此官者得入禁中。東漢以宦者為之，隸少府，掌侍天子左右，從入內宮，顧問應對。原秩千石，後增秩比二千石。❹陳國　秦置陳郡。西漢改為淮陽國。東漢章和二年（西元八八年）改為陳國。治今河南淮陽。獻帝時，又改為陳郡。❺苦縣　故治在今河南鹿邑東。相傳道家創始人老子生於此地。❻老子　姓李名耳，字伯陽，楚國苦縣人。春秋時期的思想家。後人將其附會為道教的創始人。曾為周朝守藏室之史，後隱退。著有《老子》一書。❼濯龍　東漢皇家苑囿名。在今河南洛陽東北東漢都城洛陽北宮西北。❽文罽　彩色毛織物。❾釦器　用金玉等鑲嵌口緣的器物。❿華蓋之坐　用華蓋蔽護的座位。華蓋，天子車座所用的傘蓋。

【語　譯】桓帝即位十八年後，喜好神仙之事。延熹八年，首次派中常侍去陳國苦縣祭祀老子。九年，親自在濯龍祭祀老子。用文罽建成祭壇，用純金鑲嵌口緣的禮器，座位上撐設華蓋，祭祀時使用祭天的音樂。

志第九

祭祀下

宗廟　社稷　靈星　先農　迎春

光武帝建武❶二年正月，立高廟❷于雒陽。四時祫祀，高帝❸為太祖，文帝❹為太宗，武帝❺為世宗，如舊。餘帝四時春以正月，夏以四月，秋以七月，冬以十月及臘❻，一歲五祀。三年正月，立親廟❼雒陽，祀父南頓君❽以上至舂陵節侯❾。時寇賊未夷，方務征伐，祀儀未設。至十九年，盜賊討除，戎事差息，於是五官中郎將❿張純⓫與太僕⓬朱浮⓭奏議：「禮，為人子事大宗，降其私親。禮之設施，不授之與自得之異意。當除今親廟四。孝宣皇帝⓮以孫後祖，為父立廟於奉明⓯，曰皇考廟，獨群臣侍祠。願下有司議先帝四廟當代親廟者及皇考廟事。」下公卿⓰、博士⓱、議郎⓲。大司徒⓳涉⓴等議：「宜奉所代，立平帝㉑、哀帝㉒、成帝㉓、元帝㉔廟，代今親廟。兄弟以下，使有司祠。宜為南頓君立皇考廟，祭上至舂陵節侯，群臣奉祠。」時議有異，不著。上可涉等議，詔曰：「以宗廟處所未定，且祫祭㉕高廟。其成、哀、平且祠祭長安故高廟。其南陽㉖舂陵歲時各且因故園廟祭祀。園廟去太守㉗治所遠者，在所㉘令長㉙行太守事侍祠㉚。惟孝宣帝有功德，其上尊號曰中宗。」於是雒陽高廟四時加祭孝宣、孝元，凡五帝。其西廟成、哀、平三帝主，四時祭於故高廟。東廟京兆尹㉛侍祠，冠衣車服如太常㉜祠陵廟之禮。南頓君以上至節侯，皆就園廟。南頓君稱皇考廟，鉅鹿都尉㉝稱皇祖考廟，鬱林太守㉞稱皇曾祖考廟，節侯稱皇高祖考廟，在所郡縣侍祠。

【章旨】以上記述東漢在雒陽建立高廟、親廟，改建長安故高廟，在南陽舂陵祭祀故園廟等事情。

【注釋】❶建武　東漢光武帝劉秀年號，西元二五—五六年。❷高廟　宗廟名。即帝王祭祀祖宗之廟堂。❸高帝　即漢高祖（西元前二五六—前一九五年），姓劉名邦，字季，沛縣（今江蘇沛縣）人。西漢王朝建立者。死後葬長陵。廟號高祖，諡高皇帝。❹文帝　即西漢文帝劉恆（西元前二〇二—前一五七年）。高祖子，母薄姬。初立為代王，後周勃等誅滅諸呂，遂迎立為帝。繼續執行漢初與民休息和輕徭薄賦政策，加強中央集權，景帝即位後因之，史稱「文景之治」。後元七年（西元前一五七年）卒，葬霸陵。廟號太宗，諡孝文。❺武帝　即西漢武帝劉徹（西元前一五六—前八七年）。景帝子，母王美人。七歲立為皇太子，十六歲即位。在位期間，政治上削弱王國的割據勢力，思想上採納董仲舒「罷黜百家，獨尊儒術」的建議，以鞏固中央集權。經濟上將冶鐵、煮鹽收歸官營，以充實國家經濟實力。外交上派張騫等出使西域。軍事上任用衛青、霍去病等大將，連續發動大規模反擊匈奴的戰爭，其統治期間，漢朝臻於極盛。但後期由於徭役、兵役不斷增加，農民暴動接連發生。❻臘　歲末。因臘祭而得名，通指農曆十二月或泛指冬月。先秦時期，稱祭百神為「蠟」，祭祖先為「臘」。秦漢以後統稱「臘」。❼親廟　祖廟。光武帝於西漢皇室為疏屬，其祖先不能入國家宗廟，故別立親廟以祀之。❽南頓君　即光武帝之父南頓令劉欽。❾春陵節侯　即光武帝四世祖劉買。劉買為劉發次子，封於零道之春陵鄉（今湖南寧遠東北），為春陵侯。生卒年不詳，謚曰節。漢元帝初元四年（西元前四五年），劉買之孫春陵考侯劉仁以春陵潮溼不便居住為由，上書請求削減食邑內徙，遂徙封於南陽郡蔡陽縣之白水鄉（今湖北棗陽南），仍以春陵為國名。❿五官中郎將　官名。西漢武帝置，東漢沿置。秩比二千石，掌五官郎持戟值班，宿衛殿門，出充車騎，或奉命差遣。為皇帝高級侍從官。屬光祿勳。⓫張純　（？—西元五六年），字伯仁，京兆杜陵（今陝西長安）人。張安世曾孫，襲爵富平侯。西漢末，官至侍中。王莽時，為列卿。光武帝即位，先來入朝，故得復爵。歷任太中大夫、中郎將，改封武始侯。明習禮儀典故，光武帝甚重之，使兼虎賁中郎將。建武二十年（西元四四年），為太僕。建武二十三年，為大司空。卒謚節侯。事見本書卷三十五。⓬太僕　官名。為九卿之一，秩中二千石。掌車馬，天子每出行，奏駕上鹵簿用；大駕則執駕車。⓭朱浮　字叔元，沛國蕭（今安徽蕭縣）人。早從劉秀，歷任大司馬主簿、偏將軍、大將軍幽州牧。建武二年（西元二六年），封舞陽侯。建武二十年，拜大司空。明帝永平中，以罪賜死。事見本書卷三十三。⓮孝宣皇帝　即西漢宣帝劉詢（西元前九一—前四九年）。漢武帝曾孫，父為史皇孫，母為王夫人。昭帝死，霍光迎入為帝。卒葬杜陵。廟號中宗，謚孝宣。⓯奉明　縣名。西漢置。故治在今陝西西安西北郊。宣帝劉詢為其父戾立廟於此。東漢廢。⓰公卿　對三公及諸卿等高級官員的統稱。⓱博士　官名。春秋戰國前，已有博士之號，但非官名，泛指博學之士。六國已出現博士官。秦統一，置博士官，掌通古今，備顧問。漢承秦制，置博士官。漢武帝時，設《五經》博士，掌教授經學，國有疑事，掌承問對。東漢因置。⓲議郎　官名。郎中令的屬官，郎官中地位較高者。秦置，漢因之，秩六百石，掌顧問應對。⓳大司徒　官名。先秦三公之一。西漢哀帝元壽二年（西元前一年）改丞相為大司徒。東漢去「大」字為司徒，與司空、太尉並為三公。⓴涉　即戴涉（？—西元四四年），字叔平，冀州清河（今山東臨清）人。建武初，任上黨太守，以功封關內侯。建武十五年（西元三九年），遷大司徒。二十年，坐所薦舉之人盜金罪，下獄死。㉑平帝　即西漢平帝劉衎（西元前九—西元五年）。元帝庶孫，中山孝王劉興之子，母衛姬。三歲嗣立為王。元壽二年（西元前一年），哀帝卒，被迎立為帝，年九歲，太皇太后王氏臨朝，大司馬王莽秉政。納莽女為皇后。元始五年（西元五年），為王莽酖殺。葬康陵。廟號元宗，謚孝平。㉒哀帝　即西漢哀帝劉欣（西元前二五—前一年）。元帝庶孫，定陶共王劉康之子，母丁姬。綏和二年（西元前七年）即皇帝位。在位期間，力圖加強皇權。元壽二年（西元前一年）卒，葬義陵。謚孝哀。㉓成帝　即西漢成帝劉驁

（西元前五一—前七年）。漢元帝長子，母王皇后。西元前三三—前七年在位。重用外戚，委政於母舅王鳳。以陽阿公主家歌女趙飛燕及其妹為婕妤，貴傾後宮。後又立趙飛燕為皇后。卒後葬延陵。廟號統宗，諡孝成。㉔元帝　即西漢元帝劉奭（西元前七六—前三三年）。宣帝子，母許皇后。在位期間先後任用貢禹、薛廣德、韋玄成、匡衡等儒生為丞相。中央集權削弱，賦役繁重，社會危機加深，王朝開始衰落。竟寧元年（西元前三三年）卒，葬渭陵。廟號高宗，諡孝元。㉕祫祭　集合遠近祖先於太廟大合祭，三年舉行一次。㉖南陽　郡名。故治宛縣（今河南南陽）。㉗太守　一郡之最高行政長官，秩二千石，故亦別稱二千石。㉘在所　所在處所。指所在地官府。㉙令長　縣令或縣長。秦凡縣皆置令或長，其萬戶以上大縣置縣令，以下小縣則置長。漢因之，縣令秩千石至六百石，縣長秩五百石至三百石。東漢縣、邑、道，大者置令，小者置長。㉚侍祠　由郡縣長官代祭。根據禮制，諸侯不得祖天子，故不能讓侯王代祭宗廟。㉛京兆尹　官名。秦置內史掌京師，西漢景帝時分左、右。武帝太初元年（西元前一〇四年）改右內史為京兆尹，與左馮翊、右扶風共為京師三輔長官。秩中二千石，得奉朝請，參與朝議。東漢減其秩同郡守，為二千石。㉜太常　官名。秦置奉常。漢初因之。景帝中元六年（西元前一五一年）改名為太常。王莽時曾改名秩宗。東漢又復名太常，為諸卿之首。執掌宗廟祭祀禮儀，兼選試博士。秩中二千石。㉝鉅鹿都尉　即劉回。南郡春陵（今湖南寧遠）人。西漢官吏。光武帝之祖父。西漢末為鉅鹿都尉。㉞鬱林太守　即劉外。南郡春陵人。西漢官吏。官至鬱林太守。外為東漢光武帝之曾祖父。

【語　譯】光武帝建武二年正月，在雒陽建立了高廟。四季舉行祫祀，高帝為太祖，文帝為太宗，武帝為世宗，同舊時的制度一樣。其餘皇帝，除春季在正月，夏季在四月，秋季在七月，冬季在十月舉行的四季祭祀之外，年末還要舉行一次祭祀，一年中共舉行五次祭祀。三年正月，在雒陽建立親廟，祭祀父親南頓君以上至春陵節侯。當時，盜賊還沒有平定，正全力進行征伐，因此祭祀的禮儀還沒有制定。到了建武十九年，盜賊被消滅，戰事差不多已經平息，這時，五官中郎將張純與太僕朱浮上奏建議說：「按照禮制，作為人子，要祭祀大宗，降低與自己關係最親密、而不是大宗者的祭祀地位。依照禮制的規定，不授予的與自己擅自得到，意義不同。應當撤除現存的四座親廟。孝宣皇帝以孫子的身分繼承祖父的帝業，在奉明縣為自己的父親建立廟，稱為皇考廟，只是由群臣代替祭祀。希望能將我們的建議交給有關部門，商議建立適合替代親廟的先帝四廟以及立皇考廟的事情。」光武帝將他們的建議交給公卿、博士、議郎討論。大司徒戴涉等人建議說：「應當祭祀替代親廟的先帝廟，建立平帝、哀帝、成帝、元帝廟，代替現今的親廟。兄弟輩分以下各帝廟，讓有關機構負責祭祀。應該為南頓君建立皇考廟，祭祀上至春陵節侯，由群臣奉行祭祀。」當時的議論有分歧，沒有記載。皇上認可了戴涉等人的建議，下詔說：「因為宗廟的設置地點還沒有確定，暫且在高廟舉行祫祭。至於成帝、哀帝、平帝暫且在長安舊時的高廟舉行祭祀。另外，南陽、春陵每年各季節暫且各自在舊時的園廟舉行祭祀。園廟離太守官衙所在地太遠的，命令由所在地的縣令縣長以太守的名義主持祭祀。由於孝宣帝有功德，現為他加上尊號，稱為中宗。」於是，雒陽高廟四季祭祀時增加了祭祀孝宣帝、孝元帝，總共有五位皇帝。長安西廟中的成帝、哀帝、平帝三位帝皇神主，分四季在舊時的高廟中舉行祭祀。雒陽東廟，由京兆尹代為主持祭祀，衣冠車服的規格如同太常祭祀陵廟的禮儀。南頓君以上到春陵節侯，都在園廟舉行祭祀。南頓君廟稱為皇考廟，鉅鹿都尉廟稱為皇祖考廟，鬱林太守廟稱為皇曾祖考廟，春陵節侯廟稱為皇高祖考廟，由所在郡縣代為主持祭祀。

二十六年，有詔問張純，禘祫❶之禮不施行幾年。純奏：「禮，三年一祫，五年一禘❷。毀廟❸之主，陳於太祖；未毀廟之主，皆升。合食❹太祖，五年再殷祭❺。舊制，三年一祫，毀廟主合食高廟，存廟主❻未嘗合。元始❼五年，始行禘禮。父為昭，南嚮；子為穆，北嚮。父子不並坐，而孫從王父❽。禘之為言諦，諦諟❾昭穆❿、尊卑之義。以夏四月陽氣在上，陰氣在下，故正尊卑之義。祫以冬十月，五穀成熟，故骨肉合飲食。祖宗廟未定，且合祭，今宜以時定。」語在純傳。上難復立廟，遂以合祭高廟為常。後以三年冬祫、五年夏禘之時，但就陳祭毀廟主而已，謂之殷。太祖東面，惠⓫、文、武、元帝為昭，景⓬、宣帝為穆。惠、景、昭⓭三帝非殷祭時不祭。光武皇帝崩，明帝⓮即位，以光武帝撥亂中興⓯，更為起廟，尊號曰世祖廟。以元帝於光武為穆⓰，故雖非宗，不毀也。後遂為常。

【章旨】以上記述東漢調整宗廟昭穆和禘祫之禮形式、新立世祖廟等事情。

【注釋】❶禘祫　祭名。泛指天子諸侯祭宗廟的大祭。❷禘　祭名，約有三類。一指郊祭之禘，即祭天之祭。二指殷祭之禘，即天子諸侯宗廟大祭，與祫並稱為殷祭。三年（後世多用三十月）一祫，五年（後世多用四十二月）一禘。三指時祭之禘。宗廟四時祭祀之一。《禮記・王制》：「天子諸侯宗廟之祭，春曰礿，夏曰禘，秋曰嘗，冬曰烝。」五年一禘時，功臣皆祭，三年一祫，則功臣不預。❸毀廟　依據宗法，親過高祖者，毀其廟，移神主於太廟中，稱毀廟。❹合食　合祭。會合在一起享受祭品。❺五年再殷祭　指三年舉行一次的祖廟大祭（祫）及五年舉行一次合祭諸廟神主的大祭（禘）。《漢書・韋玄成傳》：「毀廟之主，臧乎太祖，五年而再殷祭，言壹禘壹祫也。」唐史玄燦《禘祫議》：「按《禮》三年一祫，五年一禘。《公羊傳》云，五年而再殷祭，兩文雖互，其義略同。」「五年再殷祭」者，即在五年之內，三年舉行一次祫祭，至五年舉行一次禘祭，祫祭、禘祭都稱「殷祭」，故曰「再」。禘與祫，其區別在於禘祭功臣皆祭之，祫祭則不祭功臣。殷祭，盛大的祭禮。❻存廟主　不毀廟的神主。亦即未親過高祖的神主。❼元始　西漢平帝劉衎年號，西元一—五年。❽王父　祖父。❾諦諟　認真區別。諦，細察。諟，訂正。❿昭穆　古代宗法制度，宗廟或墓地的輩次排列，以始祖居中。二世、四世、六世，位於始祖的左方，稱昭；三世、五世、七世位於右方，稱穆；用來分別宗族內部的長幼、親疏和遠近。由於存在著非嫡親而繼承皇位的問題，所以宗廟中的昭穆並非實際的親緣關係。例如，光武帝的生父就不能入高廟。在高廟中，按昭穆關係排定，西漢元帝乃為光武帝父輩。⓫惠　即西漢惠帝劉盈（西元前二一二—前一八八年）。漢高祖劉邦子，生母為呂后。即位後，呂太后掌握實權，用曹參為相國，一切尊蕭何所定法令。在位七年卒，葬安陵。諡孝惠。⓬景　即西漢景帝劉啟（西元前一八八—前一四一年）。漢文帝次子，生母為竇皇后。死後葬陽陵。諡孝景。⓭昭　即西漢昭帝劉弗陵（西元前九四—前七四年）。武帝少子，生母為趙婕妤。年八歲即皇帝位，大司馬大將軍霍光受遺詔輔政，繼續執行武帝政策，移民屯田。始元六年（西元前八一年）徵郡國賢良文學，召開鹽鐵會議。元平元年（西元前七四年）卒。葬平陵，諡孝昭。⓮明帝　東漢明帝劉莊（西元二八—七五年）。光武帝第四子，生母為陰皇后。在位期間，遵奉光武帝所立各項制度，注重刑理，法令分明。尊儒學，親臨辟雍講學。又注意發展經濟，減免賦稅，天下安平。卒葬顯節陵。廟號顯宗，諡孝明。⓯中興　由衰落重新興盛。這裡指東漢建立。⓰元帝於光武為穆　東漢光武帝為自己中興漢室尋找承接西漢帝系的依據，將西漢元帝的世次定為第八，將自己定為第九，故東漢宗廟制度以西漢元帝為考廟。

【語　譯】建武二十六年，有詔旨詢問張純，問禘祫之禮有幾年沒有施行了。張純上奏說：「根據禮制規定，三年舉行一次祫禮，五年舉行一次禘禮。毀廟的神主，放置在太祖廟中；未毀廟的神主，都依次升位。與太祖合在一起享受祭祀，每五年舉行兩次殷祭。舊時的制度規定，每三年舉行一次祫禮，毀廟的神主與高廟會合在一起享受祭祀，但存廟的神主卻從來沒有與高廟會合在一起享受過祭祀。元始五年，開始舉行禘禮。父親為昭，朝向南面；兒子為穆，朝向北面。父子牌位不靠在一起擺放，而孫子跟從祖父擺放。『禘』的本義是『諦』，就是認真區分昭穆和尊卑的意思。因為夏季四月陽氣在上，陰氣在下，所以此時舉行祭祀，可以確定尊卑關係。祫禮因為在冬季十月，五穀成熟，所以骨肉才會合在一起共享祭祀。由於祖宗廟堂還沒有確定，暫且舉行合祭，所以現今應該按時節來確定祫祭和禘祭的禮儀。」其具體內容記載在〈張純傳〉中。皇上對再建立祖廟感到為難，於是將合祭高廟作為經常性的祭祀制度。後來因為在每三年舉行的冬祫、每五年舉行的夏禘的時候，只是擺放毀廟的神主進行祭祀而已，所以稱其為「殷」。太祖的牌位的東面，惠帝、文帝、武帝、元帝為昭，景帝、宣帝為穆。惠帝、景帝、昭帝這三位皇帝除了殷祭的時候不舉行祭祀。光武皇帝去世，明帝即位後，認為光武帝有撥亂中興的大功，所以另為光武帝建廟，獻上尊號，稱世祖廟。因為西漢元帝對於光武帝來說是父親輩，所以他雖然與光武帝不是同一宗支，但也不毀廟。後來便以為常制了。

明帝臨終遺詔，遵儉無起寢廟❶，藏主❷於世祖廟更衣❸。孝章即位，不敢違，以更衣有小別，上尊號曰顯宗廟，間祠❹於更衣，四時合祭於世祖廟。語在章紀。章帝❺臨崩，遺詔無起寢廟，廟如先帝故事。和帝❻即位不敢違，上尊號曰肅宗。後帝承尊，皆藏主于世祖廟，積多無別，是後顯宗但為陵寢之號。永元❼中，和帝追尊其母梁貴人❽曰恭懷皇后，陵曰西陵。以竇后❾配食章帝，恭懷后別就陵寢祭之。和帝崩，上尊號曰穆宗。殤帝❿生三百餘日而崩，鄧太后⓫攝政，以尚嬰孩，故不列于廟，就陵寢祭之而已。安帝⓬以清河孝王⓭子即位，建光⓮元年，追尊其祖母宋貴人⓯曰敬隱后，陵曰敬北陵。亦就陵寢祭，太常領如西陵⓰。追尊父清河孝王曰孝德皇，母曰孝德后，清河嗣王奉祭而已。安帝以讒害大臣，廢太子，及崩，無上宗之奏。後以自建武以來無毀者，故遂常祭，因以其陵號稱恭宗。順帝⓱即位，追尊其母曰恭愍后⓲，陵曰恭北陵。就陵寢祭，如敬北陵。順帝崩，上尊號曰敬宗。沖⓳質帝⓴皆小崩，梁太后攝政，以殤帝故事，就陵寢祭。凡祠廟訖，三公㉑分祭之。桓帝㉒以河間孝王㉓孫蠡吾侯即位，亦追尊祖考，王國奉祀。語在章和八王傳㉔。帝崩，上尊號曰威宗，無嗣。靈帝㉕以河間孝王曾孫解犢侯即位，亦追尊祖考。語在章和八王傳。靈帝時，京都四時所祭高廟五主，世祖廟七主，少帝三陵，追尊后三陵，凡牲用十八太牢㉖，皆有副倅㉗。故高廟三主親毀之後，亦但殷祭之歲奉祠。靈帝崩，獻帝㉘即位。初平㉙中，相國㉚董卓㉛、左中郎將㉜蔡邕㉝等以和帝以下，功德無殊，而有過差，不應為宗；及餘非宗者、追尊三后㉞，皆奏毀之。四時所祭，高廟一祖二宗㉟，及近帝四㊱，凡七帝。

【章旨】以上記述東漢陵寢祭祀制度及有關的興廢之事。

【注釋】❶寢廟　古代宗廟中的寢與廟的合稱。在宗廟中，前殿曰廟，後殿曰寢。❷藏主　安放神主。神主，祖宗祭祀的牌位。❸更衣　更衣殿。指帝王陵寢便殿。❹間祠　指四時正祀之間的祭祀。四時正祭之外，間祀有五月嘗麥，三伏立秋嘗粢盛酎，十月嘗稻等。❺章帝　即東漢章帝劉炟（西元五六－八八年）。明帝第五子，生母為賈貴人。在位期間，厭明帝苛切，事從寬厚。平徭簡賦，刪簡慘酷刑律五十餘條。建初四年（西元七九年）令諸儒會於白虎觀，討論《五經》異同，編成《白虎通義》。後又詔曹褒定《漢禮》，共一百五十篇。卒葬敬陵。廟號肅宗，諡孝章。❻和帝　即東漢和帝劉肇（西元七九－一〇五年）。章帝第四子，生母為梁貴人。即位時，年僅十歲，由竇太后臨朝聽政。永元四年（西元九二年）與宦官鄭眾定計，誅滅竇氏，遂得親政。卒葬慎陵。廟號穆宗，諡孝和。❼永元　東漢和帝劉肇年號，西元八九－一〇五年。❽梁貴人　即恭懷梁皇后（西元六四－八三年），安定烏氏（今寧夏固原）人。東漢章帝妃、和帝母。褒親愍侯梁竦之女。建初二年（西元七七年），選入掖庭為貴人。四年，生和帝。章帝竇皇后恐梁氏得勢，終為己害。八年，遂譖殺之。和帝即位，以貴人慘死，改殯於承光宮，上尊諡曰恭懷皇后。獻帝初平元年（西元一九〇年），以其非正嫡，不合稱后，除去其尊號。❾竇后　即章德竇皇后（？－西元九七年），扶風平陵（今陝西咸陽）人。東漢章帝皇后。大司空竇融曾孫女，竇勳之女，母為東海恭王劉彊女沘陽公主。建初二年與妹俱入選宮中。次年，立為皇后。寵幸殊特，專固後宮。誣殺宋貴人，廢太子慶為清河王。又奪梁貴人子養為己子，是為和帝。和帝即位，尊為皇太后。臨朝執政，廢除鹽鐵官賣，藉以取得地主豪強的支援。尊母沘陽公主為長公主，益湯沐邑三千戶。兄竇憲、弟竇篤、竇景並顯貴，專權獨斷，權傾一時。永元四年和帝與宦官鄭眾合謀，誅滅竇氏，太后被迫歸政。九年卒，合葬於敬陵。事見本書卷十上。❿殤帝　即東漢殤帝劉隆（西元一〇五—一〇六年）。據稱為和帝少子，出生百餘日由鄧太后迎入宮中，即皇帝位。鄧太后臨朝執政。次年病卒，葬康陵。諡孝殤皇帝。⓫鄧太后　即東漢和帝皇后鄧綏（西元八一—一二一年），南陽新野（今河南新野）人。太傅鄧禹之孫女。和帝永元七年，以選入宮，次年，入掖庭為貴人。因貌美、謙讓，頗為和帝所寵愛。陰皇后甚為忌妒，欲加害之。貴人數遭窘困，曾有自盡之念，而為人勸止。永元十四年，陰皇后坐巫蠱事被廢，和帝遂立貴人為皇后。和帝病卒，殤帝即位，被尊為皇太后。殤帝在位僅一年而卒，太后又定策迎立安帝，親主朝政。前後在位二十年。永寧二年（西元一二一年）卒，年四十一，合葬於和帝順陵（慎陵）。事見本書卷十上。⓬安帝　即東漢安帝劉祜（西元九四—一二五年）。章帝孫，和帝姪，殤帝堂兄。父清河孝王劉慶，生母為左姬。延平元年（西元一〇六年），殤帝死，奉鄧太后詔，至洛陽即皇帝位，由鄧太后執政，外戚鄧騭為大將軍。建光元年鄧太后卒，始親政。卒葬恭陵。廟號恭宗，諡孝安。⓭清河孝王　即劉慶（西元七八—一〇六年），東漢章帝之子。建初四年（西元七九年），立為皇太子。時竇皇后得章帝寵愛，日夜毀譖其母宋貴人，其母子遂漸遭疏遠。建初七年，章帝將其廢為清河王。殤帝延平元年，病卒。是年，其子劉祜被立為皇帝，是為安帝。劉慶遂得諡曰孝王。建光元年（西元一二一年），又被追尊為孝德皇。事見本書卷五十五。⓮建光　東漢安帝劉祜年號，西元一二一—一二二年。⓯宋貴人　扶風平陵（今陝西咸陽）人，東漢章帝嬪妃、安帝祖母。有才色，明帝永平末選入太子宮，甚有寵。章帝即位，立為貴人。生子劉慶，立為皇太子。竇皇后寵盛而無子，對之甚為妒忌，因誣貴人挾邪媚道，迫使貴人自殺，和帝卒，以慶長子祜為嗣，是為安帝。建光元年，安帝追尊祖母宋貴人為敬隱皇后。獻帝初平元年（西元一九〇年），以非正嫡，不合稱后，遂除去其尊號。事見本書卷五十五。⓰西陵　陵墓名。即恭懷梁皇后之陵墓。故址在今河南洛陽東郊。⓱順帝　即東漢順帝劉保（西元一一五—一四四年）。安帝子，生母為李氏。永寧元年，立為皇太子，延光三年（西元一二四年），被閻皇后廢為濟陰王。四年，又被宦官孫程等迎立。在位期間，宦官專權，朝政腐敗。卒葬憲陵。廟號敬宗，諡孝順。⓲恭愍后　即東漢順帝之母。姓李，安帝時為宮人，安帝幸之，生順帝。安帝閻皇后妒忌，鴆殺李氏。順帝即位，改葬李氏，上尊諡曰恭愍皇后。獻帝初平元年，以李氏非正嫡，除其尊號。⓳沖　東漢沖帝劉炳（西元一四三—一四五年）。順帝子，生母為虞貴人。建康元年（西元一四四年），立為皇太子。同年即皇帝位。年僅二歲，由梁太后臨朝聽政。次年正月卒，葬懷陵。諡孝沖。⓴質帝　即東漢質帝劉纘（西元一三八—一四六年）。章帝玄孫渤海孝王劉鴻之子，生母為陳夫人。沖帝死，由大將軍梁冀迎立即位，年僅八歲。在位期間，梁冀專權，政治腐敗。本初元年，被梁冀毒死於宮中，在位僅一年半。葬靜陵。諡孝質。㉑三公　官名。周代三公，一說指太師、太傅、太保三官；

一說司馬、司徒、司空三官。戰國迄秦，三公作為天子之下最高官吏的通稱。西漢成帝時三公成為法定正式官名，指大司馬、大司徒、大司空。東漢建武二十七年（西元五一年）改大司馬為太尉、大司徒為司徒、大司空為司空，去「大」號。東漢三公爵皆列侯，位高祿厚，在名義上還分轄九卿，但軍國要務，多由皇帝近臣尚書辦理，實權削弱。㉒桓帝　即劉志（西元一三二—一六七年）。章帝曾孫，其父為蠡吾侯劉翼，生母為匽氏。本初元年（西元一四六年），質帝死，梁太后迎入洛陽，即皇帝位（西元一四六—一六七年在位）。梁太后臨朝稱制，外戚梁冀掌據軍政大權。延熹二年（西元一五九年），他與宦官單超等合謀誅滅梁氏，遂得以親政，但大權旁落於宦官之手。九年，因外戚、官僚與太學生聯合反對宦官，他詔令逮捕李膺等二百餘人，史稱「黨錮之禍」。永康元年（西元一六七年）卒，葬宣陵。廟號威宗，諡孝桓。㉓河閒孝王　即劉開（？—西元一三一年）。東漢章帝之子。永元二年（西元九〇年），封為河閒王。延平元年始就國，在國奉遵法規，吏民敬之。凡立四十二年卒，諡為孝王。事見本書卷五十五。㉔章和八王傳　此處所曰〈章和八王傳〉與下文所曰〈章和八王傳〉的內容，在本書中都見於卷五十五中。但因本書諸志是用司馬彪《續漢書》的八志補入的，故此兩處所謂〈章和八王傳〉應是司馬彪《續漢書》中篇目。㉕靈帝　即東漢靈帝劉宏（西元一五六—一八九年）。章帝玄孫。父解犢亭侯劉萇，生母為董夫人。在位期間，受宦官侯覽、曹節挾持，發生第二次「黨錮之禍」。中平元年（西元一八四年），又爆發了黃巾之亂。卒葬文陵。諡孝靈。㉖太牢　古代帝王、諸侯祭祀社稷時，牛、羊、豕三牲全備為「太牢」。亦作「大牢」。也有專指牛的。豕、羊也稱「少牢」。㉗副倅　附添的供品。㉘獻帝　即東漢獻帝劉協（西元一八一—二三四年）。靈帝子，生母為王美人。永漢元年（西元一八九年），由董卓擁立即皇帝位，遷都長安。建安元年（西元一九六年），為曹操迎歸，遷都於許。延康元年（西元二二〇年），曹丕建魏稱帝後，被廢為山陽公。魏明帝青龍二年（西元二三四年）卒，葬禪陵。諡孝獻。㉙初平　東漢獻帝劉協年號，西元一九〇—一九三年。㉚相國　官名。職位與「宰相」、「丞相」同，也簡稱「相」。殷商時即有左右相之稱。春秋、戰國時，各國多設相，稱相國或丞相。相國、丞相，金印紫綬，掌承天子助理萬機。秦有左右丞相。漢高帝初，置丞相，十一年（西元前一九六年），更名相國。後復稱丞相。哀帝元壽二年（西元前一年），更名大司徒。東漢時，不復置丞相。至靈帝中平六年，董卓自為相國。獻帝建安十三年，曹操自為丞相。魏晉以後，時設時罷。㉛董卓　（？—西元一九二年），字仲穎，隴西臨洮（今甘肅岷縣）人。少與羌帥相結交，膂力過人，為羌胡所畏。桓帝末，從中郎將張奐為軍司馬，共擊漢陽叛羌，破之，拜郎中。歷任西域戊己校尉、并州刺史、河東太守。靈帝時，累拜犛鄉侯、并州牧。靈帝死，帶兵入朝，立陳留王為帝，是為獻帝。遂專斷朝政，遷太尉，領前將軍事，改封郿侯，進為相國。後挾持獻帝西遷長安。自任太師。初平三年（西元一九二年），為王允、呂布所殺。事見本書卷七十二。㉜左中郎將　官名。隸郎中令（即光祿勳），秩比二千石，主掌屬下中郎、侍郎、郎中等宿衛宮殿。㉝蔡邕　（西元一三三—一九二年），字伯喈，陳留圉（今河南杞縣）人。少博學，師事太傅胡廣。詞章、數術、天文、音律，無不精曉。靈帝建寧三年（西元一七〇年）為司徒橋玄屬官，出補河平長。不久召任郎中，校書於東觀，遷為議郎。熹平四年（西元一七五年）以經籍去聖久遠，文字多謬，遂與諫議大夫馬日磾、光祿大夫楊賜等人奏求正定《六經》文字，靈帝許之。乃寫經於碑，使工匠鐫刻，立於太學門外，世稱「熹平石經」。後因上書論朝政弊端，遭誣陷，流放朔方。遇赦後，又因受宦官仇視，亡命江湖十餘年。靈帝死，董卓專權，被迫任侍御史、轉持書御史，遷尚書。初平元年，拜左中郎將，從獻帝遷都長安，封高陽鄉侯。董卓被誅後，他亦被捕，死於獄中。其散文長於碑記。所著詩、賦等一百零四篇，傳於世。事見本書卷六十下。㉞追尊三后　指安帝追尊其祖母宋貴人為敬隱皇后、追尊其生母為孝德皇后，順帝尊謚其生母為恭愍皇后。㉟一祖二宗　指漢高祖、漢太宗文帝、漢世宗武帝。㊱近帝四　指東漢光武帝、明帝、章帝、靈帝。

【語譯】明帝在臨終時有遺詔，要求遵循節儉的原則不要建立寢廟，將神主擺放在世祖廟的更衣殿。孝章帝即位，不敢違背，但認為擺放明帝神主的更衣殿與一般的更衣殿應有小小的區別，於是便給擺放明帝神主的更衣殿加上尊號，稱為顯宗廟，間祀在更衣殿舉行，四季的合祭在世祖廟舉行。其具體內容記載在〈章帝紀〉中。章帝臨死前，在遺詔中要求不要建立寢廟，設立親廟如同先帝的制度一樣。和帝即位，不敢違背，為上尊號，稱為肅宗。後來的皇帝繼承尊重先皇的做法，都將先帝的神主擺放在世祖廟，積累多了也就沒有差別了，因此一直到最後，也只有顯宗有陵寢的稱號。永元年間，和帝為他的母親梁貴人追加尊號，稱為恭懷皇后，將她的陵墓命名為西陵。因為竇皇后配享章帝，另在恭懷皇后的陵寢祭祀恭懷皇后。和帝去世，上尊號為穆宗。殤帝出生三百餘天便去世了，鄧太后代掌朝政，認為他還是一個嬰兒，所以沒將他的神主擺放到宗廟，只是在他的陵寢祭祀他而已。安帝以清河孝王兒子的身分即位，建光元年，為他的祖母宋貴人追加尊號，稱為敬隱后，將她的陵墓命名為敬北陵。也在陵寢舉行祭祀，由太常負責，如同恭懷皇后西陵的制度一樣。為父親清河孝王追加尊號，稱為孝德皇，將母親稱為孝德后，但只是由繼承清河王位的人主持祭祀而已。安帝因為相信讒言而迫害大臣和廢除太子，所以等到他去世後，竟沒有人奏請為他加上廟號稱「宗」的奏議。

後來由於從建武以來都沒有毀廟的皇帝，所以在常祭時，借用其陵墓名號，將他稱為恭宗。順帝即位，為他的母親追加尊號，稱為恭愍后，將她的陵墓命名為恭北陵。在陵寢舉行祭祀，如同敬隱后敬北陵的制度一樣。順帝去世，上尊號為敬宗。沖帝、質帝都是在小小年紀時去世的，梁太后代掌朝政，便依據殤帝的舊例，在陵寢舉行祭祀。這些祭祀都是祭祀高廟完畢後，由三公分別主持祭祀他們。桓帝以河間孝王孫蠡吾侯的身分即位，也為祖父、父親追加尊號，由王國負責祭祀。其具體內容記載在〈章和八王傳〉中。桓帝去世，上尊號為威宗，沒有後嗣。靈帝以河間孝王曾孫解犢侯的身分即位，也為祖父、父親追加了尊號。其具體內容記載在〈章和八王傳〉中。靈帝時期，京都四季所祭祀的高廟五位神主、世祖廟七位神主，幼年崩殂的皇帝三座陵寢，追加尊號的皇后三座陵寢，總共要用犧牲十八太牢，還都有附添的供品。因此，在高廟三位神主毀廟之後，也就只是在遇到殷祭的年分時祭祀他們而已。靈帝去世，獻帝即位。初平年間，相國董卓、左中郎將蔡邕等人認為在和帝以下的諸位皇帝，不僅沒有什麼特別的功德，反而有過錯，不應該稱為宗；以及其餘不稱宗者、被追加尊號的三位皇后，都奏請而毀廟，不予祭祀。這樣一來，四季所祭祀的，只是高廟中的一祖二宗，以及血親關係密切的四位皇帝，總共為七位皇帝。

古不墓祭，漢諸陵皆有園寢❶，承秦所為也。說者以為古宗廟前制廟，後制寢，以象人之居前有朝，後有寢也。月令有「先薦寢廟」，詩稱「寢廟弈弈❷」，言相通也。廟以藏主，以四時祭。寢有衣冠几杖象生之具，以薦新物。秦始出寢，起於墓側，漢因而弗改，故陵上稱寢殿，起居衣服象生人之具，古寢之意也。建武以來，關西❸諸陵以轉久遠，但四時特牲祠；帝每幸長安謁諸陵，乃太牢祠。

自雒陽諸陵至靈帝，皆以晦望❹二十四氣❺伏臘❻及四時祠。廟日❼上飯，太官❽送用物，園令❾、食監❿典省⓫，其親陵所⓬宮人隨鼓漏⓭理被枕，具盥水，陳嚴具⓮。

【章旨】以上記述東漢的寢殿及相關祭祀制度。

【注釋】❶園寢　秦漢以後古代帝王陵墓的正殿，即建在帝王墓地的廟，以備四時致祭，為祭祀之所。❷弈弈　形容高大的樣子。❸關西　地區名。又稱關右。指函谷關或潼關以西地區。❹晦望　月末和月半。晦，農曆每月的最後一天稱晦。望，農曆每月月半月亮最圓之時稱望。多為農曆十五日或十六日。❺二十四氣　即農曆中的二十四節氣。❻伏臘　秦漢夏天伏日，冬天臘日都是節日，合稱伏臘。❼廟日　祭廟之日。❽太官　官名。即太官令之簡稱。秦置。兩漢因置，掌皇帝飲食宴會。東漢秩六百石，隸少府。❾園令　官名。即陵園令。為太常的屬官。漢制，先帝陵，每處置陵園令一人，秩六百石。掌守陵園，案行掃除。有丞及校長各一人。❿食監　官名。即食官令。為太常卿之屬官。漢制，先帝陵，每陵置食監一人，秩六百石。掌望晦時節祭祀。⓫典省　負責管理。⓬親陵所　漢代管理已故皇帝宮女的機構，設在該皇帝所葬的陵區內。漢昭帝時，始以漢武帝後宮女置於園陵。漢成帝死，班倢伃充奉園陵。薨，因葬園中。⓭鼓漏　指鼓和漏，古代的計時器。這裡借指時間。⓮嚴具　即妝具，放置梳妝用品的器具。原作「莊具」，因避明帝劉莊諱而改。

【語譯】古代不在墓前舉行祭祀，漢朝各位帝王的陵墓都有園寢，這是繼承秦朝的制度。發表議論者認為古代宗廟在前面建廟堂，在後面建寢室，以象徵人君的居所前面有朝堂，後面有寢宮。〈月令〉有「先為寢廟獻上祭品」，《詩》稱「寢廟高高大大」，這些都是說寢室與廟堂是一個整體。廟堂用來安放神位，以便於在四季舉行祭祀。寢室有衣冠几杖等比照生前的用具，以便於獻上新的物品。秦朝開始將寢室從宗廟中分離，將寢室建到了陵墓的旁側，漢朝沿襲而沒有改動，所以陵墓上的建築稱為寢殿，起居衣服比照活人的用具，這就是古代所謂的「寢」。自從建武以來，關西各處陵墓因歷時久遠，所以只是在四季用一頭公牛祭祀；皇帝每次到長安拜謁諸陵墓時，才用太牢舉行祭祀。從雒陽建立諸陵墓起到靈帝時，諸陵墓都在每月月末和月半、二十四節氣、伏日、臘日及四季舉行祭祀。祭祀的那一天，為諸陵墓送飯祭祀，太官送來用品，園令、食監負責管理，各親陵所的宮人按時整理被褥枕頭，準備盥洗用水，擺放梳妝用具。

建武二年，立太社稷❶于雒陽，在宗廟之右，方壇，無屋，有牆門而已。二月八月及臘，一歲三祠，皆太牢具，使有司祠。孝經援神契❷曰：「社者，土地之主也。稷者，五穀之長也。」禮記❸及國語❹皆謂共工氏❺之子曰句龍，為后土❻官，能平九土，故祀以為社❼。烈山氏❽之子曰柱，能植百穀蔬，自夏❾以上祀以為稷❿，至殷⓫以柱久遠，而堯⓬時棄為后稷⓭，亦植百穀，故廢柱，祀棄為稷。大司農⓮鄭玄⓯說：古者官有大功，則配食其神。故句龍配食於社，棄配食於稷。郡縣置社稷，太守、令、長侍祠，牲用羊豕。唯州所治有社無稷，以其使官⓰。古者師行平、有載社主⓱，不載稷也。國家亦有五祀⓲之祭，有司掌之，其禮簡於社稷云。

【章　旨】以上主要記述東漢的社稷制度並簡略交代了東漢的五祀之祭。

【注　釋】❶太社稷　古代帝王、諸侯所祭的土神和穀神稱社稷。其為天下立者曰太社稷。❷孝經援神契　書名。亦稱《援神契》、《援神》。《孝經》緯書之一。七卷。作者不詳。當由漢代讖緯學者傅會闡釋《孝經》經義而成。東漢翟酺解詁，三國魏宋均注。主要宣揚天人感應和讖緯迷信之說，強調「孝道之至，行乎陰陽，通乎鬼神，上下古今，若合符也」，其「文辭淺俗，顛倒舛謬」，但亦保留部分漢儒說經古義以及古代天文、曆法、神話傳說資料。流行於東漢。《隋書・經籍志》有著錄。已佚。明孫瑴有輯本三卷，清劉學寵、喬松年、馬國翰、黃奭亦有輯本，分別見《古微書》、《青照堂叢書》、《喬勤恪公全集》、《玉函山房輯佚書》、《漢學堂叢書》。❸禮記　書名。儒家經典之一。全書四十九篇，是戰國至漢初儒家學者各種禮儀論文的選集。相傳由西漢戴聖編定，因其叔父另編有《大戴禮記》，故是書亦稱《小戴禮》、《小戴記》、《小戴禮記》。書中記述有喪葬、祭祀、婚嫁、宴飲等各種禮制和禮器，包含豐富的儒家倫理思想。〈禮運〉篇述大同、小康政治理想；〈學記〉篇有精粹的古代教育思想，提出「建國君民，教學為先」；〈中庸〉、〈大學〉篇發揮孔子中庸之道，主張誠意、正心、修身、齊家、治國、平天下。南宋朱熹將這兩篇抽出與《論語》、《孟子》合稱為「四書」，長期成為人們學習應試必讀之書。通行本有《十三經注疏》、《四庫全書》和《四部備要》本等。歷來注釋頗多。主要有東漢馬融、盧植、鄭玄注，唐陸德明音義。孔穎達《禮記註疏》，宋衛湜《禮記集說》，清王夫之《禮記章句》和孫希旦《禮記集解》。❹國語　書名。相傳為春秋末期魯國史官左丘明撰。二十一卷。分〈周語〉三篇、〈魯語〉二篇、〈齊語〉一篇、〈晉語〉九篇、〈鄭語〉一篇、〈楚語〉二篇、〈吳語〉一篇、〈越語〉二篇。記載從西周穆王至趙、魏、韓滅智伯（西元前四五三年）約五百年的歷史。主要記君臣言論，也有少量記事。由於認為是書與《左傳》都是左丘明所作，二者既專案成體系、又有同有異，互相參證，故後人視其為姐妹篇，稱《左傳》為《春秋內傳》，《國語》為《春秋外傳》。是書是我國最早的國別史，保存有相當豐富的史料。❺共工氏　即共工。相傳為炎帝後裔，黃帝時水官。其子后土能平水土，治水有功，被奉為社神。❻后土　即田正。上古掌管有關土地事務的官。❼社　古代帝王、諸侯所祭的土神稱為社。❽烈山氏　即神農。傳說中人物。古史中又稱作炎帝、烈山氏。相傳神農始教民為耒耜以興農業，嘗百草為醫藥以治疾病。❾夏　朝代名。相傳為夏后氏部落領袖禹子啟所建立，是我國歷史上第一個朝代。建都陽城、斟尋、安邑等地。傳到桀，為商湯所滅。共傳十三代、十六王，約當西元前二十一到前十六世紀左右。❿稷　古代帝王、諸侯所祭的穀神稱作稷。⓫殷　即殷朝。因商王盤庚從奄（今山東曲阜）遷都至殷，直至商朝被周所滅而都城未改，故後人以殷代稱商，又名殷商、殷朝。⓬堯　姓伊祁氏，一作伊耆氏，名放勳，史稱唐堯。傳說中人物。陶唐氏部落長，炎黃聯盟首領。帝嚳之子，黃帝後裔，初居冀方，後徙晉陽，任聯盟首領後再遷至平陽。曾設天文官，命羲、和專司其職；命鯀治理洪水。因子丹朱不肖，選舜為繼承人。一說為舜所囚，被迫讓位。⓭后稷　上古時期農官名。⓮大司農　官名。秩中二千石，掌管國家財政。⓯鄭玄　（西元一二七—二〇〇年），字康成，北海高密（今山東高密）人。東漢著名經學家。少至太學受業，師事第五元先，後又從張恭祖、馬融研習經學，博通群經。其學以古文經學為主，兼採今文經學，遍注群經，成為漢代經學之集大成者。世稱「鄭學」。平生著述達百萬餘字，群經注以《毛詩箋》、《三禮注》影響最大。⑯使官　奉命出使的官。州刺史是皇帝派出視察的官員，故稱「使官」。⑰古者師行平句　行平，實行賞罰。據東漢統長仲與鄧義問難之說，古代出師，「軍行載社」，即用齋車運載社主與軍隊同行。「告祖而行賞，造社而行戮。」「土者，人所依以固而最近者也。故立以為守祀，居則事之時，軍則告之以行戮，自順義也」。所運載之社主，在處罰時舉行的祭告儀式中使用。平，公正地衡量。⑱五祀　指祭祀門、戶、井、灶、中霤。

【語　譯】建武二年，在雒陽建立了太社稷，在宗廟的右側，是方形祭壇，沒有房屋，只有牆和門而已。二月、八月和臘日，一年中舉行三次祭祀，祭祀都用太牢，派有關機構負責祭祀。《孝經援神契》說：「社，就是土地的主子。稷，就是五穀的首領。」《禮記》和《國語》都稱共工氏之子叫句龍，擔任后土官，能治理九州的土地，所以被人們奉為社神進行祭祀。烈山氏的兒子叫柱，能種植百穀和蔬菜，在夏朝以前被人們奉為稷神進行祭祀，但到了殷朝，因為柱的時代太久遠，而堯帝時棄擔任后稷官，也能種植百穀，所以廢除了柱，將棄奉為稷神進行祭祀。大司農鄭玄解釋說：古時候官員立有大功，在他死後就讓他配享相應的神。所以句龍配享於社，棄配享於稷。郡縣建立社稷，太守、縣令、縣長主持祭祀，犧牲使用羊和豬。只有州衙所在地有社無稷，因州刺史是皇帝派出視察的官員。古時候，軍隊外出作戰，為了對戰敗者實行公正的懲罰，都用車運載社主，但不運載稷同行。國家也有五祀的祭祀儀式，由有關部門主管，其禮儀比社稷簡略。

漢興八年，有言周❶興而邑❷立后稷之祀，於是高帝❸令天下立靈星祠❹。言祠后稷而謂之靈星者，以后稷又配食星也。舊說，星謂天田星❺也。一曰龍❻左角❼為天田官，主穀。祀用壬辰位❽祠之。壬為水❾，辰為龍❿，就其類也。牲用太牢，縣邑⑪令長侍祠。舞者用童男十六人。舞者象教田⑫，初為芟除⑬，次耕種、芸耨⑭、驅爵⑮及穫刈、舂簸⑯之形，象⑰其功⑱也。

【章　旨】以上記述東漢祭祀靈星的活動及其祭祀形式。

【注　釋】❶周　朝代名。西元前十一世紀周武王滅商後建立。建都於鎬（今陝西長安灃河以東）。分為西周和東周兩個時期。周朝共歷三十四王，長達八百多年。❷邑　古代庶民的編制單位，有兩種說法：一曰五家為軌，六軌為邑；二曰三朋為里，五里為邑。這裡泛指村落、城鎮等人民聚居之處。❸高帝　指漢高祖劉邦。❹靈星祠　祠廟名。靈星即農神。古代「歲再祠靈星」，春秋各一次。漢代祭祀靈星時所跳的舞蹈謂之《靈星舞》。漢長安城（舊城主體部分在今陝西西安西北）東五公里有靈星祠。❺天田星　古代的天田星有兩說。一指天田九星，屬牛宿，在南魚、摩羯兩座內。《星經》：「天田九星在牛東南，主畿內田苗之屬。」三國時期魏國的張晏說：「龍星左角曰天田，則農祥也，晨見而祭。」二指天田二星，屬角宿，即室女座σ星和τ星。聯繫下文的「龍左角」之語看，這裡當指天田二星。❻龍　龍星。東方蒼龍七宿的統稱。但七宿中的任何一宿也可稱龍星。❼角　角宿。東方蒼龍七宿之一。共十一星官，四十一星。這裡指角宿主星官，共有兩星，在室女座內。❽王辰位　即王任與辰位。王是王，辰是辰，不是一個方位。《文獻通考．郊社考．祭星辰》，把「王為水，辰為龍，就其類也」作了「王辰位」的注釋。這就清楚地說明了「王」與「辰」各有其位。《論衡．祭意篇》曰：「靈星之祭，祭水旱也。為民祈穀雨，祈穀實也。春（求雨，秋）求實。一歲再祭，蓋重穀也。春以二月，秋以八月。」蓋二月祭，求雨；八月祭求實，應向其所求物的方位祭之。❾王為水　王位在北方，屬水。這是用天干與五行相配。❿辰為龍　辰位在東方偏南。又，辰，星宿名。即「辰角」，亦即「角宿」。東方蒼龍七宿中的第一宿。《國語．周語中》韋昭注：「辰角，大辰蒼龍之角。」故曰：「辰為龍」。⓫縣邑　對縣的統稱。⓬教田　教導人們種田。⓭芟除　割草整地。⓮芸耨　耘耨。去除田間雜草。芸，除草。通「耘」。⓯驅爵　驅趕雀鳥。⓰舂簸　舂米簸米。⓱象　概括式地表現。⓲功　事功；工作。

【語　譯】漢朝建立後的第八年，有人說周朝興起後各邑都建立了祭祀后稷的制度，於是漢高祖命令天下都建立起靈星祠。說是祭祀后稷但卻稱之為靈星，是因為又用后稷配享星宿。舊時的說法，這顆星宿指的是天田星。一說是東方蒼龍七宿左邊的角宿是天田官，主掌穀物。祭祀時選用壬辰方位舉行祭祀。壬是水，辰是龍，與其性質相近而言。祭祀所用的犧牲使用太牢，各縣的縣令或縣長主持祭祀。舞蹈表演使用男孩十六人。舞蹈的內容像是在教導人們種田，先是模仿割除荒草，其次模仿耕種、除草、驅趕雀鳥及收穫、舂米簸米的動作，概括地表現農業生產的整個過程。

縣邑常以乙未日❶祠先農❷於乙地❸，以丙戌日祠風伯❹於戌地❺，以己丑日祠雨師❻於丑地❼，用羊豕。

【章　旨】以上記述東漢祭祀先農、風伯、雨師的制度。

【注　釋】❶乙未日　此日與以下丙戌日、己丑日均為天干地支紀日。六十天為一週期。❷先農　古代傳說中最先教民耕種之人，祀之以為神。或謂即神農氏，或謂指后稷。❸乙地　指正東方位。❹風伯　神話中的司風之神。❺戌地　指西北靠正西方位。❻雨師　中國古代神話中司雨之神。❼丑地　東北方位。《文獻通考・郊社考・祭星辰》：「東漢以季秋之月（農曆九月），以丙戌日，祀風師於戌地，以己丑日祀雨師於丑地，牲用羊豕。」

【語　譯】各縣常在乙未日於乙地祭祀先農，在丙戌日於戌地祭祀風伯，在己丑日於丑地祭祀雨師，祭祀使用羊和豬。

立春❶之日，皆青幡幘❷，迎春于東郭外。令一童男冒❸青巾，衣青衣，先在東郭外野中。迎春至者，自野中出，則迎者拜之而還，弗祭。三時❹不迎。

【章　旨】以上記述東漢迎春的活動。

【注　釋】❶立春　節氣名。二十四節氣之一。正月節氣。每年西曆二月四日前後，太陽運行到黃經三百一十五度時，農曆謂之立春。是冬至和春分的中點，春季的開始。❷幡幘　一種帶有巾飾的帽子。❸冒　頭裹。❹三時　指除立春之外的立夏、立秋、立冬。即只舉行迎春，而不迎夏、迎秋、迎冬。

【語　譯】立春的那一天，人們都頭戴青色的幡幘，在東城門外舉行迎春儀式。讓一個男孩頭裹青色頭巾，身穿青色衣裳，先在東門外的田野中等候。等迎春的人們到了，男孩便從田野中出來，於是，迎春的人們迎拜他以後而返回，不舉行祭祀。對其餘立夏、立秋、立冬三個節氣不舉行迎氣活動。

論曰：臧文仲❶祀爰居❷，而孔子以為不知。漢書郊祀志著自秦以來迄于王莽，典祀❸或有未修，而爰居之類眾焉。世祖中興，蠲除非常❹，修復舊祀，方之前事邈殊矣。嘗聞儒言，三皇❺無文，結繩❻以治，自五帝❼始有書契❽。至於三王❾，俗化彫文❿，詐偽⓫漸興，始有印璽以檢⓬姦萌⓭，然猶未有金玉銀銅之器也。自上皇⓮以來，封泰山⓯者，至周七十二代。封者，謂封土為壇，柴祭⓰告天：代興成功也，禮記所謂「因名山升中⓱于天」者也。易姓則改封者，著一代之始，明不相襲也。繼世之王巡狩，則修封以祭而已。自秦始皇⓲、孝武帝⓳封泰山，本由好僊信方士之言，造為石檢⓴印封之事也。所聞如此。雖誠天道㉑難可度知，然其大較猶有本要。天道質誠，約而不費者也。故牲用犢，器用陶匏㉒，殆將無事於檢封之間，而樂難攻之石㉓也。且唯封為改代，故曰岱宗。夏康㉔、周宣㉕，由廢復興，不聞改封。世祖欲因孝武故封，實繼祖宗之道也。而梁松㉖固爭，以為必改乃當。夫既封之後，未有福，而松卒被誅死。雖罪由身，蓋亦誣神㉗之咎也。且帝王所以能大顯于後者，實在其德加於民，不聞其在封矣。言天地者莫大於易，易無六宗㉘在中之象。若信為天地四方所宗，是至大也，而比太社㉙，又為失所。難以為誠㉚矣！

贊曰：天地禋郊㉛，宗廟享祀，咸秩無文㉜，山川具止㉝。淫㉞乃國紊，典㉟惟皇紀㊱。肇自盛敬㊲，孰崖㊳厥始？

【章旨】作者以「論」的形式藉對梁松的抨擊而對光武帝在泰山舉行封禪大禮提出了尖銳的批評，又以「贊」的形式對祭祀的產生、基本形式及其功能表達了自己的看法。

【注釋】❶臧文仲　臧孫氏，名辰。春秋時魯國正卿。歷事莊公、閔公、僖公、文公四君。老成持重，維護宗法禮治，對外主張加強互助。❷爰居　海鳥名。臧文仲當政時，爰居止於魯國東門外，文仲以為神，命國人祀之。❸典祀　即國家祀典。以規定國家應祭祀的對象及其祭祀形式。❹非常　非正規的制度。這裡主要特指王莽時期的祭祀制度。❺三皇　傳說中的遠古帝王。有各種說法：一指天皇、地皇、泰皇。二指天皇、地皇、人皇。三指伏羲、女媧、神農。四指伏羲、神農、祝融。五指伏羲、神農、共工。六指伏羲、神農、黃帝。七指燧人、伏羲、神農。❻結繩　用繩子打結以記事，是文字產生前的一種幫助記憶的方法。相傳大事打大結、小事打小結。《易・繫辭下》：「上古結繩而治，後世聖人易之以書契。」❼五帝　傳說中的上古帝王。有四種說法：一指黃帝、顓頊、帝嚳、唐堯、虞舜（《世本》、《大戴記》、《史記・五帝本紀》）；二指太皞

（伏羲）、炎帝（神農）、黃帝、少皞、顓頊（《禮記・月令》）；三指少昊（皞）、顓頊、高辛（帝嚳）、唐堯、虞舜（《帝王世紀》）；四指伏羲、神農、黃帝、堯、舜（《皇王大紀》）。❽書契　指文字。❾三王　指夏禹、商湯、周文王；一說是夏禹、商湯、周王（周代的文王和武王）。❿俗化彫文　習俗變得奢華。⓫詐偽　使詐作假。⓬檢　考察；察驗。⓭姦萌　圖謀作奸違法的人。萌，通「氓」。即民。⓮上皇　上古的帝王。⓯封泰山　在泰山舉行封禪儀式。⓰柴祭　燒柴祭天。⓱升中　祭天以上告成功。⓲秦始皇　嬴姓，名政，以生於趙地，又稱趙政（西元前二五〇—前二一〇年）。秦莊襄王之子。西元前二二一年統一中國，建立秦朝，自稱始皇帝。⓳孝武帝　即漢武帝。⓴石檢　古代帝王舉行封禪時，置於封禪壇方石旁用以封閉方石的石條。見本書〈祭祀上・封禪〉。㉑天道　泛指上天帶有一定規律的事情，與「人道」相對。古人所謂天道，包含有天象、上帝、天命等觀念。㉒陶匏　陶器和匏瓢。指簡樸的器具。㉓難攻之石　難以銘刻的紀功之石。㉔夏康　即夏朝的中興之主少康。少康，仲康之孫，相之子。母為有仍氏，寒浞殺相後，生於母家。曾為有仍氏牧正、有虞氏庖正。後與夏遺臣靡同心協力，攻殺寒浞，恢復夏統治。史稱「少康中興」。㉕周宣　即周宣王（？—西元前七八二年），姓姬名靜。西周國王。周厲王之子。厲王死後，召公、周公共立之。即位後，以仲山甫、尹吉甫等為將，北伐玁狁，南征荊蠻、淮夷、徐戎，國勢稍盛，舊史因有「中興」之稱。㉖梁松　字伯孫，安定烏氏（今寧夏固原）人。梁統之子。少為郎，尚光武女舞陰長公主，遷虎賁中郎將。光武帝臨終，受遺詔輔政。明帝永平元年（西元五八年）遷太僕。因暗地寫信請託郡縣，免官。後以寫匿名信誹謗朝廷，下獄死。事見本書卷三十四。㉗誣神　欺蒙神明。㉘六宗　西漢平帝元始中，王莽認為六宗是《易》卦六子之氣，即水、火、雷、風、山、澤。安帝即位，於元初六年，采《尚書》歐陽家之說，重新確立六宗。「謂六宗者，在天地四方之中，為上下四方之宗。」祭祀於雒陽西北戌亥之地，禮比太社。㉙太社　亦作「大社」、「泰社」。社，指土地神。㉚誠　真實。㉛禋郊　在郊外祭祀天地。㉜咸秩無文　凡不在祀典者皆按等秩而祭祀之。㉝具止　全部包容。具，盡；完全。止，語氣助詞。用於句末，表確定語氣。㉞淫　過度的。㉟典　常道；準則。㊱皇紀　帝王統治天下的法度。㊲盛敬　最大的敬意。㊳崖　原指界域。這裡引申為界定之意。

【語譯】史家評論說：臧文仲祭祀爰居，而孔子認為他不明智。《漢書・郊祀志》記載自秦以來直到王莽時期的祭祀活動，在國家祀典裡面，有的內容還不完備，然而像祭祀爰居之類的東西卻有很多。世祖光武帝中興漢朝，去除非正規的制度，修復舊時的祭祀制度，但與從前的事情相比，卻有很大的差異了。我曾經聽儒士說，三皇時代沒有文字，用結繩的方法來管理國家，從五帝開始才有了文字。到了三王時期，風俗變得奢華起來，使詐作假逐漸出現，因此開始有了印璽以察驗圖謀作奸違法的人，但仍還沒有金玉銀銅的器物。自上古帝王以來，在泰山舉行封禪的，到周朝共有七十二代。所謂「封」，指壘土建成祭壇，燒柴祭告上天：朝代新興，成就了大功，即《禮記》所說的「借用名山祭祀上天，告訴自己成功之事」。王朝變換了姓氏就要重新舉行封禪，目的是彰顯一個朝代的開始，以表明與前朝不相沿襲。繼位的帝王出巡，那就只是維修舊祭壇以祭天而已。自從秦始皇、漢孝武帝在泰山舉行封禪，原本只是由於喜好神仙而相信方士的話，所以開始編造出石檢印封的事情。我所聽到的就是這樣。雖然天道難以揣測，但其主要的精神還是有根本原則的。天道質樸真誠，就是節約而不浪費。因此，祭祀犧牲使用牛犢，祭祀器物使用陶匏，幾乎沒有涉及什麼石檢印封之類的事情，不喜歡去刻那些難以銘刻的紀功之石。況且，舉行封禪只是因為改朝換代，所以才將泰山稱為岱宗。夏少康、周宣王，復興了中衰的政權，也沒有聽說過他們在泰山重新舉行封禪。世祖光武帝打算利用孝武帝的舊封石而舉行封禪，確實是繼承祖宗的正確作法。然而梁松卻一再諫諍，認為必須改才得當。在舉行封禪之後，並沒有得福，梁松反而最後被處死。雖然這是由於他自己犯了罪，大概也因為他有欺蒙神明的過錯。況且，帝王之所以能夠光照後世，其實是對民眾有恩德，沒聽說是由於舉行封禪而造成的。談論天地的著作，沒有比《周易》更重要的了，但《周易》卻沒有六宗居中的卦象。假若六宗真的為天地四方所尊崇，那它確實是至尊至大的神，但對它的祭祀卻比之太社，這就使六宗得不到應享的祭祀標準，對六宗的祭祀失當。要做到真實無誤，確實是很難啊！

史官評議說：在郊外祭祀天地，在宗廟祭祀祖宗，凡不在祀典者，都按等秩予以祭祀，名山大川全都被包容進來。過度的祭祀會導致國家政治紊亂，標準的祭祀才符合帝王統治天下的法度。祭祀之禮起源於人們對天地最大的崇敬，但誰能知道它究竟是從什麼時候開始的呢？

【研析】中國古代祭祀制度源遠流長，作為一種把天命思想、宗法思想具體化、而且帶有強烈宗教色彩的禮儀，祭祀是中國歷代都要講行的國家重大典禮。古人所謂「國之大事，惟祀與戎」，也正是這個意思。綜觀中國古代歷史，正如《文獻通考·郊社考七》所言：「祀天地於郊丘，祀上帝於明堂，祫祖宗於太廟，此三者萬世不易之禮。」但從秦至宋，在泰山舉行的封禪之禮，也是這一時期的國家大典之一。因此，本書〈祭祀志〉所重點記述的內容主要是這四項。

司馬遷《史記》創立〈封禪書〉，記述了秦始皇、漢武帝的泰山封禪。之後，步秦皇、漢武後塵而舉行封禪者還有東漢光武帝、唐高宗、唐玄宗、宋真宗等帝王。北宋以後，封禪之禮遂廢。東漢政治帶有強烈的讖緯迷信色彩，這就是光武帝泰山封禪中所表現出來的特色。在泰山封禪，儘管以天地為祭祀對象，但它的政治意義與宗教外殼相比則更為突出。可以說，它是皇帝用以提高個人崇拜的國家盛典。然而，由於封禪要動用大量的人力物力，容易造成國家在財政上的危機，人民在經濟上的損失，從而對社會生產力造成重大破壞。這也是卷末司馬彪在「論」中用大量篇幅對光武帝封禪進行批評的原因。

西漢和東漢的皇帝都起於楚地，楚人尚鬼的風俗對他們均有深刻影響。在他們眼中，名山大川，甚至一草一木都有神靈。東漢章帝增祀山川百神以及增修祀典，正是尚鬼習俗在國家祭祀制度的反映。但這與古代傳統祀典的祭祀原則又不相吻合。《國語》卷四〈魯語上〉記載有展禽之語：「夫聖王之制祀也，法施於民則祀之，以死勤事則祀之，以勞定國則祀之，能禦大災則祀之，能捍大患則祀之。非是族也，不在祀典」；「無故而加典，非政之宜也。」因此，唐人批評秦漢淫祀時說：「秦興，五時之祠，淫而無法；漢增百神之祀，黷而不經。」（劉肅：《大唐新語》卷十三〈郊禪〉）

漢承秦制，宗廟制度不用周朝之禮，因此宗廟祭祀制度並不完備。如西漢每位皇帝去世，輒立一廟，又不列昭穆，不定疊毀之法。所以，光武帝及後繼東漢諸帝在宗廟及其祭祀制度的制訂上，花費了不少力氣。儘管後人批評東漢諸帝稱宗者太濫，認為西漢稱祖稱宗者僅有四位皇帝，而東漢卻無復區別，甚至安帝、桓帝亦有廟號。但這種辦法卻成為後來各朝各代宗廟制度所遵循的基本模式。（徐立群注譯）

志第十

天文上

王莽三　光武十二❶

【題解】《天文志》分上中下三卷，其內容為記載異常天象及與人間的政治關係。上卷載王莽三次天象記錄，光武帝十二次；中卷載明帝十二次，章帝五次，和帝三十三次，殤帝一次，安帝四十六次，順帝二十三次，質帝三次；下卷載桓帝三十八次，靈帝二十次，獻帝九次；數次隕石單獨記載。按照司馬彪的意見，「紹《漢書》作《天文志》，起王莽居攝元年，迄孝獻帝建安二十五年，二百一十五載。言其時星辰之變，表象之應，以顯天戒，明王事焉。」即言星辰之變，以顯天戒，明王事，是其撰寫《天文志》的目的。

如果說《漢書》的《天文志》與《五行志》，記載異常天象的分工，還不夠明確的話，則《後漢書》的《天文志》與《五行志》的分工就很明確了。五星凌犯，彗星、孛星的出現，流星、隕石的出現，載在《天文志》，交蝕和有關日月之事，載在《五行志》。《天文志》的內容比較單一，只載五星凌犯、彗孛、流隕、客星的出沒，並不涉及人們對天的認識及星座、天文活動和天文儀器等。但是，在二十四史《天文志》中，只有《後漢書·天文志》在述及異常天象與人間政治應變的關係時最為詳細和具體，是中國上古星占較為集中的文獻之一。

1 易曰：「天垂象，聖人則之❷。庖犧氏之王天下，仰則觀象於天，俯則觀法於地。」觀象於天，謂日月星辰。觀法於地，謂水土州分。形成於下，象見于上。故曰天者北辰星，合元垂燿建帝形，運機授度張百精。❸三階九列，二十七大夫，八十一元士❹，斗、衡、太微、攝提之屬百二十官，二十八宿各布列❺，下應十二子❻。天地設位，星辰之象備矣。

2 三皇邁化❼，協神醇朴，謂五星如連珠，日月若合璧❽。化由自然，民不犯慝。至於書契之興，五帝是作❾。軒轅始受河圖鬭苞授❿，規⓫日月星辰之象，故星官之書自黃帝始。至高陽氏⓬，使南正重司天，北正黎司地⓭。唐、虞之時羲仲、和仲⓮，夏有昆吾⓯，湯則巫咸⓰，周之史佚、萇弘，宋之子韋，楚之唐蔑，魯之梓慎，鄭之裨竈，魏石申夫⓱，齊國甘公，皆掌天文之官。仰占俯視，以佐時政，步變擿微，通洞密至，採禍福之原，覩成敗之勢。⓲秦燔詩書，以愚百姓，六經典籍，殘為灰炭，星官之書，全而不毀。故秦史書始皇之時，彗孛大角，大角以亡，有大星與小星鬬于宮中⓳，是其廢亡之徵。

3 至漢興，景、武之際，司馬談，談子遷，以世黎氏之後，為太史令，遷著史記，作天官書。成帝時，中壘校尉劉向，廣洪範災條作五紀皇極之論，以參往行之事。孝明帝使班固敘漢書，而馬續述天文志。今紹漢書⑳作天文志，起王莽居攝元年，迄孝獻帝建安二十五年，二百一十五載。言其時星辰之變，表象之應，以顯天戒，明王事焉。

【章　旨】以上為〈天文志〉的序言，論述天象與人事的對應關係，記述自三代至西漢末的天文學家及其事跡，以及本志的撰寫目的。

【注　釋】❶王莽三光武十二　三、十二，此處義為王莽時代有三條異常天象記錄，光武帝時，有十二條異常天象記錄，以下志中、志下同此，不再說明。三光的正常運行不以為注。❷則之　以此為規律、法則。又規同窺，以觀測解。❸天者北辰星三句　意為以北斗星的運行為法，建度立元。❹三階九列三句　三公、九卿、二十七大夫、八十一元士，是歷代朝中的主要官員。❺斗衡太微二句　斗、衡、攝提，是用以定季節的主要星座，一百二十官、二十八宿，是全天星象的代表。全句是說，天上的列星與地上的列官相對應。❻下應十二子　子，疑為州字之誤。言天上的二十八宿，與地上的十二州相對應。❼邁化　指燧人氏、伏羲氏、神農氏三皇勉力教化人民。❽五星如連珠二句　古人謂五星連珠、日月合璧為吉利天象。合璧即日月合於一處，連珠即五星相連如穿珠。但實際上，相距多遠為連珠，並未有嚴格的定義。連珠，又作「聯珠」。言五星都分布在一個狹小天區，看似串連在一起的珠子。❾書契之興二句　言文字的產生，始於五帝。書契，即書寫的文字。❿軒轅始受河圖鬬苞授　軒轅，黃帝之號。言黃帝時授《河圖》。但《河圖鬬苞授》卻是東漢緯書，作者將二者混為一談。「河圖」是什麼，後人各有不同說法。⓫規　指規範。⓬高陽氏　顓頊帝號。⓭南正重司天二句　言重黎為顓頊時天文官。司天、司地為何義，學者間有不同理解。重黎是一人還是數人，也有不同解釋。⓮羲仲和仲　唐堯、虞舜、夏禹時的天文官，是羲和的分稱。⓯昆吾　按《國語・鄭語》韋注載，夏時，昆吾為其同盟部落。「昆吾，祝融之孫，陸終之第一子，名樊，為己姓，封于昆吾。」⓰巫咸　商王太戊輔佐。一作「巫戊」。卜辭稱咸戊。長於星占。發明筮卜。他與伊陟協力，整飭政事，治國有方，使商中興。⓱石申夫　魏國著名天文學家，其《石氏星表》著稱於世，後世都稱石申。近代經錢寶琮考證，當為石申夫之誤，學者都用其說。⓲仰占俯視六句　言觀察異常天象的出現，用以輔佐政治，作為禍福之源，大政成敗的依據。這便是星占形成的過程。⑲大星與小星鬭于宮中　言有大星與小星相爭鬥於宮中。此處之宮，指紫微垣，它與人間之皇宮相對應。⑳紹漢書　繼承《漢書》。

【語　譯】《周易》說：「上天出現天象，聖人依據它作為法則。當伏羲治理天下的時候，抬頭看天象，低頭觀看地上的物候，用以作為法則。」觀天象，就是觀看日月星辰。看物候，就是看水土州分的變化。天象顯現於上，地候成形於下。所以說，天就是北斗星，建立曆元，垂掛星耀，建立天帝的形象，運轉儀器，測量各種天象的行度。地上的三公、九卿、二十七大夫、八十一元士，對應於天上的斗、衡、太微、攝提星之類的一百二十個星官，隨同二十八宿，分布於各個方位。它們又對應於地球上的十二州。天地設立對應的方位，星辰之象也就齊備了。

2 燧人氏、伏羲氏、神農氏三皇教化萬民，其協力的眾神也都醇朴，說是天下太平，出現五星連珠、日月合璧的吉利天象。自然教化，民不犯奸。文字圖書之產生，起源於五帝之時。軒轅皇帝開始授《河圖鬭苞授》，研究日月星辰之天象，所以，星官之書從黃帝開始出現。到了高陽氏顓頊帝在位的時候，派遣南正重觀測天象，北正黎觀測地候。用以制定曆法。唐堯、虞舜之時，羲仲、和仲兄弟任天文官，夏代有昆吾，殷有巫咸，周有史佚、萇弘，宋有子韋，楚有唐蔑，魯有梓慎，鄭有裨竈，魏有石申夫，齊有甘公，都是執掌天文的官員。他們仰則觀占，俯則視察，用以輔佐時政。他們考步天象微妙的變化，洞察密至，探測禍福的根源，用以判斷政治成敗的態勢。秦滅六國以後，焚燒《詩》《書》，用以統一輿論，愚弄百姓，由此《六經》典籍，都化為灰炭。然而，星官之書，則保留齊全而沒有被毀滅。所以秦朝歷史記載，始皇之時，彗星孛見於大角星，由此大角星不見。又有大星與小星爭鬥於帝宮之中，這是秦將滅亡的徵候。

3 到了漢朝興起之時，景帝、武帝之際，司馬談，及其兒子司馬遷，以自己是重黎的後代，而成為漢朝的太史令。司馬遷著《史記》，又作書中的〈天官書〉，自成一家之言。到漢成帝時，中壘校尉劉向，推廣《尚書・洪範》災異條，作五紀、皇極之論，用以評論以往政事。東漢明帝時，派班固撰《漢書》，由馬續撰〈天文志〉。現在繼《漢書》作〈天文志〉，起王莽居攝元年，迄獻帝建安二十五年，計二百一十五年。講述這段時間的星辰變異，時事與天變的對應關係，用以顯示上天的戒示，說明王事的變遷。

王莽地皇三年十一月，有星孛于張，東南行五日不見。孛星者，惡氣所生，為亂兵，其所以孛德。孛德者，亂之象，不明之表。❶又參然孛焉，兵之類也，故名之曰孛。孛之為言，猶有所傷害，有所妨蔽。或謂之彗星，所以除穢而布新也❷。張為周地。星孛于張，東南行即翼、軫之分。翼、軫為楚，是周、楚地將有兵亂。❸後一年正月，光武起兵舂陵❹，會下江、新市賊張卬、王常及更始之兵亦至，俱攻破南陽，斬莽前隊大夫甄阜、屬正梁丘賜等，殺其士眾數萬人。更始為天子，都雒陽，西入長安，敗死。光武興於河北，復都雒陽，居周地，除穢布新之象。

【章旨】以上記述王莽地皇三年的異常天象及相應的人事。

【注釋】❶孛德者三句　古代將無尾之彗星稱為孛。此處將孛字的含義釋為混亂之象，為帝皇不能明辨是非之表現。❷所以除穢而布新也　從星占學來說，彗星見，通常都有除舊布新、改朝換代之說。此處除穢布新，含義也相同。穢者，政治上的汙穢也。❸張為周地五句　張為周地，翼軫為楚，均為天上星宿與地上州郡區域相對應在星占上的應用。據《漢書・地理志》分野之說，二十八宿與地名的配合為：角、亢、氐為韓，房、心為宋，尾、箕為燕，斗為吳，牛、女為粵，虛、危為齊，室、壁為衛，奎、婁為魯，昴、畢為趙，觜、參為魏，井、鬼為秦，柳、星、張為周，翼、軫為楚。由對比可知，二者是相對應的。❹春陵 光武帝起兵伐王莽之地。治今湖北棗陽南。屬南陽郡。故下文說「光武興於河北」當為漢水之北。

【語譯】王莽地皇三年十一月，有彗星見於張宿，向東南運行，經五天隱沒不見。孛星，為邪惡之氣所生，為亂兵之象，所以為孛德。所謂孛德，其象混亂，其表不明。又為兵荒馬亂，是亂兵的象徵，故稱為孛。孛字的含義，還有傷害，有妨蔽之義。或叫作彗星，含有掃除汙穢，頒布新政之義。張為周民族的地域，彗星見於張，又向東南行至翼軫的地方，翼軫的分野為楚地，這是周、楚之地將有兵亂的徵候。下一年正月，光武帝就起兵春陵，又遇上下江、新市賊人張卬、王常及更始的兵也已到達，合力攻破了南陽，殺死了王莽的前隊大夫甄阜、屬正梁丘賜等，並殺掉他們的士兵數萬人。於是共推更始為天子，建都洛陽，然後又西入長安而敗死。光武興起於河北，也建都洛陽，位於周人之地，正合於除穢布新的天象。

四年六月，漢兵起南陽，至昆陽。莽使司徒王尋、司空王邑將諸郡兵，號曰百萬眾，已至者四十二萬人；能通兵法者六十三家，皆為將帥，持其圖書器械。軍出關東，牽從群象虎狼猛獸，放之道路，以示富強，用怖山東。至昆陽山，作營百餘，圍城數重，或為衝車以撞城，為雲車高十丈以瞰城中，弩矢雨集。城中負戶而汲❶，求降不聽，請出不得。二公之兵自以必克，不恤軍事，不協計慮❷。莽有覆敗之變見焉。晝有雲氣如壞山❸，墮軍上，軍人皆厭，所謂營頭之星也。占曰：「營頭之所墮，其下覆軍，流血三千里。」❹是時光武將兵數千人赴救昆陽，奔擊二公兵，并力猋發❺，號呼聲動天地，虎豹驚怖敗振。會天大風，飛屋瓦，雨如注水。二公兵亂敗，自相賊❻，就死者數萬人。競赴滍水，死者委積❼，滍水為之不流。殺司徒王尋，軍皆散走歸本郡。王邑還長安，莽敗，俱誅死。營頭之變，覆軍流血之應也。

【章　旨】以上記述地皇四年營頭星現，對應於莽軍敗亡的現象。

【注　釋】❶負戶而汲　每一戶都沒有水喝。❷不協計慮　不考慮協作。❸有雲氣如壞山　有雲氣像山崩。❹所謂營頭之星也五句　營頭之星，《開元占經·雲氣雜占》「兵氣」曰：「黑雲氣，如壞山墮軍上，名曰營頭之氣，其軍必敗散。」又「軍營氣」曰：「或黑氣如壞山，墮軍上者，軍必敗。」❺并力猋發　協力疾發。❻自相賊　自相殘殺。❼委積　堆積。形容死人之多。

【語　譯】地皇四年六月，漢兵起南陽，到達昆陽。王莽派司徒王尋、司空王邑率領諸郡兵，號稱百萬之眾，已經到達的有四十二萬人；能通兵法的有六十三家，都是將帥，持有圖書器械。軍出關東，牽著群象虎狼猛獸，放在道路之上，以示強大，用以驚怖山東之人。到達昆陽山後，建營壘百十個，圍城數重，或用衝車以撞城，又造高十丈之雲車，用以觀看城中動靜，弓箭像下雨一樣射向城中。城中每戶都缺飲用之水，人們要求投降而不允許，也不讓外出。二公之兵，自以為一定能攻克取勝，由此不體恤士兵疾苦，不考慮相互間的協作。王莽的軍隊便出現了敗軍之狀。白晝有雲氣如壞山籠罩在軍營之上，軍中都有厭惡之情，這就是所謂營頭之星。占語說：「營頭星所墮落的地方，其下有軍覆沒，流血三千里。」這時，光武領兵數千人，去救援昆陽，奔擊二公兵，并力疾發，呼號之聲震動天地，虎豹之兵驚怖敗退。又遇上大風，刮得屋瓦都飛起來了，大雨下得如注水。二公之兵大敗，自相殘殺，被殺死的有數萬人。他們跳入滍水逃生，淹死者堆積如山，滍水因此堵塞不流。司徒王尋被殺，眾軍離散，走歸本郡。王邑逃回長安，王莽大敗，都被殺死。這是營頭星之變，有覆軍流血的應驗。

四年秋，太白在太微中，燭地如月光。太白為兵，太微為天廷。太白贏❶而北入太微，是大兵將入天子廷也。是時莽遣二公之兵至昆陽，已為光武所破。莽又拜九人為將軍，皆以虎為號。九虎將軍至華陰，皆為漢將鄧曄、李松所破。進攻京師，倉將軍韓臣至長門。十月戊申，漢兵自宣平城門入。二日己酉，城中少年朱弟、張魚等數千人起兵攻莽，燒作室門，斧敬法闥❷。商人杜吳殺莽漸臺之上，校尉公孫賓就❸斬莽首。大兵蹈藉宮廷之中，仍以更始入長安，赤眉賊立劉盆子為天子。皆以大兵入宮廷，是其應也❹。

【章　旨】以上記述地皇四年秋太白入太微，應驗在大兵入宮廷上。

【注　釋】❶贏　快速。❷斧敬法闥　殺敬法闥。敬法闥，人名。❸公孫賓就　原作公孫賓龍，當為公孫賓就之誤，今改正。❹是其應也　太白為兵象，今太白犯太微，象徵兵犯皇宮，故曰應驗。

【語　譯】地皇四年秋天，太白星運行到太微垣中，其光耀照地，明亮得如月光。太白為兵象，太微為天上的宮廷。太白快速向北運行進入太微垣，是大兵將入天子廷的象徵。那時，王莽派遣二公王尋、王邑領兵到昆陽，已被光武帝所擊破。王莽又任命九人為將軍，都以虎為名號。九虎將軍到了華陰，都被漢將鄧曄、李松打敗。漢軍進攻京師，倉將軍韓臣殺到長門。十月戊申，漢兵自宣平城門入城，二日己酉，城中少年朱弟、張魚等數千人起兵攻打王莽，火燒作室門，殺敬法闥。商人杜吳殺王莽於漸臺之上。校尉公孫賓就割下王莽的腦袋。大兵闖入皇宮之中，然後更始帝入長安，而赤眉賊又立劉盆子為天子，互相殘殺。都以大兵入宮廷，是太白入太微之應驗了。

光武建武九年七月乙丑，金犯軒轅大星❶。十一月乙丑，金又犯軒轅。軒轅者，後宮之官❷，大星為皇后，金犯之為失勢❸。是時郭后已失勢見疏，後廢為中山太后❹，陰貴人立為皇后。

【章　旨】以上記述建武九年金星犯軒轅大星，應在郭后失勢上。

【注　釋】❶金犯軒轅大星　金為金星。犯，侵犯。孟康曰：「七寸以內，光芒相及也。」韋昭曰：「自下往觸之曰犯。」故犯有兩個特點：即一是行星接近恆星達七寸以內，光芒相及，才能稱犯；二是行星由下往上接近恆星才稱為犯。這個定義，來源於人間以下犯上之義。據王玉民考定，中國古代特有的以丈、尺、寸表示弧長單位，一尺相當於一度，一丈相當於十度。軒轅大星，即軒轅十四，獅子座α星。❷軒轅者二句　軒轅星座，為以後宮命名的星官。後宮，即皇帝家的後院家屬。此處的官為天上的星官，星座之義。這是因為中國星座大多以官職命名，故稱星座為星官。❸金犯之為失勢　金犯軒轅大星，象徵皇后受到了侵犯，喪失了權勢、地位。❹郭后已失勢見疏二句　當作郭皇后已見疏遠，至建武十七年果然被廢。

【語　譯】光武帝建武九年七月乙丑，金星犯軒轅大星，十一月乙丑，金星又犯軒轅星。軒轅星的含義，為後宮之星官名。其大星為皇后，現金星犯之，為皇后失勢之象。這個時候，郭皇后已經日見疏遠失勢，以後被廢為中山太后，陰貴人被立為皇后。

十年三月癸卯❶，流星如月，從太微出，入北斗魁，第六星❷，色白。旁有小星射者十餘枚，滅則有聲如雷，食頃止。流星為貴使，星大者使大，星小者使小。❸太微天子廷，北斗魁主殺。星從太微出，抵北斗魁，是天子大使將出，有所伐殺。十二月己亥，大流星如缶，出柳西南，行入軫❹。且滅時，分為十餘，如遺火狀。須臾有聲，隱隱如雷。柳為周，軫為秦、蜀。大流星出柳入軫者，是大使從周入蜀。

是時光武帝使大司馬吳漢發南陽卒三萬人，乘船泝江而上，擊蜀白帝公孫述。又命將軍馬武、劉尚、郭霸、岑彭、馮駿平武都、巴郡。十二年十月，漢進兵擊述從弟衛尉永，遂至廣都，殺述女婿史興。威虜將軍馮駿拔江州，斬述將田戎。吳漢又擊述大司馬謝豐，斬首五千餘級。臧宮破涪，殺述弟大司空恢。十一月丁丑，漢護軍將軍高午刺述洞胷，其夜死。明日，漢入屠蜀城，誅述大將公孫晃、延岑等，所殺數萬人，夷滅述妻宗族萬餘人以上。是大將出伐殺之應也❺。其小星射者，及如遺火分為十餘，皆小將隨從之象。有聲如雷隱隱者，兵將怒之徵也。

【章旨】以上記述建武十年流星示太微入北斗、入軫，應驗在天子大使將出、滅公孫述上。

【注釋】❶十年三月癸卯　經考證，該年三月丁未朔，三月無癸卯。當有誤。❷入北斗魁第六星　魁與第六星間當有斷句。流星先入斗魁，後達斗第六星，第六星在斗柄，為開陽。❸流星為貴使三句　按星占觀念，流星為天帝的使者，流星入沒之處，為天使到達之地，為應驗之地。❹行入軫　入軫者，大使由楚地向西入蜀之應也。❺是大將出伐殺之應也　言光武十年兩次大流星，第一次應驗在大使出帝宮，第二次應驗在大使出行的方向，由周地出南陽，西入蜀地。

【語譯】 建武十年三月癸卯，大流星亮如明月，從太微垣流出，進入北斗魁中，至斗柄第六星開陽滅，為白色。旁有小星四射者十餘枚，息滅時有響聲如雷，一頓飯的時間而停止。流星為高貴的使者，流星大則使者大，星小則使小。太微垣為天子龍廷之象，北斗魁主殺伐。流星從太微垣出現，抵達北斗魁，是天子大使將出，有所殺伐也。十二月己亥，有大流星大如瓦缶，出柳宿西南，行入軫宿，將息滅之時，爆裂為十餘塊，如遺火狀態。不久發出聲響，隱隱如雷聲。柳宿的分野為周地，軫為秦蜀（楚）。大流星出柳宿流入軫宿，是大使從周入蜀之象。

那個時候，光武帝派大司馬吳漢，發南陽兵三萬人，乘船溯江而上，擊敗蜀白帝公孫述。又命令將軍馬武、劉尚、郭霸、岑彭、馮駿，平定武都、巴郡。十二年十月，吳漢進兵攻擊公孫述從弟衛尉公孫永，進兵廣都，殺述女婿史興。威虜將軍馮駿攻克江州，殺述將田戎。吳漢又攻擊述大司馬謝豐，斬首五千餘人。臧宮攻破涪地，殺公孫述弟大司空公孫恢。十一月丁丑，吳漢護軍將軍高午，刺公孫述洞胸，當夜死亡。第二天，吳漢屠蜀城，殺公孫述大將公孫晃、延岑等，被殺數萬人。夷滅述妻子宗室萬人以上。是大將出宮，殺伐之應也。其小星射者，及如遺火分為十餘者，都為小將隨從之象。有聲如雷隱隱者，兵將怒吼奮力殺敵之徵也。

十二年正月己未❶，小星流百枚以上，或西北，或正北，或東北，二夜❷止。

六月戊戌晨，小流星百枚以上，四面行❸。小星者，庶民之類。流行者，移徙之象也。或西北，或東北，或四面行，皆小民流移之徵。是時西北討公孫述，北征盧芳。匈奴助芳侵邊，漢遣將軍馬武、騎都尉劉納、閻興軍下曲陽、臨平、呼沱，以備胡。匈奴入河東，中國未安，米穀荒貴，民或流散。後三年，吳漢、馬武又徙鴈門、代郡、上谷、關西縣吏民六萬餘口，置常山關、居庸關以東，以避胡寇。是小民流移之應❹。

【章　旨】建武十二年正月流星雨，應驗在討公孫述匈奴戰爭引起的流民上。

【注　釋】❶己未　經考證，十二年正月丙午朔，無己未，干支有誤。❷二夜　即乙夜，亦即二更。《隋書・天文志》曰：「夜，有甲、乙、丙、丁、戊。」《初學記》引《漢舊儀》曰五夜：甲夜、乙夜、丙夜、丁夜、戊夜。」❸小流星百枚以上二句　疑即英仙座流星雨。❹是小民流移之應　此為光武帝十二年正月出現的流星雨記錄，未記載輻射點方位。星占學家將眾多的流星比喻為小民流散遷移之象。

【語　譯】建武十二年正月己未，有百枚以上的流星同時出現在星空，或向西北，或向正北，或向東北，至二夜方才停止。六月戊戌的早晨，又有小流星百枚以上，向四面八方流去。小星者，庶民之類。流行者，移動遷徙的象徵。流星或西北，或東北，或四面運行，都是小民四面流動移徙的象徵。當時，向西北討伐公孫述，向北征討盧芳。匈奴幫助盧芳侵犯邊境，漢朝政府派遣將軍馬武、騎都尉劉納、閻興，屯兵下曲陽、臨平、呼沱，以防備胡人入侵。匈奴入侵河東，中國不安，田園荒蕪，米穀價貴，人民流散。後三年，吳漢、馬武又遷雁門、代郡、上谷、關西縣吏民六萬餘口，安置於常山關、居庸關以東，以避胡兵入侵。這是小民流移的應驗。

十五年正月丁未，彗星見昴❶，稍西北行入營室，犯離宮❷，三月乙未，至東壁滅，見四十九日。彗星為兵入除穢，昴為邊兵，彗星出之為有兵至。十一月，定襄都尉陰承反，太守隨誅之。盧芳從匈奴入居高柳，至十六年十月降，上璽綬。一曰，昴星為獄事。是時大司徒歐陽歙以事繫獄，踰歲死。營室，天子之常宮；離宮，妃后之所居。彗星入營室，犯離宮，是除宮室也。是時郭皇后已疏，至十七年十月，遂廢為中山太后，立陰貴人為皇后，除宮之象也。

【章　旨】建武十五年彗星見，應驗在與匈奴戰爭和除宮室上。

【注　釋】❶彗星見昴　巫咸曰：「彗星出昴，大臣為亂，君弱臣強，邊兵大起，天子憂之，人民驚恐，國有憂主。」由於昴為胡人之星，今彗犯見昴，當有邊兵，應在下文匈奴入居高柳。❷入營室犯離宮　營室、離宮，為帝后妃居處，今彗星犯之，有掃除后妃之象，故下文應驗在郭皇后被廢上。

【語　譯】建武十五年正月丁未，彗星出現在昴宿，西北行入營室，犯離宮。三月乙未，至東壁息滅。出現共四十九日。彗星為兵入、除穢。昴為邊兵。彗星出之，為有兵至。十一月，定襄都尉陰承反，太守隨除之。盧芳跟隨匈奴入居高柳，至建武十六年十月降，皇上賜璽綬。另一種說法是，昴星為獄事，這時大司徒歐陽歙以事繫獄，一年以後病死。營室，為天子的常宮，離宮，為后妃之居所。彗星入營室、犯離宮，是清除宮室之象，那時郭皇后已疏遠，到了十七年十月，正式廢其為中山太后，另立陰貴人為皇后，故彗星犯營室離宮，為除宮之象。

1 三十年閏月甲午❶，水在東井二十度，生白氣❷，東南指，炎長五尺，為彗，東北行，至紫宮西藩止，五月甲子不見，凡見三十一日。水常以夏至放於東井，閏月在四月，尚未當見而見，是贏而進也。東井為水衡，水出之為大水❸。是歲五月及明年，郡國大水，壞城郭，傷禾稼，殺人民。白氣為喪，有炎❹作彗，彗所以除穢。紫宮，天子之宮，彗加其藩，除宮之象。後三年，光武帝崩。❺

2 三十一年七月戊午，火在輿鬼一度，入鬼中，出尸星南半度。十月己亥，犯軒轅大星。又七星間有客星，炎二尺所❻，西南行，至明年二月二十二日，在輿鬼東北六尺所滅，凡見百一十三日。熒惑為凶衰，輿鬼尸星❼主死亡，熒惑入之為大喪。軒轅為後宮。七星，周地。客星居之為死喪。其後二年，光武崩。❽

3 中元二年八月丁巳，火犯太微西南角星❾，相去二寸。十月戊子❿，大流星從西南東北行，聲如雷。火犯太微西南角星，為將相。後太尉趙憙、司徒李訢坐事免官。大流星為使。中郎將竇固、揚虛侯馬武、揚鄉侯王賞將兵征西也。

【章旨】建武三十年水星在東井，應驗在郡國大水；三十一年火在輿鬼，應驗在光武帝將崩。

【注釋】❶閏月甲午　經陳美東考證，據下文「閏月在四月」則閏月為庚辰朔，確有甲午日。但陳垣《中西回史日曆》推為閏三月，無甲子，故陳垣表誤。❷水在東井二句　閏月甲午日，水星在東井二十度，這時附近出現白氣，後顯現出彗星。❸水常以夏至六句　按照星占家的觀點，夏至水星出現在東井，為有大水災之年。理由是東井為水事，水星亦對應於水，兩水相犯，必有水災。水衡，管理水事之官。❹有炎　有光芒。❺白氣為喪九句　言彗星有除舊布新之象。紫宮西藩即紫微垣西垣的上丞、少衛、上衛、少輔、上輔、少尉、右樞諸星，為帝皇權政的象徵，今彗尾掃之，應驗在光武帝將駕崩之上。❻炎

二尺所　光炎約計二尺長。所，約計。❼輿鬼尸星　輿鬼四星中有積尸氣，即此處所說尸星。❽其後二年二句　光武帝三十一年七月，火星犯輿鬼。據星占觀念，火星即熒惑，為凶喪之象，犯輿鬼，也應在死喪，這表明光武帝要駕崩了。〈天文志〉同時還記載了七星間有客星，至明年二月在輿鬼，其後二年光武帝崩。這段文字附在三十一年十月火星犯軒轅後，時間含糊其辭，從「後二年，光武崩」記載可知，此客星當見於光武三十一年十月。❾火犯太微西南角星　即犯太微西藩上將星。即獅子座α星。❿十月戊子　中元二年十月庚寅朔，無戊子，當有誤。

【語譯】建武三十年閏四月甲午，水星在東井二十度，其旁邊出現白氣，然後向東南指，光炎長五尺，為彗星。然後向東北行動，到紫微垣西垣牆為止。五月甲子隱沒不見，共出現三十一日。水星，常以夏至見於東井，今閏月在四月，是不該出現而出現了，是水星贏而速進之故。東井為水官，今水星犯之，為大水之應。該年五月及明年，郡國均為大水，城廓被水沖壞，傷及禾苗，淹死人民。白氣為死喪之徵候，有光炎稱作彗星，彗星是除穢的標誌。紫宮為天子的後宮，彗星出現在其藩籬邊上，為清除宮穢之象，所以後三年光武帝駕崩。

2 建武三十一年七月戊午，火星出現在輿鬼一度，入鬼宿之中，出現在積尸氣南半度的地方。十月己亥，火星又犯軒轅大星。又七星星宿內有客星出現，光炎約二尺，其西南行，至明年二月二十二日，在輿鬼東北六尺滅。出現共一百一十三日。熒惑為凶、為衰，輿鬼、尸星象徵死亡。熒惑入之為大喪。軒轅為後宮。七星為周地，今對應於東漢都城。客星居之為死喪。其後二年，光武帝駕崩。

3 中元二年八月丁巳，火星犯太微西南角星，相距約二寸。十月戊子，大流星從西南向東北行。有聲如打雷。火犯太微西南角星，為犯將相。後太尉趙憙，司徒李訢相繼坐事免官。大流星為使者。中郎將竇固、揚虛侯馬武、揚鄉侯王賞，有領兵西征之事。

志第十一

天文中

明十二 章五 和三十三 殤一 安四十六 順二十三 質三

1 孝明永平元年四月丁酉，流星大如斗，起天市樓❶，西南行，光照地。流星為外兵，西南行為西南夷。是時，益州發兵，擊姑復蠻夷、大牟、替滅陵❷，斬首傳詣雒陽。

2 三年六月丁卯，彗星出天船❸北，長二尺所，稍北行至亢南❹，見三十五日去。天船為水，彗出之為大水。是歲伊、雒水溢，到津城門，壞伊橋，郡七縣三十二皆大水。

3 四年八月辛酉，客星❺出梗河西北，指貫索❻，七十日去。梗河為胡兵。至五年十一月，北匈奴七千騎入五原塞，十二月又入雲中，至原陽。貫索，貴人之牢。其十二月，陵鄉侯梁松，坐怨望，懸飛書，誹謗朝廷，下獄死。妻子家屬徙九真。

【章旨】永平三年慧星出天船，天船應在水，該年伊洛七郡大水。四年客星指貫索，貫索貴人牢，應驗在梁松下獄死。

【注釋】❶流星大如斗二句　流星出現在市樓星處。市樓星由六星組成，在天市垣內。甘氏曰：「樓星，監市斗，食嗇夫。」《合誠圖》曰：「天樓，主市賈。」故市樓星是天市垣內主持商易的官員。❷益州發兵二句　姑復夷、大牟，均為西南夷之一種。至於替滅陵，含義不明，據上下文義，亦當為西南夷之一種。又二十四史百衲本「替滅陵」作「替減陵」。姑復縣，因建於姑復人居地而得名，地處雲南永勝縣境內。❸天船　石氏曰：「天船九星，在大陵北，河中。」郗萌曰：「天船，天將軍兵船也。」❹稍北行至亢南　陳美東注曰：「亢宿在天船的東南方，甚遠，不應言北行，應校改作『東南行』。」此說誤謬。天船近北極，天船越過北極是到達亢宿的最近路線。若天船向東南行，須繞過南極，作真正的長途旅行了。❺客星　據字義為作客之星。即不常出現，位置不固定，可以移動，光度亦可變化之星。客星是異常之星，出現常會帶來災難。據實際記載分析，客星主要是指新星、超新星和變星，也包括部分彗星、流星。此處之客星有尾，能移動，顯然是彗星。❻梗河西北二句　梗河星近大角星貫索在天市西北，故貫索在梗河東。因此，位於梗河的客星，不可能「西北指貫索」。

【語譯】明帝永平元年，四月丁酉，有流星大如斗，出現於天市垣中的市樓星處，向西南運行，火光照見大地。流星為外國的軍隊，西南行對應於西南夷。那個時候，益州牧發兵，攻打姑復夷、大牟夷和替滅陵夷。斬其首，並且以驛車送至首都洛陽。

2　三年六月丁卯，彗星出現於天船星的北邊，尾長約二尺，稍北行，越過北方，到亢宿之南而隱沒不見，共計出現三十五天。天船與水有關，今彗星出現，為大水之象。這一年，伊水、洛水溢出堤岸，淹到洛陽城的津城門，沖壞了伊水大橋，計有七個郡三十二個縣大水。

3 四年八月辛酉，有客星出現在梗河星西北附近，其尾巴指向貫索星處。出現後七十天隱沒不見。梗河為胡兵的象徵，到了五年十一月，北匈奴七千名騎兵入侵五原要塞，十二月又入侵雲中郡，延伸到原陽。貫索星象徵貴人的牢獄，該年十二月，陵鄉侯梁松，以怨望罪，懸掛飛書，誹謗朝廷，被捕入獄死於獄中。其妻子家屬，也遷移到九真邊外。

1 七年正月戊子，流星大如杯，從織女西行，光照地。織女，天之真女❶，流星出之，女主憂。其月癸卯，光烈皇后崩。

2 八年六月壬午，長星出柳、張三十七度❷，犯軒轅，刺天船，陵太微❸，氣至上階❹，凡見五十六日去。柳，周地。是歲多雨水，郡十四傷稼。

3 九年正月戊申，客星出牽牛，長八尺，歷建星至房南滅，見至五十日。牽牛主吳、越，房、心為宋。後廣陵王荊與沈涼，楚王英與顏忠各謀逆，事覺，皆自殺。廣陵屬吳，彭城古宋地。

4 十三年閏月丁亥，火犯輿鬼，為大喪，質星為大臣誅戮❺。其十二月，楚王英與顏忠等造作妖書謀反，事覺，英自殺，忠等皆伏誅。

【章旨】九年客星出牽牛、歷房，對應在吳越宋地；十三年火星犯輿鬼，應在有大喪，對應於廣陵王、楚王謀反伏誅上。

【注釋】❶織女二句　織女星，為天子之正出，為天后所生，故流星犯織女星，女主即皇后有憂慮，並進而導致皇后崩。真，同「正」。❷長星出柳張三十七度　長星，彗星星名之一，指有長尾之星。三十七度，指長星向北行三十七度，進犯軒轅。古人形容彗尾之長，通常都以丈尺等單位表示，而不用度數。可知此三十七度非指彗尾之長。❸犯軒轅三句　此處犯、刺、陵，均為異常天體距星官的狀態。陵，即「淩」。欺陵。《乙巳占》「占例」曰：「犯者，月及五星，同在列宿之位，光曜自下侵犯之象，七寸以下為犯」。「淩者，以小而逼大，自下而犯上，直往而淩，淩，小辱大之象。」「刺者，傍過，光芒刺之。」❹上階　指三台六星中的上台二星。❺火犯輿鬼三句　火犯輿鬼質星輿鬼四星，南方朱雀之第二宿。石氏曰：「此四星有變，則占其所主也。中央色白，如粉絮者，所謂積尸氣也。一曰天尸，故主死喪，主祠事也。一曰鈇鑕，故主法，主誅斬。」

【語譯】七年正月戊子，流星有杯子大小，在織女星處出現，向西流去，光芒照地。織女星，天帝正出之女，為帝后所生，今流星出現，為女主憂患之象。其月癸卯，光烈皇后就去世了。

2 八年六月壬午這一天，有長星即長尾巴的彗星，出現於柳宿和張宿，向北行37度，犯軒轅星，光芒刺及天船星，又欺陵太微垣，直至三台星之上階星處而隱沒不見，共出現五十六日。柳宿為周地。這一年周地多雨水，有十四個郡禾苗受災。

3 九年正月戊申，客星出現在牽牛星處，尾長八尺，經過建星行至房宿之南而隱沒不見，共出現五十日。牽牛的分野為吳、越之地，房宿、心宿的分野為宋地，以後廣陵王荊與沈涼、楚王英與顏忠，互相謀逆，事情被發覺，都自殺身亡。廣陵屬吳，彭城為古之宋地。

4 十三年閏月丁亥，火星犯輿鬼，為帝王有喪，犯輿鬼中質星為大臣誅戮。該年十二月，楚王英與顏忠等，造作妖書謀反，事情被發覺，楚王英自殺，顏忠等都治罪被殺。

1 十四年正月戊子，客星出昴，六十日，在軒轅右角❶稍滅。昴主邊兵❷。後一年，漢遣奉車都尉顯親侯竇固、駙馬都尉耿秉、騎都尉耿忠、開陽城門侯秦彭、太僕祭肜，將兵擊匈奴。一曰，軒轅右角為貴相，昴為獄事，客星守之為大獄。是時考楚事❸未訖，司徒虞延與楚王英黨，與黃初、公孫弘等交通，皆自殺，或下獄伏誅。

2 十五年十一月乙丑，太白入月中，為大將戮，人主亡，不出三年。後三年，孝明帝崩。

3 十六年正月丁丑，歲星犯房右驂❹，北第一星不見，辛巳乃見。房右驂為貴臣，歲星犯之為見誅。是後司徒邢穆，坐與阜陵王延交通，知逆謀自殺。四月癸未，太白犯畢。畢為邊兵❺。後北匈奴寇邊，入雲中，至漁陽。使者高弘發三郡兵追討，無所得。太僕祭肜坐不進，下獄❻。

4 十八年六月己未，彗星出張，長三尺，轉在郎將，南入太微，皆屬張。張，周地，為東都。太微，天子廷。彗星犯之為兵喪。其八月壬子，孝明帝崩❼。

【章　旨】以上記載了永平十四年客星出昴、十五年太白入月、十六年歲星犯房、太白犯畢、十八年慧星出張等記錄。

【注　釋】❶軒轅右角　石氏曰：「軒轅一名昏昌星，而龍蛇形。凡十七星。南端明者，女主也，母也；女主北六尺一星，夫人也，屏也，上將也；北六尺一星，次夫人也，妃也，次將也；北六尺一星，次妃也；其次，皆次妃也；女主南三尺，星不明者，女御也；御西南丈所一星，大明也，太后宗也；御東南丈所一星，少明也，皇后宗也。」可見軒轅南端最亮一星名女主，女主前不明小星曰御女，女主西星曰大明，又作大民，為太后宗屬，女主東一星曰少明，亦作少民，為皇后宗屬。軒轅右角即西角為大明星，即軒轅十五。陳美東注曰右角為軒轅一，誤。❷昴主邊兵　《春秋緯》曰：「昴為旄頭，房衡位，主胡星，陰之象。」由昴主胡星，衍生為主邊兵。❸考楚事　考問楚王謀反之事。❹歲星犯房右驂　歲星犯房宿右驂星。《晉書・天文志》曰：「房四星……，南星曰左驂，次左服，次右服，次右驂。」即房右驂為房四星中最北的一顆星。❺畢為邊兵　《春秋緯》曰：「畢罕車，為邊兵。」《西宮候》曰：「畢大星，邊將軍也。星動，有芒角，邊將有急。」❻下獄　以上三段，中華校點本有三處均缺逗號。此處不能缺逗號，缺了文義不明，其中「楚王英黨」下、「王延交通」下、「坐不進」下均缺，今補上。❼孝明帝崩　言彗星出張，入太微，應驗在明帝崩上。東漢的都城洛陽在周地。周地出了異常天象，就當應驗在漢室。彗星主掃除，除舊布新，改朝換代，彗星更犯太微，太微為帝宮，均應在皇帝本身，故有明帝崩。

【語譯】十四年正月戊子，客星出現在昴宿，經過六十天，運動到軒轅右角大明星隱沒不見。昴主邊兵。後一年，漢明帝派遣奉車都尉顯親侯竇固、駙馬都尉耿秉、騎都尉耿忠、開陽城門候秦彭、太僕祭彤，領兵打匈奴。還有一種應驗是軒轅右角為相，昴為獄事，客星守之，為有大獄。那個時候，楚王的事尚未完結，司徒虞延與楚王英結黨，又與黃初、公孫弘等聯絡，事發後都自殺，或下獄伏法。

2 十五年十一月乙丑，太白為月所掩，應在大將戮、人主亡上，事不出三年之內。三年以後，明帝就駕崩了。

3 十六年正月丁丑，歲星犯房右驂，即房四星中最北一星，由此引起房北第一星不出現，至第四日辛巳才出現。房右驂為大臣，歲星犯之為大臣見誅。那時，司徒邢穆受與阜陵王延交通牽連，知道逆謀而自殺。四月癸未，太白犯畢宿。畢應在邊兵，其後北匈奴寇邊，犯入雲中地區，又進犯漁陽。使者高弘，調三郡兵追討，也無所得。太僕祭彤犯不進討之罪下獄。

4 十八年六月己未，彗星出現在張宿，有三尺長。運行到郎將星，向南進入太微垣，都屬於張宿的範圍。張宿的分野為周人之地，為東都洛陽。太微為天子廷，亦為洛陽。彗星犯之，應在兵喪，其年八月壬子，明帝駕崩。

1 孝章建初元年，正月丁巳，太白在昴西一尺。八月庚寅，彗星出天市，長二尺所，稍行入牽牛三度，積四十日稍滅。太白在昴為邊兵，彗星出天市為外軍❶，牽牛為吳、越。是時蠻夷陳縱❷等及哀牢王類牢反，攻巂唐城。永昌太守王尋走奔楪榆，安夷長宋延為羌所殺。以武威太守傅育領護羌校尉，馬防行車騎將軍，征西羌。又阜陵王延與子男魴謀反，大逆無道，得不誅❸，廢為侯。

2 二年九月甲寅，流星過紫宮中，長數丈，散為三，滅。十二月戊寅，彗星出婁三度，長八九尺，稍入紫宮中，百六日稍滅。流星過、入紫宮，皆大人忌。後四年六月癸丑，明德皇后崩❹。

3 元和二年四月丁巳，客星晨出東方，在胃八度，長三尺，歷閣道❺入紫宮，留四十日滅。閣道、紫宮，天子之宮也。客星犯入留久，為大喪。後四年，孝章帝崩。

【章旨】以上為章帝建初元年太白在昴、慧星出天市、二年流星過紫宮等記錄。

【注釋】❶彗星出天市為外軍　彗星出現在天市垣，為外國有兵。石氏曰：「彗星犯天市，所犯者誅。」巫咸曰：「彗星出天市，豪傑內外俱起，執令者死，大臣有誅。」此處占辭應驗在外軍，不常用。❷陳縱　一作「陳從」。❸得不誅　赦免不死。❹明德皇后崩　此占應在流星過紫宮上，按通常占辭，異常天象犯紫宮，大都應驗於執政者天子。❺閣道　在星占上是聯繫紫宮與離宮的御道。石氏曰：「閣道六星，在王良東。閣道與王良星，對應於西方的仙后座。」

【語譯】章帝建初元年，正月丁巳，太白在昴宿之西一尺。八月庚寅，彗星出天市垣，尾長約二尺，慢慢移動進入牽牛三度處。總計出現四十日後漸漸隱沒。太白在昴應在邊兵，彗星出天市為外兵，牽牛為吳、越。那時蠻夷陳縱等人，及哀牢王類牢反，攻巂唐城。永昌太守王尋走奔楪榆，安夷長宋延為羌人所殺。以武威太守傅育領護羌校尉，馬防行車騎將軍，征討西羌。又阜陵王延與子男魴謀反，大逆無道，得到批准不殺，廢為侯。

2　二年九月甲寅，流星流過紫宮中央，尾長數丈，分散為三支，然後隱沒不見。十二月戊寅，彗星出現於婁宿三度處，長八、九尺，入紫宮中，經一百零六日而滅。流星經過、進入紫宮，均為大人忌，其後四年六月癸丑，明德皇后崩。

3　元和元年四月丁巳，客星早晨出現於東方，在胃八度，長三尺，經閣道入紫宮，留四十日滅不見。閣道、紫宮，天子之宮也，客星犯入留久，為大喪。後四年章帝駕崩。

1　孝和永元元年，正月辛卯，有流星起參，長四丈，有光，色黃白。二月，流星起天棓❶，東北行三丈所滅，色青白。壬申，夜有流星起太微東蕃，長三丈。三月丙辰，流星起天津❷。壬戌，有流星起天將軍，東北行。參為邊兵❸，天棓為兵，太微天廷，天津為水，天將軍為兵，流星起之皆為兵。其六月，漢遣車騎將軍竇憲、執金吾耿秉，與度遼將軍鄧鴻出朔方，並進兵臨私渠北鞮海❹，斬虜首萬餘級，獲生口牛馬羊百萬頭。日逐王等八十一部降，凡三十餘萬人。追單于至西海。是歲七月，又雨水漂人民，是其應❺。

2 二年正月乙卯，金、木俱在奎，丙寅，水又在奎。奎主武庫❻兵，三星會又為兵喪。辛未，水、金、木在婁，亦為兵，又為匿謀。二月丁酉，有流星大如桃，起紫宮東蕃，西北行五丈稍滅。四月丙辰，有流星大如瓜，起文昌東北，西南行至少微西滅。有頃音如雷聲，已而金在軒轅大星東北二尺所。八月丁未，有流星如雞子，起太微西，東南行四丈所消。十月癸未，有流星大如桃，起天津，西行六丈所消。十一月辛酉，有流星大如拳，起紫宮，西行到胃消。

3 三年九月丁卯，有流星大如雞子，起紫宮，西南至北斗柄間消。紫宮天子宮，文昌、少微為貴臣，天津為水，北斗主殺。流星起紫宮，歷文昌、少微、天津。文昌為天子使，出有兵、誅也。竇憲為大將軍，憲弟篤、景等皆卿、校尉，憲女弟壻郭舉為侍中、射聲校尉，與衛尉鄧疊母元俱出入宮中，謀為不軌。至四年六月丙辰發覺，和帝幸北宮，詔執金吾、五校勒兵屯南、北宮，閉城門，捕舉。舉父長樂少府璜及疊，疊弟步兵校尉磊，母元，皆下獄誅。憲弟篤、景等皆自殺。

金犯軒轅，女主失勢。❼竇氏被誅，太后失勢。❽

【章旨】以上載和帝永元元年流星起參、二年金星在軒轅，三年流星起紫宮等記錄、對應於有邊兵和竇太后失勢。

【注釋】❶天棓　石氏曰：「天棓五星，在女床東北。」又曰：「天之武備也。棓者大扙，所以打賊也。」棓，「棒」的本字。❷天津　天津九星，在女宿以北銀河之中，相當於西方的天鵝座。津，渡口。❸參為邊兵　《開元占經》引《黃帝》曰：「參應七將。中央三小星，曰伐之都尉也，主胡、鮮卑、戎、狄之國。」故曰主邊兵。❹私渠北鞮海　一作「私渠比鞮海」，簡稱私渠海，蒙古國杭愛山西麓。❺雨水漂人民二句　人民在雨水中漂流。這是流星起天津之應。❻奎主武庫　奎宿十六星，為西方白虎之第一宿。《佐助期》曰：「奎主武庫。」《石氏贊》曰：「奎主軍」。又曰：「奎主庫兵。」❼金犯軒轅二句　金星犯軒轅星，應在女主失勢。指前載二年四月丙辰「金在軒轅大星」。❽竇氏被誅二句　以上三段所載異常天象，均與竇氏有關。竇氏中重要人物竇憲（？—西元九二年），字伯度，扶風平陵（今陝西咸陽）人。為東漢大臣。章帝建初二年（西元七七年），妹立為皇后，被任命為郎，遷侍中、虎賁中郎將，和帝即位，竇太后臨朝，憲以侍中操縱朝政。永元元年（西元八九年），以車騎將軍出塞，擊破北匈奴，拜大將軍，封武陽侯。弟篤、景等被封為郾侯、汝陰侯等，權傾朝野，四年和帝誅滅竇氏。故曰竇氏被誅，太后失勢。

【語譯】和帝永元元年，正月辛卯，有流星出自於參宿，長四丈，有光，色黃、白。二月，又有流星出自於天棓，向東北行三丈息滅，色青、白。壬申，夜有流星出自於太微東垣，長三丈。三月丙辰，流星出自於天津星。壬戌，有流星出自於天將星，向東北流去。參宿為邊兵，天棓為兵，太微垣為天帝宮廷，天津星為水，天將星為兵，流星所起之處，都為兵象。這年六月漢和帝派車騎將軍竇憲、執金吾耿秉，與度遼將軍鄧鴻出擊朔方，兵臨私渠北鞮海，斬首一萬餘人，獲牲口牛馬羊百萬頭。日逐王等八十一部投降，計三十餘萬人。並追趕單于到西海。這一年七月，大水淹沒人民，是流星起天津的應驗。

2 二年正月乙卯，金星、木星都在奎宿，丙寅，水星也運行到奎宿。奎主武庫，主兵，三星相會，又為兵喪。辛未日，水、金、木三星又同時在婁宿，也應驗於兵，又為陰謀。二月丁酉，有流星大如桃，起紫宮東牆，向西北行，達五丈沒。四月丙辰，有流星大如瓜，見文昌星東北，向西南行，到少微西邊滅。然後，有響聲如雷。不久，又有金星在軒轅大星東北約二尺處見。八月丁未，有流星如雞蛋，出太微西，東南行四丈滅。十月癸未，有流星大如桃，見天津星處，西行六丈沒。十一月辛酉，有流星如拳頭大小，見紫宮，西行到胃宿滅。

3 三年九月丁卯，有流星大如雞蛋，見紫宮，西南行至北斗斗柄間滅。紫宮為天子宮殿，文昌、少微為大臣，天津為水，北斗主殺。流星起紫宮，歷文昌、少微、天津。文昌為天子使者，出有兵、殺也。竇憲為大將軍，憲弟竇篤、竇景等人，都為卿、校尉，憲女弟婿郭舉為侍中、射聲校尉，與衛尉鄧疊母元，俱出入宮中，謀為不軌。至四年六月丙辰，陰謀被發覺，和帝出走北宮，召執金吾、五校勒兵，屯南、北宮，閉城門，捕郭舉。舉父長樂少府郭璜及疊、疊弟步兵校尉磊、母元，都入獄誅死。憲弟篤、景等，都自殺身亡。金星犯軒轅，女主失勢，竇氏被誅，太后失勢。

五年四月癸巳，太白、熒惑、辰星俱在東井。七月壬午，歲星犯軒轅大星。九月，金在南斗魁中❶。火犯房北第一星❷。東井，秦地，為法。三星合，內外有兵❸，又為法令及水。金入斗口中，為大將將死。火犯房北第一星，為將相。其六年正月，司徒丁鴻薨❹。許侯馬光有罪自殺。九月，行車騎將軍事鄧鴻、越騎校尉馮柱發左右羽林、北軍五校士及八郡跡射、烏桓、鮮卑，合四萬騎，與度遼將軍朱徽、護烏桓校尉任尚、中郎將杜崇征叛胡。十二月，車騎將軍鴻坐追虜失利，下獄死；度遼將軍徵、中郎將崇皆抵罪。

七年正月丁未，有流星起天津，入紫宮中滅。色青黃，有光。二月癸酉，金、火俱在參。戊寅，金、火俱在東井。八月甲寅，水、土、金俱在軫。十一月甲戌❺，金、火俱在心。十二月己卯❻，有流星起文昌，入紫宮消。丙辰，火、金、水俱在斗。流星入紫宮，金、火在心，皆為大喪❼。三星合軫為白衣之會❽，金、火俱在參、東井，皆為外兵，有死將。三星俱在斗，有戮將，若有死相。❾八年四月樂成王黨，七月樂成王宗皆薨。將兵長史吳棽坐事徵下獄誅。十月，北海王威自殺。十二月，陳王羨薨。其九年閏月，皇太后竇氏崩。遼東鮮卑反，太守祭參不追虜，徵下獄誅。九月，司徒劉方坐事免官，自殺。隴西羌反，遣執金吾劉尚行征西將軍事，越騎校尉節鄉侯趙世發北軍五校、黎陽、雍營及邊胡兵三萬騎，征西羌。

【章旨】以上載五年太白、熒惑、辰星在東井，應在兵災。七年正月流星入紫宮、火、金水在斗，為有大喪，白衣會，應在樂成王、北海王、陳王薨上。

【注釋】❶金在南斗魁中　金星運行到斗宿的斗魁之中。斗宿又名南斗，北方七宿中的第一宿。計有六星。其中斗宿一、四、五、六組成斗魁。❷房北第一星　即前注中的房右驂。❸三星合二句　《漢書・天文志》曰：「水、木、火三合于東井，占曰『外內有兵與喪，改立王公。』」又曰：「金木水三合于張，占曰『外內有兵與喪，改立王公』。」故此處三星聚合的占辭與《漢書·天文志》一致。❹司徒丁鴻薨　本句之後原接「七月水，大漂殺人民，傷五穀」當刪除。據考證指出永元六年七月有旱無水。實際上，這段文字與以上永元元年重複。❺十一月甲戌　據陳垣《中西回史日曆》，該月無甲戌。❻十二月己卯　據陳表，該月無己卯。❼金火在心二句　大喪，天子崩。郗萌曰：「太白乘熒惑，軍敗；隨熒惑，軍憂；下有空國，死主。」占語亦大致相同。❽三星合軫為白衣之會　星占家均習慣稱大喪為白衣會。❾三星俱在斗三句　三行星會合於斗宿，將有被殺的將軍或死去的丞相。

【語譯】五年四月癸巳，太白、熒惑、辰星俱在東井。七月壬午，歲星犯軒轅大星。九月，金星在南斗魁中。火星犯房北第一星。東井為秦地，為法令。三行星相合，為內外有兵，又為法令及大水。金星入斗宿口中，為大將將死。火星犯房北第一星，為將相有咎。六年正月，司徒丁鴻死了。許侯馬光有罪自殺。九月行車騎將軍事鄧鴻、越騎校尉馮柱，派左右羽林軍，北軍五校士，及八郡跡射、烏桓、鮮卑兵，計四萬人，與度遼將軍朱徵、護烏桓校尉任尚、中郎將杜崇征叛變的胡人。十二月，車騎將軍鴻犯追敵失利罪，下獄死，度遼將軍徵、中郎將崇，都抵罪。

七年正月丁未，有流星出自於天津星，流入紫宮中息滅。顏色青、黃，有光。二月癸酉，金星、火星都在參宿。戊寅，金、火都在東井。八月甲寅，水、土、金三星都聚於軫宿。十一月甲戌，金星、火星都在心宿。十二月己卯，有流星出自於文昌宮，入紫宮滅。丙辰，火、金、水三星都聚在斗宿。流星入紫宮，金、火在心宿，都為大喪。三星聚合於軫，為白衣之會，即有大喪。金、火都在參、東井，都為有外兵，有死將。三星俱在斗宿為有戮將或死相。八年四月，樂成王黨，七月，樂成王宗都去世。將兵長史吳棽犯事下獄誅。十月，北海王威自殺。十二月，陳王羨去世。九年閏月，皇太后竇氏崩。遼東鮮卑反，太守祭參不追敵，徵下獄死。九月，司徒劉方犯事免官後自殺。隴西羌民反，遣執金吾劉尚，行征西將軍事，越騎校尉節鄉侯趙世領北軍五校、黎陽、雍營及邊疆胡人兵，合計三萬人，征討西羌。

1 十一年五月丙午，流星大如瓜，起氐，西南行，稍有光，白色。占曰：「流星白，為有使客❶，大為大使，小亦小使。疾期疾，遲亦遲❷。大如瓜為近小，行稍有光為遲也。又正王日，邊方有受王命者也❸。」明年二月，蜀郡旄牛徼外夷，白狼、樓薄種，王唐繒等，率種人口十七萬，歸義內屬❹。賜金印紫綬錢帛。

2 十二年十一月癸酉，夜有蒼白氣，長三丈，起天園❺，東北指軍市❻，見積十日。占曰：「兵起，十日期歲。」明年十一月，遼東鮮卑二千餘騎寇右北平。

3 十三年十一月乙丑，軒轅第四星❼間有小客星，色青黃。軒轅為後宮，星出之，為失勢。其十四年六月辛卯，陰皇后廢。

4 十六年四月丁未，紫宮中生白氣如粉絮。戊午，客星出紫宮西行至昴，五月壬申滅。七月庚午，水在輿鬼中。十月辛亥，流星起鉤陳❽，北行三丈，有光，色黃。白氣生紫宮中為喪。客星從紫宮西行至昴為趙❾。輿鬼為死喪。鉤陳為皇后❿，流星出之為中使⓫。後一年，元興元年十二月，和帝崩。殤帝即位一年，又崩。無嗣。鄧太后遣使者迎清河孝王子即位，是為孝安皇帝，是其應也。清河，趙地也。

【章　旨】和帝十三年十一月客星犯軒轅、十六年四月紫宮生白氣，應驗在陰皇后被廢和帝崩上。

【注　釋】❶流星白二句　流星是白色的，為有使者、來客的象徵。當然，流星還有其他顏色，如黃色等，則應驗於其他休咎。❷疾期疾二句　流星運動速度快的，應驗的日期快，慢的應驗亦慢。❸正王日二句　流星於正王日出現，將有邊境之王受封。正王日，指五行用事日的土王日、水王日、木王日、金王日、火王日。❹蜀郡旄牛五句　白狼、樓薄，均為蜀郡徼外的夷人，即西南夷的一種。其王唐繒等人，率領種人十七萬內附歸降。❺天園　天園十三星，在胃宿、天苑南，為天帝果園。❻軍市　在參宿之南，為軍中市場。❼軒轅第四星　即軒轅四。❽鉤陳　鉤陳與六星與北極天樞五星，並為太微垣內主要星官。❾昴為趙　按分野說，昴屬趙。❿鉤陳為皇后　《史記・天官書》曰：「后勾四星，末大星正妃，余三星後宮之屬。」后勾四星，為鉤陳主星，其中大星勾陳一，即為正妃皇后，也即現代的北極星。⓫流星出之為中使　皇帝派出為大使，皇后派出為中使。

【語　譯】十一年五月丙午，流星大如瓜，出自於氐宿，西南行，稍有光，白色。占語曰：「流星白色，為有使客來。大為大使，小為小使。星行疾，應驗快，星行遲，應驗遲。大如瓜為近小，行稍有光為遲。又正王之日，邊方有受王命的。」明年二月，蜀郡旄牛徼外夷人白狼夷、樓薄夷，王唐繒等，率種人十七萬內附。帝賜以金印、紫綬、錢幣。

2　十二年十一月癸酉，夜有蒼白氣，長三丈，出自於天園星處，向東北行抵軍市星處。共出現十日。占曰：「兵起，十日期歲。」明年十一月，遼東鮮卑二千餘騎寇右北平。

3　十三年十一月乙丑日，軒轅第四星附近有小客星，顏色青、黃。軒轅星為後宮之象，客星出現，為後宮失勢，十四年六月辛卯，陰皇后被廢。

4　十六年四月丁未，紫宮中生白氣，如粉絮。戊午日，客星出紫宮，向西運行至昴宿。五月壬申滅。七月庚午，水星運行到輿鬼中。十月辛亥，流星從鉤陳星中出現，向北運行三丈，有光，黃色。白氣生紫宮中為有大喪。客星從紫宮西行到昴宿為趙地。輿鬼為死喪。鉤陳為皇后。流星從中流出為中使。其後一年，元興元年十二月，和帝駕崩。殤帝即位一年，又崩，無嗣，鄧太后遣使者，迎清河孝王子即位，為安帝。這些都是天象的應驗。清河，趙地，在分野上是對應的。

1 元興元年二月庚辰，有流星起角、亢五丈所。四月辛亥，有流星起斗，東北行到須女。七月己巳，有流星起天市五丈所，光色赤。閏月辛亥❶，水、金俱在氐。流星起斗，東北行至須女。須女，燕地。天市為外軍。水、金會為兵誅。其年，遼東貊人反，鈔六縣，發上谷、漁陽、右北平、遼西、烏桓討之。

2 孝殤帝延平元年正月丁酉，金、火在婁。金、火合為爍❷，為大人憂。是歲八月辛亥，孝殤帝崩。

3 孝安永初元年五月戊寅，熒惑逆行守心前星❸。八月戊申，客星在東井、弧星❹西南。心為天子明堂，熒惑逆行守之，為反臣。客星在東井，為大水。是時，安帝未臨朝，鄧太后攝政，鄧騭為車騎將軍，弟弘、悝、閶皆以校尉封侯，秉國勢。司空周章意不平，與王尊、叔元茂等謀，欲閉宮門，捕將軍兄弟，誅常侍鄭眾、蔡倫，劫刺尚書，廢皇太后，封皇帝為遠國王。事覺，章自殺。東井、弧皆秦地。是時羌反，斷隴道，漢遣騭將左右羽林、北軍五校及諸郡兵征之。是歲郡國四十一縣三百一十五雨水。四瀆溢❺，傷秋稼，壞城郭，殺人民，是其應也❻。

【章　旨】安帝永初元年，五月熒惑逆行守心前星，八月客星在東井，時鄧太后專權，司空周章等謀除鄧氏，事覺自殺，應在有反臣。又東井為大水，故應在水災。

【注　釋】❶閏月辛亥　按陳垣《中西回史日曆》，元興元年二月無庚辰，閏九月也無辛亥，當有誤。❷金火合為爍　熔化金屬為爍。金星有金屬特性，火星有火的特性，金火相遇，故合為爍。有炎熱乾旱之義，故大人憂。❸守心前星　火星守候在心宿上面的星。心前星，即心宿一，天蠍座σ。❹弧星　又稱弧矢九星，在天狼東南。❺四瀆溢　一說「瀆」字衍。❻是其應也　是永初元年八月客星在東井之應。

【語　譯】元興元年，二月庚辰日，有流星出自於角宿和亢宿，流出五丈之遠。四月辛亥日，有流星出自於斗宿，東北向運行到須女。七月己巳，有流星出自於天市，流五丈之遠，呈赤色光。閏月辛亥，水星、金星都在氐宿。有流星出自於斗宿，東北行，至須女沒。須女，燕人之地。天市垣為外軍。水星、金星為兵為殺。該年，遼東貊人反，抄略六縣，官府發上谷、漁陽、右北平、遼西、烏桓兵討之。

2 殤帝延平元年，正月丁酉日，金星、火星運行到婁宿。金星、火星相遇為爍，應在大人憂。該年八月辛亥，殤帝崩。

3 安帝永初元年，五月戊寅日，熒惑逆行，守心宿前星。八月戊申，客星見東井、弧星西南。心宿為天子明堂，熒惑逆行守之，為有反臣。客星在東井，為大水。那時，安帝尚未臨朝，由鄧太后攝政，鄧騭為車騎將軍，其弟鄧弘、鄧悝、鄧閶，都以校尉封侯，掌持國政。司空周章心有不平，與王尊、叔元茂等，謀欲閉宮門，捕將軍兄弟，誅常侍鄭眾、蔡倫，擊刺尚書，廢皇太后，降皇帝為遠國王。事情發覺，周章自殺。東井、弧都為秦地。那時羌民反，隔斷隴道，帝遣鄧騭領左右羽林、北軍五校，及諸郡兵討之。這一年，郡國四十一，縣三百一十五大水。長江、黃河、淮河、濟水泛濫。淹沒秋季莊稼，大水沖壞城廓，淹死人民，都是天象的應驗。

1 二年正月戊子，太白晝見❶。

2 三年正月庚戌，月犯心後星❷。己亥，太白入斗中。十二月，彗星起天苑南，東北指，長六七尺，色蒼白。太白晝見，為強臣。❸是時鄧氏方盛，月犯心後星，不利子。心為宋❹。五月丁酉，沛王正薨❺。太白入斗中，為貴相凶。天苑為外軍，彗星出其南為外兵。❻是後使羌、氐討賊李貴，又使烏桓擊鮮卑，又使中郎將任尚、護羌校尉馬賢擊羌，皆降。

3 四年六月甲子，客星大如李，蒼白，芒氣長二尺，西南指上階星。癸酉，太白入輿鬼。指上階，為三公。後太尉張禹、司空張敏皆免官。太白入輿鬼，為將凶。後中郎將任尚坐贓千萬，檻車徵，棄市。

4 五年六月辛丑，太白晝見，經天。元初元年三月癸酉，熒惑入輿鬼。二年九月辛酉，熒惑入輿鬼中。三年三月，熒惑入輿鬼中。五月丙寅，太白入畢口。七月甲寅，歲星入輿鬼。閏月己未，太白犯太微左執法。十一月甲午，客星見西方，己亥，在虛、危南，至胃、昴❼。四年正月丙戌，歲星留輿鬼中❽。乙未，太白晝見丙上❾。四月壬戌，太白入輿鬼中。己巳，辰星入輿鬼中。五月己卯，辰星犯歲星。六月丙申❿，熒惑入輿鬼中，戊戌，犯輿鬼大星。九月辛巳，太白入南斗口中⓫。五年三月丙申，鎮星犯東井鉞星⓬。五月庚午，辰星犯輿鬼質星。丙戌，太白犯鉞星。六年四月癸丑，太白入輿鬼。六月丙戌，熒惑在輿鬼中。丁卯，鎮星在輿鬼中。辛巳，太白犯左執法。自永初五年到永寧，十年之中，太白一晝見經天，再入輿鬼，一守畢，再犯左執法，入南斗，犯鉞星。熒惑五入輿鬼。鎮星一犯東井鉞星，一入輿鬼。歲星、辰星再入輿鬼。凡五星入輿鬼中，皆為死喪。熒惑、太白甚犯鉞、質星為誅戮。斗為貴將。執法為近臣。客星在虛、危為喪⓭，為哭泣⓮。昴、畢為邊兵，又為獄事。至建光元年三月癸巳，鄧太后崩；五月庚辰，太后兄車騎將軍騭等七侯皆免官，自殺，是其應也。

【章旨】以上記述自永初至永寧十年中，太白經天入鬼中，熒惑五入輿鬼，鎮星、歲星也入輿鬼，應驗在鄧太后及鄧氏敗亡。

【注釋】❶太白晝見　太白為金星的異名。金星是太陽系五大行星之一。除太陽、月亮外，它是天空中最亮的星，最亮時可達-4.4等。金星是內行星，故有時為晨星，有時為昏星。上古時甚至還誤認為是兩顆星，故有晨有啟明，昏有長庚之說。正因為是內行星，它離開太陽的最大角度不能超過四十八度。故只有早晚在東方或西方見到它。離開東西方地平只能在四十餘度範圍之內。只有當太陽從地平線升起後，金星的位置才能越出東西方地平四十餘度以上。但太陽升起以後，金星的光芒為日光所掩，又隱沒不見了，故人們所見到的金星，通常都是不能經天，即不能在中天見到它。若在中天見到它，這是違反常理的。但正是由於金星十分明亮，有時在太陽升起後或日落前的特殊環境下也能在天空見到金星，這時金星若處於大距時，就有可能出現於中天了，古人將這也看作是異常天象，稱之為「太白經天」，或稱為「太白晝見」。❷心後星　心宿下方的一顆星。❸太白晝見二句　太白白晝出現，為朝中有專權的大臣。君為日，臣為星，星與日爭光，故有強臣。❹心為宋　按分野理論，宋地為心宿的分野。❺沛王正薨　沛國之王死了。沛國（今江蘇沛縣），漢屬宋地，故應驗在月犯心。❻天菀為外軍二句　《春秋緯》曰：「彗星入天苑，都護反。」都護為邊將，故曰為外兵。又《開元占經》引司馬彪〈天文志〉曰：「孝安永初三年十二月乙亥，彗起天苑南，東北指，長六、七丈，色蒼。天苑為外兵起，是後羌兵討賊，杜季貢又使烏丸擊鮮卑，又使中郎將任尚護羌校尉，馬賢擊虜，皆降之。」兩處說法文字有差異，可作為補充。❼客星見西方四句　舊本作：「客星見西方，己亥在虛、危，南至胃、昴。」胃、昴不在虛、危南，而在正東，是標點錯誤所致，當改標點如下：「客星見西方，己亥，在虛、危南，至胃、昴。」❽歲星留輿鬼中　《文耀鉤》曰：「歲星所居久，其國有德厚。」輿鬼之分野為關中，當應驗在關中大熟上。❾太白晝見丙上　丙位在午位之東十五度左右。❿六月丙申　以下記日干支，有多處與陳垣表不合，當有失誤，陳表也有待驗證。⓫入南斗口中　斗宿魁口之處。⓬東井鉞星　鉞星為東井附座，位於井口右上角，星占學上，據星名當應驗在刀兵之上。⓭虛危為喪　虛宿和危宿，都應驗在死喪之上。⓮為哭泣　虛危既為死喪，故在其旁又設哭星和泣星，以增加其義。

【語　譯】二年正月戊子日，太白星白晝出現。

2　三年正月庚戌日，月亮侵犯心宿下面一顆星。己亥，太白行入斗口之中。十二月，彗星出自於天菀星的南方，指向東北，尾長六、七尺，顏色蒼白。太白星白晝出現，為朝中有強臣。那時，鄧氏勢力方盛。月犯心宿後心，於皇子不利。心宿的分野為宋地。五月丁酉，沛王正薨。太白行入斗宿口中，為相國有災。天菀星為外軍之象，彗星出現在它的南方為有外國兵相犯。以後不久，便派羌、氐兵討伐李貴，又令烏桓征討鮮卑，又派中郎將任尚、護羌校尉馬賢攻擊叛羌，敵人都投降了。

3　四年六月甲子日，有客星大如李子，蒼白色，芒角之氣長二尺，向西南指向上階星。癸酉日，太白行經輿鬼，指向上階星。上階為三公。其後太尉張禹、司空張敏都免去其官，為太白犯三公星之應驗。太白入輿鬼為將軍凶，其後中郎將任尚犯貪贓千萬，檻車捕回，處以棄市。

4　五年六月辛丑日，太白星白晝出現，經過天頂。元初元年三月癸酉，熒惑星行入輿鬼星中。二年九月辛酉，熒惑又入輿鬼中。三年三月，熒惑再入輿鬼中。五月丙寅，太白入畢宿口中。七月甲寅，歲星入輿鬼。閏月己未，太白犯太微垣左執法星。十一月甲午，客星出現於西方星空，己亥日，在虛宿和危宿南方，行至胃宿、昴宿。四年正月丙戌，歲星停留在輿鬼中不動。乙未，太白星白天出現於南方丙位。四月壬戌，太白進入輿鬼之中。己巳日，辰星也入輿鬼之中。五月己卯，辰星侵犯歲星。六月丙申，熒惑入輿鬼中。戊戌日，犯輿鬼大星。九月辛巳，太白入南斗口中。五年三月丙申，鎮星犯東井中的鉞星。五月庚午日，辰星犯輿鬼中的積尸氣。丙戌，太白犯鉞星。六年四月癸丑，太白入輿鬼。六月丙戌日，熒惑在輿鬼中。丁卯日，鎮星在輿鬼中。辛巳日，太白犯左執法星。自永初五年到永寧的十年之中，太白一次白晝出現、經天，再入輿鬼，一次守畢宿，再犯左執法星，進入南斗，犯鉞星。熒惑則五次入輿鬼。鎮星則一犯東井鉞星，一入輿鬼。歲星、辰星，再入輿鬼。凡五星入輿鬼中，都為死喪之象。熒惑、太白侵犯鉞星、質星，為誅戮之象。斗為天帝大將。執法星為近臣。客星在虛、危為有喪，為哭泣。昴、畢為邊兵，又為牢獄之事。至建光元年三月癸巳，鄧太后崩。五月庚辰，太后兄車騎將軍騭等七侯皆免官自殺，都是這些天象的應驗。

延光二年八月己亥，熒惑出太微端門❶。三年二月辛未，太白犯昴。五月癸丑，太白入畢。九月壬寅，鎮星犯左執法❷。四年，太白入輿鬼中。六月壬辰，太白出太微。九月甲子，太白入斗口中。十一月，客星見天市。熒惑出太微，為亂臣。太白犯昴、畢，為邊兵，一曰大人當之。鎮星犯左執法，有誅臣。太白入輿鬼中，為大喪。太白出太微，為中宮有兵；入斗口，為貴將相有誅者❸。客星見天市中，為貴喪。

是時大將軍耿寶、中常侍江京、樊豐、小黃門劉安與阿母王聖、聖子女永等并構譖太子保，并惡太子乳母男、廚監邴吉。三年九月丁酉，廢太子為濟陰王，以北鄉侯懿代。殺男、吉，徙其父母妻子日南❹。四年三月丁卯，安帝巡狩，從南陽還，道寢疾，至葉崩，閻后與兄衛尉顯、中常侍江京等共隱匿，不令群臣知上崩，遣司徒劉熹等分詣郊廟，告天請命，載入北宮。庚午夕發喪，尊閻氏為太后。北鄉侯懿病薨，京等又不欲立保，白太后，更徵諸王子擇所立。中黃門孫程、王國、王康等十九人，共合謀誅顯、京等，立保為天子，是為孝順皇帝。皆姦人強臣狂亂王室，其於死亡誅戮，兵起宮中，是其應。

【章旨】延光年間，發生熒惑入太微、太白入輿鬼，出太微等，應驗在宮中有兵、大喪。不久太子廢、安帝崩。

【注釋】❶太微端門　太微垣之南門，左右樞之間。❷左執法　太微垣南門左右兩邊的執法官。一為左執法，一為右執法。❸入斗口二句　太白入斗宿中口，應在將相有誅。《開元占經》引韓揚曰：「南斗第一星上將，第二星相，第三星妃，第四星太子，第五星第六星天子。」故曰入斗口「將相有誅者」。❹日南　日南郡。地區名。西漢元鼎六年置。治所在西捲縣（今越南平治天省廣治西此廣治河與甘露河合流處）。

【語譯】延光二年八月己亥日，熒惑出太微垣的端門。三年二月辛未日，太白犯昴宿。五月癸丑日，太白犯畢。九月壬寅，鎮星犯左執法星。四年，太白入輿鬼中。六月壬辰，太白出太微垣。九月甲子日，太白進入斗口之中。十一月，客星出現天市垣中。熒惑出太微為有亂臣。太白犯昴、畢，為有邊兵。一說大人有咎之象。鎮星犯左執法，有大臣被殺。太白進入輿鬼星中，為有大喪。太白出太微，為宮中有兵進入之象。太白入斗口，將有將相被殺。有客星出現天市垣中，將有貴人去世。

那時候，大將軍耿寶，中常侍江京、樊豐，小黃門劉安，與阿母王聖、聖子女永等，均譭毀太子保，並中傷太子乳母男，和廚監邴吉。三年九月丁酉，廢太子為濟陰王。以北鄉侯懿代替。殺死男、吉二人，遷其父母妻子到日南郡。四年三月丁卯，安帝巡行，到南陽後還京。途中得病，行到葉地崩。閻后與其兄衛尉閻顯、中常侍江京等，共隱匿不報，不讓群臣知道安帝已死。派遣司徒劉喜等到郊廟，告天請命，然後進入北宮。庚午夕始發喪。尊閻氏為太后。不久，北鄉侯懿又去世，劉京等人仍不願立保為帝，報告太后，改徵求諸位王子加以選擇，中黃門孫程、王國、王康等十九人，共合謀誅殺顯、京等人。立保為天子，這就是孝順皇帝。以上所行之事，都是奸人、強臣，狂亂王室，導致死亡誅殺，兵起宮中，這是天象的應驗。

1 孝順永建二年二月癸未，太白晝見三十九日。閏月乙酉，太白晝見東南維四十一日。八月乙巳，熒惑入輿鬼。太白晝見，為強臣。熒惑為凶❶。輿鬼為死喪。質星為誅戮。是時中常侍高梵、張防、將作大匠翟酺、尚書令高堂芝、僕射張敦、尚書尹就、郎姜述、楊鳳等，及兗州刺史鮑就、使匈奴中郎將張國、金城太守張篤、敦煌太守張朗，相與交通，漏泄，就、述棄市，梵、防、酺、芝、敦、鳳、就、國皆抵罪。又定遠侯班始尚陰城公主堅得，鬬爭殺堅得，坐要斬馬市，同產皆棄市❷。

2 六年四月，熒惑入太微中，犯左、右執法西北方六寸所。十月乙卯，太白晝見。十二月壬申，客星芒氣長二尺餘，西南指，色蒼白，在牽牛六度。客星芒氣白為兵。牽牛為吳、越。後一年，會稽海賊曾於等千餘人燒句章，殺長吏，又殺鄞、鄮長，取官兵，拘殺吏民，攻東部都尉；揚州六郡逆賊章何等稱將軍，犯四十九縣，大攻略吏民。

3 陽嘉元年閏月戊子，客星氣白，廣二尺，長五丈，起天苑西南。主馬牛，為外軍，色白為兵❸。是時，敦煌太守徐白使疏勒王盤等兵二萬人入于寘界，虜掠斬首三百餘級。烏桓校尉耿曄使烏桓親漢都尉戎末瘣等出塞，鈔鮮卑，斬首，獲生口財物；鮮卑怨恨，鈔遼東、代郡，殺傷吏民。是後，西戎、北狄為寇害，以馬牛起兵，馬牛亦死傷於兵中，至十餘年乃息。

【章旨】永建二年太白晝見，熒惑入輿鬼，應在有強臣、死喪。陽嘉元年見天苑客星白氣，應在馬牛引起邊亂。

【注釋】❶熒惑為凶　《洪範五行傳》曰：「熒惑于五常為禮，辨上下之節于五事，為視明察善惡之事也。禮虧視失逆夏令，則熒惑為旱災、為飢、為疾、為亂、為死喪、為賊、為妖言大怪也。」故簡言之為凶。❷同產皆棄市　同輩兄弟都被斬首。同產，同母所生之兄弟。棄市，將屍首展現示眾。❸起天菀西南四句　天菀為天帝牧場，故客星犯之為馬牛，據前注又為外軍。客星呈白色為兵象。

【語 譯】順帝永建二年二月癸未，太白白晝出現，計達三十九日。閏月乙酉，太白白晝出現於東南方，計四十一日。八月乙巳日，熒惑入輿鬼中。太白白晝出現為朝中有強臣。熒惑為凶象。輿鬼為死喪。質星為誅戮。那時候，中常侍高梵、張防，將作大匠翟酺，尚書令高堂芝，僕射張敦，尚書尹就，尚書郎姜述、楊鳳等人，及兗州刺史鮑就，使匈奴中郎將張國，金城太守張篤，敦煌太守張朗，相與交通，其行動洩漏，就、述處以棄市。梵、防、酺、芝、敦、鳳、就、國，都處抵罪。又定遠侯班始，娶陰城公主堅得為妻，爭鬥殺堅得，結果班始被腰斬於馬市，而他的同胞兄弟都被斬首示眾。

2 六年四月，熒惑入太微垣中，犯左、右執法星，位於西北方六寸的地方。十月乙卯，太白白晝出現。十二月壬申，客星的芒氣長達二尺多，指向西南方，色蒼白，在牽牛六度。客星的芒氣，白色為兵象。牽牛的分野為吳、越。後一年，會稽海賊曾於等千餘人，火燒句章，殺長吏，又殺鄞、鄮長，取官兵，拘捕、殘殺吏民，攻擊東部都尉。又揚州六郡逆賊章何等，自稱將軍，侵犯四十九縣，大舉攻擊掠奪官吏和人民。

3 陽嘉元年閏月戊子日，客星見，有白氣，寬二尺，長五丈。見於天菀星西南方。天菀主馬牛，為外軍。客星色白為兵。那時候，敦煌太守徐白，指使疏勒王盤等，領兵二萬人，入犯于寘界，擄掠斬首三百餘人。烏桓校尉耿曄，指使烏桓親漢都尉戎末瘣等出塞，抄掠鮮卑，殺人劫掠牲畜財物。鮮卑怨恨，領兵抄掠遼東、代郡，殺傷官吏和人民。以後，西戎、北狄成為寇害，以馬牛起兵，馬牛也死傷於兵中，前後十餘年才平息。

1 永和二年五月戊申，太白晝見。八月庚子，熒惑犯南斗。斗為吳。明年五月，吳郡太守行丞事羊珍與越兵❶弟葉、吏民吳銅等二百餘人起兵反，殺吏民，燒官亭民舍，攻太守府。太守王衡距守，吏兵格殺珍等。又九江賊蔡伯流等數百人攻廣陵、九江，燒城郭，殺江都長。

2 三年二月辛巳，太白晝見，戊子，在熒惑西南，光芒相犯❷。辛丑，有流星大如斗，從西北東行，長八九尺，色赤黃，有聲隆隆如雷。三月壬子，太白晝見。六月丙午，太白晝見。八月乙卯，太白晝見。閏月甲寅，辰星入輿鬼。己酉，熒惑入太微。乙卯，太白晝見。太白者，將軍之官，又為西州❸。晝見，陰盛，與君爭明❹。熒惑與太白相犯，為兵喪。流星為使，聲隆隆，怒之象也。辰星入輿鬼，為大臣有死者。熒惑入太微，亂臣在廷中。是時，大將軍梁商父子秉勢，故太白常晝見也。其四年正月，祀南郊，夕牲，中常侍張逵、蘧政、楊定、內者令石光、尚方令傅福等與中常侍曹騰、孟賁爭權，白帝言騰、賁與商謀反，矯詔命收騰、賁，賁自解說，順帝寤，解騰、賁縛。逵等自知事不從，各奔走，或自刺，解貂蟬投草中逃亡，皆得免。其六年，征西將軍馬賢擊西羌於北地射姑山下，父子為羌所沒殺，是其應也。

3 四年七月壬午，熒惑入南斗犯第三星❺。五年四月戊午，太白晝見。八月己酉，熒惑入太微。斗為貴相，為揚州，熒惑犯入之為兵喪。其六年，大將軍商薨。九江、丹陽賊周生、馬勉等起兵攻沒郡縣。梁氏又專權於天廷中。

4 六年二月丁巳，彗星見東方，長六七尺，色青白，西南指營室及墳墓星。丁丑，彗星在奎一度，長六尺，癸未昏見西北，歷昴、畢，甲申，在東井，遂歷輿鬼、柳、七星、張，光炎及三台，至軒轅中滅。營室者，天子常宮。墳墓主死。彗星起而在營室、墳墓，不出五年，天下有大喪。後四年，孝順帝崩。昴為邊兵，又為趙。羌周馬父子後遂為寇。又劉文劫清河相射暠，欲立王蒜為天子，暠不聽，殺暠，王閉門距文，官兵捕誅文，蒜以惡人所劫，廢為尉氏侯，又徙為犍陽都鄉侯，薨，國絕。歷東井、輿鬼為秦，皆羌所攻鈔。炎及三台，為三公。是時，太尉杜喬及故太尉李固為梁冀所陷入，坐文書死。及至注、張為周❻，滅於軒轅中為後宮。其後懿獻后以憂死，梁氏被誅，是其應也。

【章旨】永和三年，多次太白星白晝出現，應驗在強臣專權。六年，慧星見營室墳墓，應驗在順帝崩。

【注釋】❶越兵　人名。與其下葉為兄弟。具體情況不明。❷太白晝見四句　太白與熒惑同時白晝出現，相遇於七寸之內。❸太白者三句　吳龔《天官星占》曰：「太白位在西方，白帝之子，大將之象。」石氏曰：「太白主秋，主西維，主金，主兵。」故曰將軍之官，為西州。西州，西方之疆界也。❹與君爭明　臣與天子爭明，即爭權。❺第三星　為斗宿三。❻注張為周　注星、張宿為周，即注、張的分野為周地。注，《史記・天官書》曰：「柳為鳥注。」即注為柳宿。

【語譯】永和二年五月戊申日，太白白晝出現。八月庚子，熒惑犯南斗星。斗之分野為吳。明年五月，吳郡太守行丞事羊珍，與越兵之弟葉、吏民吳銅等二百餘人，起兵反抗，屠殺吏民，焚燒官亭民宅，攻太守府第。太守王衡抗拒守衛著。吏民殺死了羊珍等人。又九江賊蔡伯流等數百人，攻廣陵、九江，燒城廓，殺江都長。

2 三年二月辛巳日，太白白晝出現。戊子，太白在熒惑西南，光芒相犯。辛丑，有流星大如斗，從西北向東行，長八、九尺，顏色赤、黃，有聲隆隆如打雷。三月壬子，太白白晝出現。六月丙子，太白白晝出現。八月乙卯，太白白晝出現。閏月甲寅，辰星進入輿鬼。己酉，熒惑入太微垣。乙卯，太白白晝出現。太白者，將軍之官，又象徵西州之地。白晝出現，陰氣盛，與君爭明。熒惑與太白相犯，為有兵、有死喪。流星為使，響聲隆隆，怒氣之象。辰星入輿鬼，為大臣有死亡的。熒惑入太微，主廷中有亂政之臣。那時候，大將軍梁商父子秉國政，所以太白星常白晝出現。其四年正月祀南郊，傍晚祭牲，中常侍張逵、蘧政、楊定，內者令石光，尚方令傅福等，與中常侍曹騰、孟賁爭權，報告皇帝說，騰、賁與商謀反，矯詔，命收捕騰、賁。賁自往解說，順帝明白，釋騰、賁縛。逵等自知事不遂已，各自奔走，或自殺，解貂蟬投草中逃亡，都得免死。六年，征西將軍馬賢擊西羌於北地射姑山下，父子為羌人所殺，均是天象的應驗。

3 四年七月壬午日，熒惑入南斗，犯第三星，即斗宿三。五年四月戊午，太白白晝出現。八月己酉日，熒惑進入太微垣。斗為貴相之象，又分野為揚州。熒惑犯入之，為兵、為喪。六年，大將軍梁商薨。九江、丹陽賊周生、馬勉等人，起兵攻陷郡縣。梁氏則專權於宮廷之中。這是熒惑犯南斗、太白白晝出現之應。

4 六年二月丁巳，彗星出現於東方，長六、七尺，顏色青、白，向西南指營室、墳墓星。丁丑，彗星在奎一度，長六尺，癸未昏出現於西北，經過昴宿、畢宿，甲申，在東井，又經過輿鬼、柳、七星、張，光炎掃及三台，至軒轅中滅。營室為天子的日常宮殿。墳墓主管死人。彗星出現在營室、墳墓，不出五年，天下將有大喪，即天子去世。後四年，順帝崩。昴為邊兵，又分野屬趙。羌人周馬父子後成寇盜。又劉文劫清河相射暠，要立王蒜為天子，暠不聽被殺，王閉門拒劉文。官兵捕殺劉文，蒜以惡人所劫，廢為尉氏侯，又遷為犍陽都鄉侯，死後其國絕。東井、輿鬼為秦，都為羌人所攻掠。炎及三台為三公之象。那時候，太尉杜喬及故太尉李固，為梁冀所陷，坐文書死。注星和張宿為周地。彗滅於軒轅中為後宮。其後，懿獻后憂憤而死。梁氏被殺，是天象的應驗。

漢安二年，正月己亥，太白晝見。五月丁亥，辰星犯輿鬼。六月乙丑，熒惑光芒犯鎮星。七月甲申，太白晝見。辰星犯輿鬼為大喪。熒惑犯鎮星為大人忌❶。明年八月，孝順帝崩，孝沖明年正月又崩。

孝質本初元年，三月癸丑，熒惑入輿鬼，四月辛巳，太白入輿鬼，皆為大喪。五月庚戌，太白犯熒惑，為逆謀❷。閏月一日，孝質帝為梁冀所鴆，崩。

【章旨】漢安三年、本初元年星犯輿鬼，皆為有大喪，應驗在順帝、質帝崩。

【注釋】❶熒惑犯鎮星為大人忌　熒惑犯鎮星，即火星犯土星為天子有災咎。《開元占經》引石氏曰：「填星與火合，大人惡之。」本志占語，正與石氏相合。❷太白犯熒惑二句　逆謀，為犯亂謀為逆亂之義。《荊州占》曰：「熒惑與太白相犯，大戰。太白在熒惑南，南國敗；在熒惑北，北國敗。」又曰：「熒惑太白相犯，為逆謀。」二家占語均相一致。

【語譯】漢安二年，正月己亥日，太白白晝出現。五月丁亥，辰星犯輿鬼。六月乙丑日，熒惑光芒犯鎮星。七月甲申日，太白白晝出現。辰星犯輿鬼為有大喪。熒惑犯鎮星為大人有禁忌。次年八月，順帝駕崩。沖帝即位，第二年正月又崩。為熒惑犯鎮星之應。

質帝本初元年，三月癸丑日，熒惑入輿鬼。四月辛巳日，太白入輿鬼，均為大喪。五月庚戌，太白星犯熒惑，為逆謀之應。閏月一日，質帝被梁冀所鴆，崩。

志第十二

天文下

桓三十八　靈二十　獻九　隕石

1 孝桓建和元年八月壬寅，熒惑犯輿鬼質星。二年二月辛卯，熒惑行在輿鬼中。三年五月己丑，太白行入太微右掖門❶，留十五日，出端門。丙申，熒惑入東井。八月己亥，鎮星犯輿鬼中南星❷。乙丑，彗星芒長五尺，見天市中，東南指，色黃白，九月戊辰不見。熒惑犯輿鬼為死喪，質星為戮臣，入太微為亂臣。鎮星犯輿鬼為喪。彗星見天市中為貴人❸。至和平元年二月甲寅，梁太后崩，梁冀益驕亂矣。

2 元嘉元年二月戊子，太白晝見。永興二年閏月丁酉，太白晝見。時上幸後宮采女❹鄧猛，明年，封猛兄演為南頓侯。後四歲，梁皇后崩，梁冀被誅，猛立為皇后，恩寵甚盛。

3 永壽元年三月丙申，鎮星逆行入太微中，七十四日去左掖門❺。七月己未，辰星入太微中，八十日去左掖門。八月己巳，熒惑入太微，二十一日出端門。太微，天子廷也。鎮星為貴臣妃后❻，逆行為匿謀。辰星入太微為大水，一曰後宮有憂。❼是歲雒水溢至津門，南陽大水。❽熒惑留入太微中，又為亂臣。是時梁氏專政。九月己酉，晝有流星長二尺所，色黃白。癸巳，熒惑犯歲星，為姦臣謀，大將戮❾。

【章　旨】桓帝建和元年、二年，星犯輿鬼，應驗在鄧太后專權崩、鄧氏失勢。

【注　釋】❶右掖門　《黃帝占》曰：「太微，天子之宮，西蕃四星，南北列。南端第一星為上將，北間為太陽西門，門北一星為次將，北間為中華西門，門北一星為次相，北間為太陰西門，北端一星為上相。東蕃四星，南北列。南端第一星為上相，北間為太陽東門，門北一星為次相，北間為中華東門，門北一星為次將，北間為太陰東門，北端一星為上將。南蕃兩星，東西列，其西星，為右執法，其東星，為左執法。為廷尉尚書之象。兩執法之間，太微天廷端門也。右執法西間，為右掖門。左執法之東，為左掖門。」❷犯輿鬼中南星　即犯鬼宿之南星。鬼宿共四星，無中星。❸彗星見天市中為貴人　彗星出現天市中，為貴人憂。❹采女　帝王從民間物色為宮中服役的民間普通女子。❺去左掖門　黃道橫過左右執法星，故五星只能犯左右掖門和端門，與其他無關。❻鎮星為貴臣妃后　鎮星即土星，象徵貴人后妃。有犯即后妃憂。❼辰星入太微二句　水星有二解，一為水，二為後宮，故「為大水，一曰後宮」。❽雒水溢至津門二句　此為辰入太微之應驗。❾為姦臣謀二句　此為熒惑犯歲星之應驗。

【語譯】桓帝建和元年，八月壬寅日，熒惑犯輿鬼中的質星。二年二月辛卯日，熒惑運行到輿鬼中。三年五月己丑日，太白運行到太微垣右掖門，停留十五日，出端門。丙申，熒惑進入東井。八月己亥，鎮星犯輿鬼南星。乙丑，彗星芒長五尺，出現於天市垣中，指向東南方向，顏色黃、白，九月戊辰滅不見。熒惑犯輿鬼為死喪之象。質星為有殺戮之臣。入太微為有犯亂之臣。鎮星犯輿鬼為有喪。彗星出現於天市垣中為貴人有殃。到和平元年二月甲寅日，梁太后崩。梁冀愈益驕亂。

2 元嘉元年二月戊子日，太白星白晝出現。永興二年閏月丁酉，太白白晝出現。那時，皇帝幸後宮采女鄧猛。明年，封猛兄鄧演為南頓侯。後四年，梁皇后崩，梁冀被誅，猛立為皇后，恩寵甚盛。

3 永壽元年三月丙申，鎮星逆行進入太微垣中。經七十四日，至左掖門。七月己未，辰星進入太微垣中，經八十日，去左掖門。八月己巳，熒惑入太微，經二十一日，出端門。太微垣，天子的宮廷。鎮星為貴臣、后妃，逆行為匿謀。辰星入太微為大水。另一種占法是後宮有憂。這一年，洛水泛濫，水滿津門。南陽大水。熒惑留、入太微中，為朝中有亂臣之象。當時梁氏專權。九月己酉，晝有流星，長約二尺，黃、白色。癸巳，熒惑犯歲星，應在有奸臣逆謀，大將被殺。

1 二年六月甲寅，辰星入太微，遂伏不見。辰星為水，為兵，為妃后。八月戊午，太白犯軒轅大星，為皇后。其三年四月戊寅，熒惑入東井口中，為大臣有誅者。其七月丁丑，太白犯心前星，為大臣。後二年七月，懿獻皇后以憂死。大將軍梁冀使太倉令秦宮刺殺議郎邴尊，又欲殺鄧后母宣，事覺，桓帝收冀及妻壽襄城君印綬，皆自殺。誅諸梁及孫氏宗族，或徙邊。是其應也。

2 延熹四年三月甲寅，熒惑犯輿鬼質星。五月辛酉，客星在營室，稍順行，生芒長五尺所，至心一度，轉為彗。熒惑犯輿鬼質星，大臣有戮死者❶。五年十月，南郡太守李肅坐蠻夷賊攻盜郡縣，取財物一億以上，入府取銅虎符，肅背敵走，不救城郭；又監黎陽謁者燕喬坐贓，重泉令彭良殺無辜，皆棄市。京兆虎牙都尉宋謙坐贓，下獄死❷。客星在營室，至心作彗，為大喪。後四年，鄧后以憂死。❸

3 六年十一月丁亥，太白晝見。是時鄧后家貴盛。

4 七年七月戊辰，辰星犯歲星。八月庚戌，熒惑犯輿鬼質星。庚申，歲星犯軒轅大星。十月丙辰，太白犯房北星❹。丁卯，辰星犯太白。十二月乙丑，熒惑犯軒轅第二星。辰星犯歲星為兵。熒惑犯質星有戮臣。歲星犯軒轅為女主憂。太白犯房北星為後宮。其八年二月，太僕南鄉侯左勝以罪賜死，勝弟中常侍上蔡侯愔、北鄉侯黨皆自殺。癸亥，皇后鄧氏坐執左道廢，遷于桐宮死，宗親侍中沘陽侯鄧康、河南尹鄧萬、越騎校尉鄧弼、虎賁中郎將安陽侯鄧會、侍中監羽林左騎鄧德、右騎鄧壽、昆陽侯鄧統、淯陽侯鄧秉、議郎鄧循皆繫暴室，萬、會死，康等免官。又荊州刺史芝、交阯刺史葛祗皆為賊所拘略，桂陽太守任胤背敵走，皆棄市，熒惑犯輿鬼質星之應也❺。

【章旨】延熹七年，熒惑、歲星犯軒轅，應驗在鄧皇后被廢，多人受牽連被殺。

【注釋】❶熒惑犯輿鬼質星二句　熒惑犯鬼宿中的積尸氣，應驗於有大臣被誅上。熒惑為死喪，積尸氣為誅殺，故有此占。❷宋謙坐贓二句　應驗於客星犯心，大臣死上。❸客星在營室四句　營室，后妃之宮，客星犯之，后妃有憂。鄧后以憂死，因鄧氏專權，導致鄧后憂死。應驗於客星在營室。❹太白犯房北星　房北星，即前注所述房右驂。❺皆棄市二句　熒惑犯質星，應驗於大臣有戮死者，致使鄧黨剪滅。

【語譯】二年六月甲寅日，辰星進入太微垣，便隱伏不出現。辰星為水，為兵，為后妃。八月戊午日，太白犯軒轅大星，為皇后之象。三年四月戊寅，熒惑入東井口中，為大臣被誅之象。七月丁丑，太白犯心宿前星，為大臣。後二年七月，懿獻皇后憂患而死。大將軍梁冀，指使太倉令秦宮刺殺議郎邴尊，又要殺鄧后母宣。事情敗露，桓帝收冀及其妻子壽襄城君印綬，都自殺身亡。誅殺梁氏諸人，及孫氏宗族，或者徙邊。這是天象的應驗。

2 延熹四年三月甲寅日，熒惑犯輿鬼中的質星。五月辛酉日，客星出現在營室。向東順行，有芒長五尺，到心宿一度，成為彗星。熒惑犯輿鬼質星，為有大臣被殺之象。五年十月，南郡太守李肅犯蠻夷攻盜郡縣，取財物一億以上，入府取銅虎符，背敵逃走，不救城郭罪；又監黎陽謁者燕喬犯貪贓罪、重泉令彭良犯殺無辜罪，被判棄市。京兆虎牙都尉宋謙犯貪贓罪，下獄死亡。客星自營室行至心宿成為彗星，為大喪。其後四年，鄧后以憂患去世。

3 六年十一月丁亥，太白白晝出現。當時，為鄧后家族顯貴旺盛之應驗。

4 七年七月戊辰，辰星犯歲星。八月庚戌，熒惑犯輿鬼中質星。庚申日，歲星犯軒轅大星。十月丙辰，太白犯房北星。丁卯，辰星犯太白。十二月乙丑，熒惑犯軒轅第二星。辰星犯歲星預示將起刀兵。熒惑犯質星預示有大臣將被殺。歲星犯軒轅為女主有憂。太白犯房北星應驗在後宮有殃。八年二月，太僕南鄉侯左勝犯罪賜死。左勝之弟中常侍上蔡侯愔、北鄉侯黨，都犯罪自殺。癸亥，皇后鄧氏犯執左道被廢，遷於桐宮而死。

其宗親侍中沘陽侯鄧康、河南尹鄧萬、越騎校尉鄧弼、虎賁中郎將安陽侯鄧會、侍中監羽林左騎鄧德、右騎鄧壽、昆陽侯鄧統、淯陽侯鄧秉、議郎鄧循，都繫於暴室，萬、會死了，康等人免官。又荊州刺史芝、交阯刺史葛祗，都為賊人所拘略，桂陽太守任胤被敵打敗逃走，都被斬首示眾。這些大事，都是熒惑犯輿鬼質星的應驗。

八年五月癸酉，太白犯輿鬼質星。壬午，熒惑入太微右執法。閏月己未，太白犯心前星。十月癸酉，歲星犯左執法。十一月戊午，歲星入太微，犯左執法。九年正月壬辰，歲星入太微中，五十八日出端門。六月壬戌，太白行入輿鬼。七月乙未，熒惑行輿鬼中，犯質星。九月辛亥，熒惑入太微西門，積五十八日。永康元年正月庚寅，熒惑逆行入太微東門，留太微中，百一日出端門。七月丙戌，太白晝見經天❶。太白犯心前星，太白犯輿鬼質星有戮臣。熒惑入太微為賊臣。太白犯心前星為兵喪❷。歲星入太微犯左執法，將相有誅者。歲星入守太微五十日，占為人主。太白、熒惑入輿鬼，皆為死喪，又犯質星為戮臣。熒惑留太微中百一日，占為人主。❸太白晝見經天為兵，憂在大人。其九年十一月，太原太守劉瓆、南陽太守成瑨皆坐殺無辜，荊州刺史李隗為賊所拘，尚書郎孟瑨坐受金漏言，皆棄市。永康元年十二月丁丑，桓帝崩，太傅陳蕃、大將軍竇武、尚書令尹勳、黃門令山冰等皆枉死，太白犯心，熒惑留守太微之應也❹。

【章　旨】延熹八年，太白、熒惑犯輿鬼，應驗在兵災、桓帝崩。

【注　釋】❶太白晝見經天　太白星白天出現於天頂。❷太白犯心前星為兵喪　石氏曰：「心三星，帝座。大星者天子也。」太史公曰：「心三星，上星太子星，星不明，太子不得代；下星庶子星，星明，庶子代後。」又《海中占》曰：太白「犯太子，太子不得代。」❸熒惑留太微中二句　熒惑為災星，久留帝宮，咎在帝身。故曰「占為人主」。❹太白犯心二句　太白犯心，咎在帝座；熒惑留守太微，危及帝宮，均咎及帝身，故應在桓帝駕崩。

【語　譯】八年五月癸酉，太白犯輿鬼質星。壬午日，熒惑入太微垣右執法星。閏月己未日，太白犯心宿中的前星。十月癸酉，歲星犯左執法。十一月戊午，歲星入太微，犯左執法。九年正月壬辰，歲星入太微中，經五十八日，出端門。六月壬戌，太白運行進入輿鬼。七月乙未，熒惑運行進入輿鬼中，侵犯質星。九月辛亥，熒惑進入太微西門，計五十八日。永康元年正月庚寅，熒惑逆行進入太微東門，停留在太微垣中，計一百零一天，才出端門。七月丙戌，太白白晝出現，經天。太白犯心宿前星，太白犯輿鬼質星，均為有大臣被殺之象。熒惑進入太微為朝中有賊臣。太白犯心宿前心為兵喪。歲星入太微犯左執法星，將相有被殺的。歲星入守太微五十日，占辭為皇帝有事。太白、熒惑進入輿鬼，都有死喪之事發生。犯質星為有被殺的大臣。熒惑留太微中一百零一日，占為皇帝有事。太白白晝出現經天為有兵之象，憂在皇帝。九年十一月，太原太守劉瓆、南陽太守成瑨，都犯殺無辜罪，荊州刺史李隗為賊所拘，尚書郎孟瑠犯受賄洩漏機密罪，都處以棄市。永康元年十二月丁丑，桓帝駕崩。太傅陳蕃、大將軍竇武、尚書令尹勳、黃門令山冰等人，都怨枉曲死。均太白犯心宿、熒惑留守太微之應驗。

1 孝靈帝建寧元年六月，太白在西方，入太微，犯西蕃南頭星❶。太微，天廷也。太白行其中，宮門當閉，大將被甲兵，大臣伏誅。其八月，太傅陳蕃、大將軍竇武謀欲盡誅諸宦者；其九月辛亥，中常侍曹節、長樂五官史朱瑀覺之，矯制殺蕃、武等，家屬徙日南比景❷。

2 熹平元年十月，熒惑入南斗中。占曰：「熒惑所守為兵亂。」斗為吳。其十一月，會稽賊許昭聚眾自稱大將軍，昭父生為越王，攻破郡縣。

3 二年四月，有星出文昌❸，入紫宮，蛇行，有首尾無身❹，赤色，有光炤垣牆。八月丙寅，太白犯心前星。辛未，白氣如一匹練，衝北斗第四星❺。占曰：「文昌為上將貴相❻。太白犯心前星，為大臣。」後六年，司徒劉郃為中常侍曹節所譖，下獄死。白氣衝北斗為大戰。明年冬，揚州刺史臧旻、丹陽太守陳寅，攻盜賊苴康，斬首數千級。

4 光和元年四月癸丑，流星犯軒轅第二星，東北行入北斗魁中。八月，彗星出亢北，入天市中，長數尺，稍長至五六丈，赤色，經歷十餘宿，八十餘日，乃消於天苑中。流星為貴使，軒轅為內宮，北斗魁主殺。流星從軒轅出抵北斗魁，是天子大使將出，有伐殺也。至中平元年，黃巾賊起，上遣中郎將皇甫嵩、朱儁等征之，斬首十餘萬級。彗除天市，天帝將徙，帝將易都。至初平元年，獻帝遷都長安。

5 三年冬，彗星出狼、弧，東行至于張乃去。張為周地，彗星犯之為兵亂。後四年，京都大發兵擊黃巾賊。

6 五年四月，熒惑在太微中，守屏❼。七月，彗星出三台下❽，東行入太微，至太子、幸臣❾，二十餘日而消。十月，歲星、熒惑、太白三合於虛，相去各五六寸，如連珠。占曰：「熒惑在太微為亂臣。」是時中常侍趙忠、張讓、郭勝、孫璋等，並為姦亂。彗星入太微，天下易主。至中平六年，宮車晏駕。歲星、熒惑、太白三合於虛為喪。虛，齊地。明年，琅邪王據薨。

7 光和中，國皇星東南角去地一二丈，如炬火狀，十餘日不見。占曰：「國皇星為內亂，外內有兵喪❿。」其後黃巾賊張角燒州郡，朝廷遣將討平，斬首十餘萬級。中平六年，宮車晏駕，大將軍何進令司隸校尉袁紹私募兵千餘人，陰跱⓫雒陽城外，竊呼并州牧董卓使將兵至京都，共誅中官，對戰南、北宮闕下，死者數千人，燔燒宮室，遷都西京。及司徒王允與將軍呂布誅卓，卓部曲將郭汜、李傕旋兵攻長安，公卿百官吏民戰死者且萬人。天下之亂，皆自內發。

【章　旨】靈帝建寧元年，太白入太微，應驗在中常侍殺太傅、大將軍。二年，白氣衝北斗，司徒為中常侍譖。光和五年，熒惑在太微中，木火金連珠，中常侍為奸亂。

【注　釋】❶西蕃南頭星　指右執法星。❷日南比景　日南，指日南郡。比景，縣名。西漢置。故治在今越南廣平省宋河下游高牢下村。❸文昌　星名。在紫宮中。❹有首尾無身　流星斷為兩截。❺北斗第四星　指北斗四天權。❻文昌為上將貴相《史記·天官書》曰：「斗魁戴匡六星，曰文昌宮。」陳卓曰：「文昌，一日上將，大將軍也；二曰次將，尚書也；三曰貴相，太常也；四曰司中，司隸也；五曰司怪，太史也；六曰大理，廷尉也。」故文昌象徵朝中主要執政大臣。❼熒惑在太微中二句　屏，即內屏四星。黃道從附近通過，故熒惑守之。❽三台下　即三台星中的下台二星。❾太子幸臣　指太微垣中帝座北的太子星、幸臣星。❿國皇星為內亂二句　《史記·天官書》曰：「國皇星，大而赤，狀類南極。所出，其下起兵，兵彊；其衝不利。」可見國皇星為超新星之類的異常天體。⓫陰跱　暗中等待。

【語　譯】靈帝建寧元年六月，太白在西方，行入太微，侵犯西蕃南頭第一星。太微為天子宮廷。太白運行其中，預示宮門將關閉，有大將軍披甲帶兵，守衛皇宮，有大臣被殺。八月，太傅陳蕃、大將軍竇武，密謀要盡除諸宦官。九月辛亥，中常侍曹節、長樂五官史朱瑀發覺密謀，便假傳聖旨殺死陳蕃、竇武等大臣，並將他們的家屬發配到日南郡比景縣。這是太白犯太微，宦官專權殺大臣之應。

2　熹平元年十月，熒惑進入南斗中。占辭說：「與熒惑所留守的星宿相對應的地方將有兵亂。」斗宿對應吳地。該年十一月，會稽賊許昭聚眾反叛，自稱大將軍；許昭的父親許生自稱為越王，攻破四周郡縣。應在越有亂兵之兆。

3　二年四月，有星出現在文昌宮，行入紫宮。似蛇行，有首、有尾，無身，赤色。有光照見垣牆。八月丙寅，太白犯心宿前星。辛未，有白氣像一匹練條，呈現在北斗天權星附近。占辭說：「文昌為上將、貴相。太白犯心宿前星，為大臣犯事。」後六年，司徒劉郃，為中常侍曹節譖毀，被捕下獄死。白氣衝北斗為大戰。明年冬天，揚州刺史臧旻、丹陽太守陳寅，攻盜賊苴康，殺敵數千。

4　光和元年四月癸丑日，流星犯軒轅第二星。東北行，進入北斗斗魁之中。八月，彗星出現在亢宿北邊，行入天市垣中。尾長數尺，稍後增之五、六丈。色赤。行經十餘宿，八十餘天，至天菀星中隱沒。流星為貴使，軒轅為內宮，北斗魁主殺。流星從軒轅出，抵達北斗魁中，是天子大使將出，有殺伐之象。到了中平元年，黃巾賊起事，皇上派遣中郎將皇甫嵩、朱儁等征討之，殺敵十餘萬人。彗星出天市垣，為皇帝遷都之象。至初平元年，獻帝遷都長安。

5 三年冬天，彗星出狼星、弧星，東行到張宿才隱沒不見。張為周人之地，彗星犯之為有兵亂。後四年，京都發兵征黃巾賊。

6 五年四月，熒惑在太微中，守衛在內屏星處。七月，彗星出現在三台星下方，向東行入太微中，至太子星、幸臣星，二十餘日息滅。十月，歲星、熒惑、太白三行星聚合於虛宿，相去各五、六寸，為相犯，又如連珠。占辭說：「熒惑在太微，為有亂臣。」這時，中常侍趙忠、張讓、郭勝、孫璋等人，均為奸亂。彗星入太微，應在天下易主。至中平六年，皇帝駕崩。歲星、熒惑、太白三星合於虛為喪。虛宿的分野為齊地。明年，琅邪王據薨。

7 光和年間，國皇星出現在東南方。在地面以上一、二丈。如火炬狀，經十餘日隱沒不見。占辭說：「國皇星為內亂，外、內有兵，有大喪。」其後，黃巾賊張角，攻陷、燒毀州郡，朝廷派遣將討平，殺敵十餘萬人。中平六年，靈帝駕崩，大將軍何進，令司隸校尉袁紹私募兵千餘名，暗中埋伏洛陽城外，等并州牧董卓領兵至京都，共誅中官。雙方對戰南北宮闕之下。死人數千，燔燒宮室，遷都西京。等到司徒王允與將軍呂布誅董卓以後，卓部下將郭汜、李傕，領兵攻長安，公卿百官吏民，戰死者達萬人。天下之亂，都從內部引發。

1 中平二年十月癸亥，客星出南門❶中，大如半筵，五色喜怒稍小，至後年六月消。占曰：「為兵。」至六年，司隸校尉袁紹誅滅中官，大將軍部曲將吳匡攻殺車騎將軍何苗，死者數千人。

2 三年四月，熒惑逆行守心後星。十月戊午，月食心後星❷。占曰：「為大喪。」後三年而靈帝崩。

3 五年二月，彗星出奎，逆行入紫宮，後三出，六十餘日乃消。六月丁卯，客星如三升椀❸，出貫索❹西南，行入天市，至尾而消。占曰：「彗除紫宮，天下易主。客星入天市，為貴人喪。」明年四月，宮車晏駕。中平中夏❺，流星赤如火，長三丈，起河鼓，入天市，抵觸宦者星❻，色白，長二三丈，後尾再屈，食頃乃滅，狀似枉矢❼。占曰：「枉矢流發，其宮射，所謂矢當直而枉者，操矢者邪枉人也。」中平六年，大將軍何進謀盡誅中官，中官覺，於省中❽殺進：俱兩破滅，天下由此遂大壞亂。

4 六年八月丙寅，太白犯心前星，戊辰犯心中大星。其日未冥四刻❾，大將軍何進於省中為諸黃門所殺。己巳，車騎將軍何苗為進部曲將吳匡所殺。

【章　旨】中平五年，慧星入紫宮，應驗在靈帝駕崩。流星抵宦者星，應驗在何進謀除中官，天下大亂。

【注　釋】❶客星出南門　中國古代的南門有二，一是角宿之南的南門二星，二是井宿南北的南河戍和北河戍，也稱南門。《夏小正》所載「南門正」就是指後者。而前者之南門，當為陳卓整理三家星表後確定。注者以為，此處之南門正是指井宿附近之南門。實際上，角宿南之南門星在黃河中下游是很難見到的，又何況其附近的客星了。此當為超新星爆發記錄。❷月食心後星　按此為東漢唯一月掩星記錄。❸三升椀　能裝三升物品大小的碗。椀，「碗」的異體字。❹貫索　天獄。在天市西北。❺中平中夏　中平年間的夏天。中平，靈帝的最後一個年號，西元一八四－一八九年。❻宦者星　宦者四星。在天市內。❼狀似枉矢　枉矢，尾曲蛇行的流星。《史記·天官書》曰：「枉矢，類大流星，蛇行而倉黑，望之如有毛羽然。」❽省中　禁宮之中。❾未冥四刻　天色未暗前四刻。

【語譯】靈帝中平二年十月癸亥，客星出南門中，大如半個座席，光焰五色，以後稍稍變暗小；到第三年六月隱沒不見。占辭說：「有兵亂的徵兆。」到中平六年，司隸校尉袁紹誅殺宦官，大將軍何進的部將吳匡攻殺車騎將軍何苗，死者數千人。

2 中平三年四月，熒惑逆行守心宿後星。十月戊午日，月蝕心宿後星。占辭說：「這將有大喪發生。」其後三年，靈帝駕崩。

3 中平五年二月，彗星出現在奎宿，西行進入紫宮。以後分為三支，出現六十多日後隱沒不見。六月丁卯，客星如三升大小的碗，出現在貫索西南，運行到天市垣，到達尾宿後隱沒不見。占辭說：「彗星出紫宮，是天下易主的徵兆；客星進入天市垣，預示將有貴人死喪。」次年四月，靈帝駕崩。中平年間的夏天，有流星赤色如火，長三丈，起始於河鼓，流入天市垣，抵達宦者星，顏色變白，長二、三丈，後尾再變曲，一頓飯時間隱沒，它的形狀類似枉矢星。占辭說：「枉矢流動發出，其所射達之宮將有災難，箭矢本應是直的，而說它是彎曲的，是因為拿箭矢的人是邪惡之人。」中平六年，大將軍何進策劃除盡宦官，宦官事前發覺，於禁宮之中殺了何進。雙方都破滅了，於是天下從此大亂。

4 中平六年八月丙寅，太白犯心宿前星，戊辰日太白又犯心宿大星。當天黃昏前四刻，大將軍何進在禁宮中被諸宦官殺死。己巳日，車騎將軍何苗被何進的部將吳匡殺害。

1 孝獻初平二年九月，蚩尤旗❶見，長十餘丈，色白，出角、亢之南。占曰：「蚩尤旗見，則王征伐四方。」其後丞相曹公征討天下且三十年。

2 四年十月，孛星出兩角間❷，東北行入天市中而滅。占曰：「彗除天市，天帝將徙，帝將易都❸。」是時上在長安，後二年東遷，明年七月，至雒陽，其八月，曹公迎上都許。

3 建安五年十月辛亥，有星孛于大梁，冀州分也❹。時袁紹在冀州。其年十一月，紹軍為曹公所破。七年夏，紹死，後曹公遂取冀州。

4 九年十一月，有星孛于東井、輿鬼，入軒轅、太微。十一年正月，星孛于北斗，首在斗中，尾貫紫宮，及北辰❺。占曰：「彗星掃太微宮，人主易位。」其後魏文帝受禪。

5 十二年十月辛卯，有星孛于鶉尾❻，荊州分也，時荊州牧劉表據荊州，益州從事❼周群以為荊州牧將死而失土。明年秋，表卒，以小子琮自代。曹公將伐荊州，琮懼，舉軍詣公降。

6 十七年十二月，有星孛于五諸侯。周群以為西方專據土地者，皆將失土❽。是時益州牧劉璋據益州，漢中太守張魯別據漢中，韓遂據涼州，宗建別據枹罕。

明年冬，曹公遣偏將擊涼州。十九年，獲宗建。韓遂逃于羌中，病死。其年秋，璋失益州。二十年秋，曹公攻漢中，魯降。

7 十八年秋，歲星、鎮星、熒惑俱入太微，逆行留守帝坐百餘日。占曰：「歲星入太微，人主改。」

8 二十三年三月，孛星晨見東方二十餘日，夕出西方，犯歷五車、東井、五諸侯、文昌、軒轅、后妃、太微，鋒炎指帝坐。占曰：「除舊布新之象也。」❾

【章旨】獻帝建安九年，慧尾掃紫宮，應驗在魏帝受禪。十七年星孛五諸侯，天下割據。

【注釋】❶蚩尤旗　彗星的一種，後曲似旗。《史記・天官書》曰：「蚩尤之旗，類彗而後曲，象旗。見則王者征伐四方。」❷兩角間　彗星出現於角宿兩星之間。❸帝將易都　據占辭，彗星掃天市，國家將遷都，以應天市交易之義。❹星孛于大梁二句　星孛于大梁，彗星出現於大梁星次。大梁，此處有兩解，一為星次名。西方第二個星次，包括胃宿、昴宿、畢宿。與黃道十二宮的金牛宮相當。《晉書・天文志上》「自胃七度至畢十一度為大梁，於辰在酉，『趙』之分野，屬『冀州』」二是地名。戰國時魏都，今河南開封。《史記・魏世家》「徙治『大梁』。」從此「魏」又別稱為「梁」。對應上說大梁、趙之分野，故有此占語。❺首在斗中三句　這裡將彗星的分布狀態描述得很具體：頭在北斗星處，身處紫宮之中，尾及北極星附近。❻鶉尾　南方第三個星次，對應於翼宿和軫宿。❼從事　官名。漢制，刺史佐史，如別駕、治中、主簿、功曹等，都稱為從事史。❽孛于五諸侯三句　五諸侯，在東井北，近北河戍星。彗星見五諸侯，將應驗在益州、梁州失地上。❾十八年秋二段　以上歲星、鎮星、熒惑入太微，彗星犯太微、帝座，都應驗於除舊布新，更改帝位之上。

【語譯】獻帝初平二年九月，蚩尤旗出現，長十餘丈，色白，出角、亢之南。占辭說：「蚩尤旗見，則王征伐四方。」應在其後丞相曹公征討天下，計三十年。

2 四年十月，彗星出現在角宿兩星之間，東北行，入天市中滅。占辭說：「彗除天市，天帝將徙，帝將易都。」那時，獻帝都長安，後二年東遷，明年七月至洛陽。八月，曹公迎帝建都許昌。

3 建安五年十月辛亥，有彗星出現於大梁星次，與之對應的是大梁與趙地的分界。那時，袁紹在冀州，其年十一月，紹軍為曹公所破。七年夏，袁紹死，後曹公遂取冀州。

4 九年十一月，有彗星出現於東井、輿鬼，進入軒轅、太微。十一年正月，有星孛於北斗，頭在斗中，尾貫紫宮和北極。占辭說：「彗星掃太微宮，人主易位。」其後應在魏文帝受禪。

5 十二年十月辛卯，有彗星出現於鶉尾。鶉尾，為荊州分野。那時荊州牧劉表據荊州。益州從事史周群以為，荊州牧將死，而失去土地。明年秋天，劉表死了。以少子劉琮自代。曹公伐荊州，劉琮懼，舉軍向曹公降。

6 十七年十二月，有彗星出現於五諸侯，周群以為西方割據土地者，都將失去土地。當時，益州牧劉璋據益州。漢中太守張魯占據漢中，韓遂占據涼州，宗建另據枹罕。明年冬天，曹公遣偏將擊涼州。十九年獲宗建。韓遂逃入羌民之中，不久病亡。其年秋天，劉璋失去益州。二十年秋，曹公攻漢中，張魯降。

7 十八年秋季，歲星、鎮星、熒惑俱入太微垣，逆行留守帝座，百餘日。占辭說：「歲星入太微，人主改。」

8 二十三年三月，彗星於清晨出現在東方，二十餘日，之後在晚間出現於西方，犯歷五車、東井、五諸侯、文昌、軒轅、后妃、太微，彗尾直指帝座。占辭說：「這是除舊布新的徵兆。」

殤帝延平元年九月乙亥，隕石❶陳留四。春秋僖公十六年，隕石于宋五，傳曰隕星也。董仲舒以為從高反下之象。或以為庶人惟星，隕，民困之象❷也。

桓帝延熹七年三月癸亥，隕石右扶風一，鄠❸又隕石二，皆有聲如雷。

【章　旨】以上載殤帝桓帝兩次隕石記錄。

【注　釋】❶隕石　以上均以年代記錄天象記錄，不分種類，但無隕石記錄。以下專載東漢兩條隕石記錄。似與以上分類不協調。隕石是從宇宙空間穿過地球大氣層落到地面上的天然固態物體。又稱「隕星」。隕星有石質和鐵質兩種，中國古代常有發現和記錄。《史記・天官書》就有隕石的記載：「星墜至地，則石也。河濟之間，時有墜星。」❷民困之象　隕星，為人民困乏之象。這僅是星占家對隕星現象的一種解釋，更多的則與戰事相聯繫。《史記・天官書》曰：「天狗狀如大奔星，有聲。其下至地，類狗。千里破軍殺將。」《春秋緯》則說：「大奔星有聲，望之如火光，見則破軍，四方相射。又近驗前代邊將敗績，多有奔星墜其營中。」《晉書・天文志》則記載得更明確：「蜀後主建興十三年，諸葛亮帥大眾伐魏，屯于渭南。有長星赤而芒角，自東北西南流，投亮營，三投再還，往大還小。占曰：『兩軍相當，有大流星來走軍上，及墜軍中者，皆破敗之徵也。』九月，亮卒于軍，焚營而退。群帥交怨，多相誅殘。」奔星墜入諸葛亮軍營，必有破軍殺將。諸葛亮死後，蜀軍在敗退中自相殘殺，正應驗在占辭上。❸鄠　即今陝西戶縣。

【語　譯】殤帝延平元年九月乙亥，隕石降落於陳留之地有四顆。《春秋・僖公十六年》記載說，隕石於宋五顆。《傳》曰：隕星也。董仲舒以為，為從高反下的象徵。或以為庶人惟星，隕，人民困乏之象。

桓帝延熹七年三月癸亥，隕石於右扶風一顆。戶縣地又隕落石二，隕落時都有聲如雷。

【研　析】《後漢書・天文志》是正史〈天文志〉中較特殊的一篇。它大約受到《史記・天官書》的影響，用主要篇幅記載、論述天文星占與政治的關係。大約是中國星座之名無多大變動，且〈天官書〉和《漢書・天文志》中均有記載，故不再重複。關於這一點是可以理解的，以後的〈天文志〉，也有不再介紹星座的情況。

從《漢書・天文志》開始，有幾部正史將交蝕與其他異常天象記錄分開，稱為〈五行志〉，故《後漢書・天文志》是不載日月蝕的。以後的〈天文志〉，還擴展到當代的天文活動，論述對天的看法和儀器製造等。

正因為《後漢書・天文志》主要載異常天象記錄，達三卷之多，故特別詳細，給後人從事天文研究留下了一筆十分寶貴的財富。例如彗星的出現日期和移動軌跡，五星凌犯恆星的方位和接近程度等。研究接近程度，對於研究太陽系組成運行的穩定狀態有特別重要的意義。

由此便涉及到對古人的星天尺的研究和準確程度了。前不久，即發生了一尺是等於一度還是七寸等於一度的爭論，雖然結論還有待於進一步商討，已大致可以證實一尺為一度較為可信。

臺灣清華大學教授黃一農先生著《社會天文學史十講》，研究熒惑守心，發現古人為了政治鬥爭的需要，這些記錄亦有造假現象，但通過現代精密計算，《後漢書》中的兩條熒惑守心記錄，一條是「永初元年五月戊寅熒惑逆行守心前星」，另一條是「中平三年四月，熒惑逆行守心後星，十月戊午月食心後星」，都是十分精密準確的。由此可以檢驗這些天象記錄的可信程度，大膽地加以利用。(陳久金注譯)

古籍今注新譯叢書

【哲學類】

新譯四書讀本	謝冰瑩等編譯
新譯學庸讀本	王澤應注譯
新譯論語新編解義	胡楚生編著
新譯孝經讀本	賴炎元等注譯
新譯易經讀本	郭建勳注譯
新譯乾坤經傳通釋	黃慶萱著
新譯易經繫辭傳解義	吳　怡著
新譯禮記讀本	姜義華注譯
新譯儀禮讀本	顧寶田等注譯
新譯孔子家語	羊春秋注譯
新譯老子讀本	余培林注譯
新譯老子解義	吳　怡著
新譯莊子讀本	黃錦鋐注譯
新譯莊子讀本	張松輝注譯
新譯莊子本義	水渭松注譯
新譯莊子內篇解義	吳　怡著
新譯列子讀本	莊萬壽注譯
新譯管子讀本	湯孝純注譯
新譯墨子讀本	李生龍注譯
新譯公孫龍子	丁成泉注譯
新譯晏子春秋	陶梅生注譯
新譯鄧析子	徐忠良注譯
新譯荀子讀本	王忠林注譯
新譯尹文子	徐忠良注譯
新譯尸子讀本	水渭松注譯
新譯韓非子	傅武光等注譯
新譯呂氏春秋	朱永嘉等注譯
新譯韓詩外傳	孫立堯注譯
新譯淮南子	熊禮匯注譯
新譯春秋繁露	朱永嘉等注譯
新譯新書讀本	饒東原注譯
新譯新語讀本	王　毅注譯
新譯潛夫論	彭丙成注譯
新譯論衡讀本	蔡鎮楚注譯
新譯申鑒讀本	林家驪等注譯
新譯人物志	吳家駒注譯
新譯張載文選	張金泉注譯
新譯近思錄	張京華注譯
新譯傳習錄	李生龍注譯
新譯明夷待訪錄	李廣柏注譯

【文學類】

新譯詩經讀本	滕志賢注譯
新譯楚辭讀本	傅錫壬注譯
新譯文心雕龍	羅立乾注譯
新譯世說新語	劉正浩等注譯
新譯昭明文選	周啟成等注譯
新譯古文觀止	謝冰瑩等注譯
新譯古文辭類纂	黃　鈞等注譯
新譯樂府詩選	溫洪隆注譯
新譯古詩源	馮保善注譯
新譯千家詩	邱燮友等注譯
新譯詩品讀本	成　林等注譯
新譯花間集	朱恒夫注譯
新譯南唐詞	劉慶雲注譯
新譯唐詩三百首	邱燮友注譯
新譯宋詞三百首	汪　中注譯
新譯元曲三百首	賴橋本等注譯
新譯明詩三百首	趙伯陶注譯
新譯清詩三百首	王英志注譯
新譯唐人絕句選	卞孝萱等注譯
新譯唐才子傳	戴揚本注譯
新譯拾遺記	石　磊注譯
新譯搜神記	黃　鈞注譯
新譯唐傳奇選	束　忱等注譯
新譯宋傳奇小說選	束　忱注譯
新譯明傳奇小說選	陳美林等注譯
新譯容齋隨筆	朱永嘉等注譯
新譯明散文選	周明初注譯
新譯人間詞話	馬自毅注譯

新譯白香詞譜　劉慶雲注譯
新譯幽夢影　馮保善注譯
新譯菜根譚　吳家駒注譯
新譯小窗幽記　馬美信注譯
新譯呻吟語摘　鄧子勉注譯
新譯郁離子　吳家駒注譯
新譯歷代寓言選　黃瑞雲注譯
新譯賈長沙集　林家驪注譯
新譯揚子雲集　葉幼明注譯
新譯曹子建集　曹海東注譯
新譯阮籍詩文集　林家驪注譯
新譯嵇中散集　崔富章注譯
新譯陸機詩文集　王德華注譯
新譯陶淵明集　溫洪隆注譯
新譯江淹集　羅立乾等注譯
新譯初唐四傑詩集　李福標注譯
新譯駱賓王文集　黃清泉注譯
新譯王維詩文集　陳鐵民注譯
新譯孟浩然詩集　楊　軍注譯
新譯李白詩全集　郁賢皓注譯
新譯杜甫詩選　張忠綱等注譯
新譯杜詩菁華　林繼中注譯
新譯岑參高適詩選　孫欽善等注譯
新譯昌黎先生文集　周啟成等注譯
新譯柳宗元文選　卞孝萱等注譯
新譯白居易詩文選　陶　敏等注譯
新譯元稹詩文選　郭自虎注譯
新譯李賀詩集　彭國忠注譯
新譯杜牧詩文集　張松輝注譯
新譯李商隱詩選　朱恒夫等注譯
新譯范文正公選集　王興華等注譯
新譯蘇洵文選　羅立剛注譯
新譯蘇軾文選　滕志賢注譯
新譯蘇軾詞選　鄧子勉注譯
新譯蘇轍文選　朱　剛注譯
新譯曾鞏文選　高克勤注譯
新譯王安石文選　沈松勤注譯
新譯柳永詞集　侯孝瓊注譯
新譯李清照集　姜漢椿等注譯
新譯陸游詩文選　韓立平注譯
新譯辛棄疾詞選　聶安福注譯
新譯歸有光文選　鄔國平注譯
新譯薑齋文集　平慧善注譯
新譯顧亭林文集　劉九洲注譯
新譯袁枚詩文選　王英志注譯
新譯聊齋誌異選　任篤行等注譯
新譯閱微草堂筆記　嚴文儒注譯

【歷史類】

新譯史記　韓兆琦注譯
新譯漢書　吳榮曾等注譯
新譯後漢書　魏連科等注譯
新譯三國志　吳樹平等注譯
新譯資治通鑑　韓兆琦等注譯
新譯史記—名篇精選　韓兆琦注譯
新譯尚書讀本　吳　璵注譯
新譯尚書讀本　郭建勳注譯
新譯逸周書　牛鴻恩注譯
新譯左傳讀本　郁賢皓等注譯
新譯公羊傳　雪　克注譯
新譯穀梁傳　顧寶田注譯
新譯春秋穀梁傳　周　何注譯
新譯戰國策　溫洪隆注譯
新譯國語讀本　易中天注譯
新譯說苑讀本　左松超注譯
新譯說苑讀本　羅少卿注譯
新譯新序讀本　葉幼明注譯
新譯吳越春秋　黃仁生注譯
新譯西京雜記　曹海東注譯
新譯列女傳　黃清泉注譯
新譯越絕書　劉建國注譯
新譯燕丹子　曹海東注譯
新譯東萊博議　李振興等注譯
新譯唐六典　朱永嘉等注譯
新譯唐摭言　姜漢椿注譯

宗教類

新譯金剛經　徐興無注譯
新譯高僧傳　朱恒夫等注譯
新譯碧巖集　吳　平注譯
新譯百喻經　顧寶田注譯
新譯楞嚴經　賴永海等注譯
新譯梵網經　王建光注譯
新譯六祖壇經　李中華注譯
新譯禪林寶訓　李中華注譯
新譯維摩詰經　陳引馳等注譯
新譯經律異相　顏洽茂注譯
新譯無量壽經　邱高興注譯
新譯妙法蓮華經　張松輝注譯
新譯景德傳燈錄　顧宏義注譯
新譯大乘起信論　韓廷傑注譯
新譯釋禪波羅蜜　蘇樹華注譯
新譯八識規矩頌　倪梁康注譯
新譯永嘉大師證道歌　蔣九愚注譯
新譯華嚴經入法界品　楊維中注譯
新譯地藏菩薩本願經　李承貴注譯
新譯悟真篇　劉國樑等注譯
新譯无能子　張松輝注譯
新譯坐忘論　張松輝注譯
新譯列仙傳　張金嶺注譯

新譯抱朴子　李中華注譯
新譯神仙傳　周啟成注譯
新譯性命圭旨　傅鳳英注譯
新譯老子想爾注　顧寶田等注譯
新譯周易參同契　劉國樑注譯
新譯道門觀心經　王　卡注譯
新譯養性延命錄　曾召南注譯
新譯樂育堂語錄　戈國龍注譯
新譯沖虛至德真經　張松輝注譯
新譯長春真人西遊記　顧寶田等注譯
新譯黃庭經・陰符經　劉連朋等注譯

軍事類

新譯司馬法　王雲路注譯
新譯尉繚子　張金泉注譯
新譯三略讀本　傅　傑注譯
新譯六韜讀本　鄔錫非注譯
新譯吳子讀本　王雲路注譯
新譯孫子讀本　吳仁傑注譯
新譯孫臏兵法　孫鴻艷注譯
新譯李衛公問對　鄔錫非注譯

教育類

新譯爾雅讀本　陳建初等注譯
新譯顏氏家訓　李振興等注譯

新譯曾文正公家書　湯孝純注譯
新譯三字經　黃沛榮注譯
新譯百家姓　馬自毅等注譯
新譯幼學瓊林　馬自毅注譯
新譯增廣賢文・千字文　馬自毅注譯
新譯格言聯璧　馬自毅注譯

政事類

新譯商君書　貝遠辰注譯
新譯鹽鐵論　盧烈紅注譯
新譯貞觀政要　許道勳注譯

地志類

新譯山海經　楊錫彭注譯
新譯水經注　陳橋驛等注譯
新譯佛國記　楊維中注譯
新譯大唐西域記　陳　飛等注譯
新譯洛陽伽藍記　劉九洲注譯
新譯徐霞客遊記　黃　珅注譯
新譯東京夢華錄　嚴文儁注譯